NIRAチャレンジ・ブックス

中国のWTO加盟と
日中韓貿易の将来

3国シンクタンクの共同研究

阿部 一知
浦田秀次郎 編著

日本経済評論社

はじめに

日中韓の経済関係を研究する意義

　中国と韓国は，従来から日本にとって，経済的にもそれ以外の意味でも重要な国であった。地理的に近接している両国は，日本との貿易が自然に多くなる。また，中国については日本と発展段階が大きく異なるため，生産構造が異なってきたが，生産される財が異なっていると，相互に補完関係が働き貿易が増える。

　こうした関係に加え，近年，この両国の日本との経済関係が重要性を増してきている。これは，世界的な貿易・投資の波が東アジアにも届いているということである。周知のとおり，中国は昨年末WTOに加盟した。これは，中国がグローバルな国際経済社会に加入したということであるが，実態的には，中国が世界の工場として登場したという意味合いが大きい。一方，東アジアにおいても，日韓で既に研究が行われているように，自由貿易協定（Free Trade Agreement：FTA）の動きが活発である。また，昨年末のASEAN＋3会合で，中国がASEAN諸国と同様なFTA形成の提案を行ったと伝えられる。

　日本の国内の経済事情からみても，これら両国との関係は重要である。特に，長引く経済不振のなかで，日本の製造業が生き残りのために新たな投資先・移転先を検討する場合，中国や韓国はその最も重要な相手国である。これは，一方で，中国が「新しい世界の工場」となったときの，「以前からの世界の工場」である日本の対処如何という問題を投げかけている。

　このように，今，日中韓の経済関係を研究する意義は高い。

本書ができた背景

　本書は，日中韓の北東アジア3ヵ国の貿易を中心的な研究課題として，学会及び実業界の識者による研究会の成果を取りまとめたものである。研究課題としては，貿易を中心としている。しかし，それと密接に関係する直接投資や少し広い経済・産業協力についても取り上げた。

　研究会は，総合研究開発機構（NIRA）が日本政府の内閣官房の依頼を受けて，中国及び韓国の研究機関と共同研究を始めたことを背景としている。もともと，この共同研究は，1999年11月に行われたASEAN＋3会合と同時にマニラで開催された日中韓首脳会合において提案されたものである。この会議には，中国の朱鎔基首相，韓国の金大中大統領，日本の小渕首相（当時）が出席し，金大統領の提案を受けて3国間の経済協力の強化について3国の研究機関が共同研究を行うことが合意された。

　この共同研究は，上の合意に基づき総合研究開発機構が日本を代表する共同研究機関に選定されたことを受け実施したものである。他の2ヵ国については，中国は中国国務院発展研究中心（Development Research Center of the State Council），韓国では韓国対外経済政策研究院（Korea Institute for International Economic Policy）が研究を担当している。

　共同研究は，基本的に3年間とし，そのうち最初の2年は貿易・投資を研究課題とすることが合意された。本年は，その第1フェーズとして，貿易関係の強化を研究課題として，貿易円滑化に政策提言の焦点を当てて共同研究を行った。既に，第1フェーズの共同報告書は，昨年11月にブルネイで開催された日中韓首脳会合に提出された。会合では，金大中大統領より報告書の紹介があり，小泉首相，朱首相より賛意が表されたと伝えられている。

本書の内容は，総合研究開発機構が日本国内に設置した研究会の報告を元にしているが，これは，3ヵ国の代表研究機関の共同報告書を作成する基礎となった。共同報告書は，その性格上，簡潔に政策提言を盛り込んだものとなっているが，これは本書の付属資料としている。

　　本書の構成と内容

　研究会は，経済学者と実業界の識者がそれぞれ数名で構成されている。本書は，研究会委員が分担して執筆している。全体の構成は，本書の編者たちが起案し，研究会に諮って決めたものであるが，なるべく学究的な議論と実務的な議論が偏らないように配慮した。すなわち，経済学者と実務家の委員が同様の事柄を角度を変えて多面的に取り上げられるように構成した。また，経済学者の執筆のなかでも，貿易・マクロ分析を主とした執筆と中国・韓国に知見の深い委員の執筆とを両方配置することによって，議論の重層化を図っている。

　本書は6章から成る。以下，章ごとの内容と各章の相互の関係を簡単に紹介しておこう。第1章は，貿易統計，マクロデータのほかに，中韓との貿易に従事する日本企業へのアンケート調査の結果を取りまとめた分析編である。ここでは，日中韓3国間の貿易の結びつきが従来から強かったこと，中国と日本・韓国との間の直接投資が貿易を促進する効果をもっていたこと，日本の中国からの輸入についてのアンケート調査に関して農産物と繊維においての「貿易制限と割当」の問題と感じている企業が比較的多かったこと，などが分析結果である。こうしたことから，この章は，日本が行った暫定セーフガードについての慎重であるべきとの評価を述べて結んでいる。

　第2章は，やや大きな視点から，日本からみた北東アジア協力の

意義について述べている。WTOに加盟した中国を含む北東アジア地域の高いポテンシャルを日本が最大限に享受するためには，高い戦略性をもって望む必要があるとする。ここで，北東アジア市場の特性と日本の戦略的関心について整理がなされている。さらに，中国のWTO加盟以降の地域における自由貿易の推進など，域内協力を推進するうえでの日本の役割と課題が述べられている。

　ついで本書は，中国のWTO加盟を背景として，中国と韓国のそれぞれの開発戦略と3国協力の課題が取りまとめられている（第3章，第4章）。ここは，第2章とは対照的に，それぞれの国の事情から日中韓3国の役割が分析されている。まず，中国については，開発戦略の中心である第10次5ヵ年計画について紹介し，3国における協力の可能性がある分野として，いくつかの政府間協力分野と民間協力分野が提案されている。また，WTO加盟の中国自身へのインパクトが分野別に詳細に分析されている。さらに，中国の産業政策が分析されている。日本政府や韓国政府の目に映る（WTO加盟を背景とした）「強い中国」と，中国政府の認識する（第10次5ヵ年計画にある中国の産業，特に国有企業，においての）「弱い中国」が，いずれも中国経済の一面の真実を反映するものであるとしている。

　韓国経済は，1998年の通貨危機後以降，自由化を中心とした構造調整を進めてきた。ここでは，韓国からみた北東アジア（特に中国）の戦略的な重要性，韓国の自由貿易圏への関心の背景や韓国の産業構造転換と北東アジアの役割などが分析されている。さらに，中国のWTO加盟の韓国へのインパクトが整理されている。なお，本書の付注には，一般均衡モデルを用いた「中国のWTO加盟のインパクト」の推計が整理されているので，併せて参照されたい。

　第5章以降は，貿易・投資の実務に携わる専門家たちよる執筆部分である。第5章は，自動車と電機について，アジアのもつ役割や日本企業のアジア戦略（ないし広く直接投資の対外戦略）が整理され

ている。いずれにせよ，WTO加盟を控えて，日本企業は中国を既に生産の拠点の選択肢の1つとして組み入れている。そうした企業の姿と，貿易・投資における課題が整理されている。最後に第6章は，未来に視点をおいて，日中韓貿易・投資の未来像を提示し，3国の協力の幅広い可能性が提案されている。

  2002年2月

       共編者 阿部　一知・浦田　秀次郎

目　　次

はじめに

第1章　日中韓貿易の概観 …………………………………………1
　第1節　日中韓貿易の推移——3国の結びつきの強さは？ …………2
　　(1) 中国，韓国との2国間貿易の概観 ……………………2
　　(2) 3国における域内貿易の結びつき ……………………4
　　(3) 3国の貿易構造の推移 …………………………………11
　　(4) ま と め ………………………………………………16
　第2節　貿易と直接投資 ……………………………………………17
　　(1) 政策的貿易障壁と非政策的貿易障壁 …………………18
　　(2) 貿易と直接投資 ………………………………………19
　　(3) 実証分析——日中貿易 …………………………………20
　　(4) 実証分析——中韓貿易 …………………………………24
　　(5) 実証分析——日韓貿易 …………………………………25
　第3節　アンケート調査にみる日中韓の貿易障壁 ………………28
　　(1) 対中国・対韓国輸出における貿易障壁 ………………28
　　(2) 中国・韓国からの輸入における制度的障害 ……32
　第4節　日本のセーフガード問題 …………………………………34
　　(1) 日本のセーフガード発動の経緯 ………………………34
　　(2) セーフガードの得失 …………………………………35

第2章　日本からみた北東アジア地域協力
　　　　——成長ダイナミズムの取り込みを目指して …………39
　はじめに ……………………………………………………………39
　第1節　北東アジア経済の台頭 ……………………………………41

(1) 北東アジアへの経済重心シフト ………………41
　　　(2) 北東アジアの特性 ………………………………44
　第2節　日本にとっての北東アジア市場 …………………………50
　　　(1) 生産拠点としての北東アジア …………………50
　　　(2) 市場としての北東アジア ………………………59
　第3節　日本の産業構造転換と北東アジア ………………………63
　　　(1) 産業構造転換の方向 ……………………………63
　　　(2) 日本の産業構造転換と北東アジア ……………68
　第4節　まとめ——日本と北東アジア地域協力の方向と課題 ………77
　　　(1) 北東アジア地域協力の戦略性 …………………77
　　　(2) 域内協力の推進と日本の課題 …………………79

第3章　激変する中国経済——WTO加盟と北東アジア ……………83
　第1節　中国の開発戦略と3国協力の役割 ………………………84
　　　(1) 90年代の中国の経済開発 ………………………84
　　　(2) 第10次5ヵ年（十五）計画のフレームワーク …86
　　　(3) 第10次5ヵ年計画の産業開発重点分野 ………89
　　　(4) 開発における課題 ………………………………91
　　　(5) 日中韓3国間協力の可能性 ……………………96
　第2節　WTO加盟による中国経済の構造調整 …………………101
　　　(1) WTO加盟が中国経済に与える影響の予測 …101
　　　(2) 産業構造調整の基本フレーム …………………104
　　　(3) 産業別構造調整策 ………………………………105
　　　(4) 構造調整への企業の対応 ………………………119
　　　(5) WTO加盟への全体的対応 ……………………121
　第3節　中国の産業政策と日本・韓国 ……………………………126
　　　(1) 1990年代の中国の産業政策 ……………………126
　　　(2) 2000年以降の産業政策 …………………………130
　　　(3) 日本との経済関係 ………………………………138

　　　　(4) 韓国との経済関係 …………………………140
　　　　ま　と　め ……………………………………144

第4章　韓国からみた北東アジア地域協力
　　　　――開放小経済の戦略的イニシアチブ ……………147
　はじめに ……………………………………………………148
　第1節　ポスト通貨金融危機の韓国経済と地域協力 ……149
　　　　(1) 開放経済体系の完成 …………………………149
　　　　(2) 自由貿易戦略と地域主義……………………151
　　　　(3) 「太陽政策」と地域主義 ……………………152
　第2節　韓国の構造転換と北東アジア市場 ………………156
　　　　(1) IT産業と北東アジア市場 …………………156
　　　　(2) 既存製造業の再構築と北東アジア …………159
　　　　(3) センター機能強化構想と北東アジア ………166
　　　　(4) 中国のWTO加盟と韓国①――貿易の拡大 170
　　　　(5) 中国のWTO加盟と韓国②――直接投資
　　　　　　交流の増大と多国籍企業誘致競争 …………172
　第3節　域内協力の推進と韓国イニシアチブへの課題 …………177

第5章　加速する日本企業の中国進出 ……………………183
　第1節　自動車産業の中国・韓国との貿易・投資 ………184
　　　　(1) 世界自動車市場に占めるアジア市場の位置づけ…184
　　　　(2) 韓国の自動車産業と貿易・投資上の課題………185
　　　　(3) 中国の自動車産業と貿易・投資上の課題………192
　　　　(4) アジア広域自由貿易圏へのシナリオ …………200
　第2節　電機産業における日中韓協力をさぐる ……………203
　　　　(1) 世界の電機産業における日中韓の位置づけ …203
　　　　(2) アジアにおける日中韓等の主要企業動向 …207
　　　　(3) 日本の電機産業 ………………………………210

郵便はがき

料金受取人払

神田局承認

2045

差出有効期間
平成14年9月
30日まで

１０１-８７９１

００９

（受取人）

東京都千代田区神田神保町3―2

㈱日本経済評論社　行

書名

ご感想・ご意見

■小社刊行物に関する毎々のご購読ありがとうございます。

　小社書籍のご注文は、このハガキを書店にお持ちくださるか、小社へお送り下さい。

　目録のご希望の場合は、その旨明記の上、このハガキをご使用下さい。

注文書　　　　　　　　　　　　年　　　月　　　日

書　　　名	著　　者	冊数

＊直送の場合は送料が加算されます。

お名前

〒
ご住所

お電話　　　　　　　　　　　ご職業

取次店名	書　店　名

第6章　日中韓貿易・投資の未来像——協力の可能性を探る …221
　第1節　日　　　中 …222
　　（1）日中貿易・投資の伸び予想 …222
　　（2）日中サービス貿易 …228
　　（3）日本企業からみた中国市場 …231
　　（4）産業別日中経済交流の将来展望 …235
　　（5）香港の機能 …242
　　（6）対中ODA考 …244
　第2節　日　　　韓 …245
　　（1）日韓貿易・投資の伸び予想 …245
　　（2）日韓サービス貿易 …251
　　（3）日本企業からみた韓国企業 …251
　　（4）都市間交流／文化交流 …254
　第3節　日中韓協力 …256
　　（1）個別産業分野での協力可能性 …256
　　（2）東アジア経済圏 …258
　　（3）エネルギー・鉱物資源 …258
　　（4）環境保全・海洋開発 …259
　　（5）東アジアの安全保障／北朝鮮 …260

付　注：中国のWTO加盟のインパクトのモデル推計結果 ……261

資　料：中国，日本，韓国間の貿易関係の強化に関する報告書
　　　　及び政策提言（2001年11月4日，3国首脳会談提出）……269
　1　日中韓共同研究の歴史的背景 …270
　2　共同研究の要約 …271
　3　共同政策提言 …279

第1章　日中韓貿易の概観

第1節　日中韓貿易の推移——3国の結びつきの強さは？

阿部　一知

(1) 中国，韓国との2国間の貿易の概観

対中・対韓貿易は，日本の貿易全体にとって重要な位置を占めている。データが入手できる最新年である2000年における日本の対中輸出入はそれぞれ304億ドル，555億ドルと日本からの輸出国としては3位，輸入国としては2位である。一方，韓国については，日本の対韓輸出入はそれぞれ308億ドル，205億ドルと日本からの輸出国としては4位，輸入国としては3位である。本節では，導入として90年代における日中，日韓の2国間貿易の動きを概観する。

日中貿易の推移

日本の対中貿易は1990年代に5倍近くに拡大した。90年代初に中国における政治的事件等で日中貿易が低迷しており，そのため上昇が急激に見えることを考慮しても，この間の貿易の拡大が非常に急速であったことは間違いない。特に，98年にアジア経済危機の影響を受けて貿易が一時的に縮小して以降は，輸出・輸入とも急速な拡大を見せて2000年に至っている（図1-1）。

日韓貿易の推移

一方，日韓貿易は，90年代当初と比較すると2000年の貿易水準は2倍近くになっているものの，96年からは景気後退とアジア経済危機の影響を直接受け，98年まで貿易は縮小した。99年からは

第1章 日中韓貿易の概観

図1-1　日本の対中貿易の推移（1990年代）

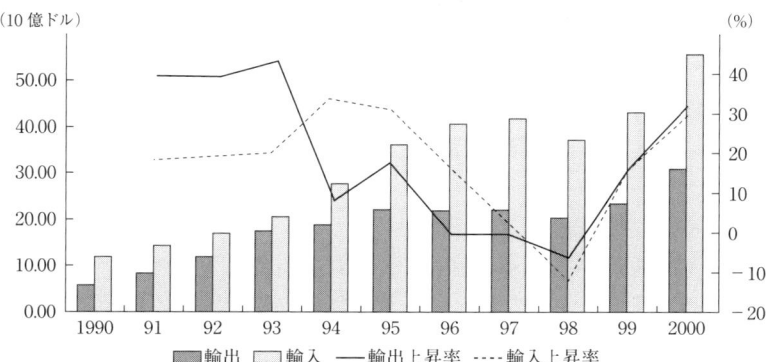

出所：International Monetary Fund (IMF), *Direction of Trade Statistics* (DOT) 各号.

図1-2　日本の対韓貿易の推移（1990年代）

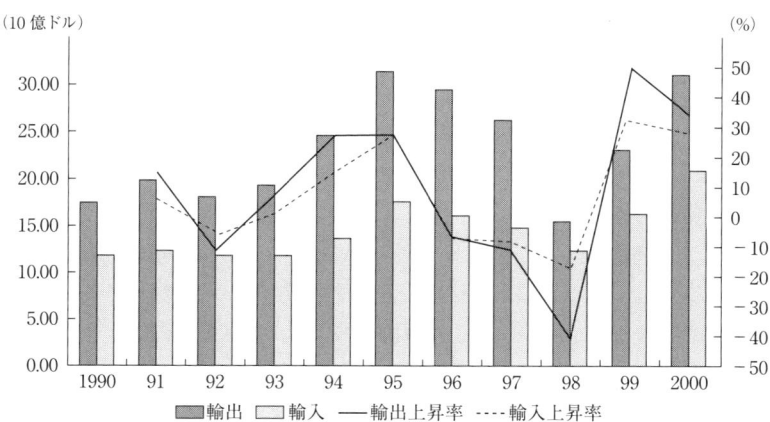

出所：図1-1に同じ.

貿易は急速に回復に向かっており，2000年には，対韓輸入が90年代のどの年の水準よりも大きく回復したが，対韓輸出は，90年代のピークである95年の水準に達していない。いずれにせよ，日本の対韓貿易は，90年代を通じてみれば，緩やかな上昇のトレンドにあるといえる（**図1-2**）。

(2) 3国における域内貿易の結びつき

次に,日中韓3国における域内貿易における結びつきの強さを,貿易結合度という概念を用いてみていく。

輸出入結合度指数

貿易は通常多くの国を相手に行われる。ある貿易相手国のシェアは,その相手国がどのくらいの重要性があるかを最も直感的に表している。しかし,貿易シェアの数値は,相手国の貿易の世界に占める大きさに影響される。例えば,日本の貿易の場合でいえば,相手国が経済成長を達成して世界全体からの輸入が著しく増加すれば,日本からの輸入も増加してもおかしくない。また,何らかの原因で相手国の輸出全体が大きく増加しているときは,日本において相手国から輸入シェアが高まっていても,相手国が他の諸国に対しても輸出を伸ばしているのであれば,特に日本との結びつきが強くなったとは言い難い。特に,中国や韓国は80年代から世界的に見ても高い成長を達成しており,また,両国とも輸出全体が上昇してきたので,日本からみても貿易(特に輸入)シェアが高まる傾向にある。こうした考えを取り入れ,2国間貿易シェアの数値から,相手国の世界貿易に占めるシェアの影響を取り除いた指標が,輸出入の結合度指数である*。この指数は,相手国とのつながりの強さをみるのに適している。輸入結合度・輸入結合度の数字は,1が基準となっている。これより大きいと,日本にとって相手国とは標準以上に結びつきが強いことを意味している。

*) 輸出結合度指数 IEX の定義は,$IEX_{ij} = (M_{ij}/X_i)/(M_j/(M_w-M_i))$ とした。X_{ij}/X_i は日本(i国)の輸出全体に占める相手国(j国)への輸出のシェア,$M_j/(M_w-Mi)$ は世界全体の輸入(ただし,日本の輸入を除

く）に占める相手国の輸入のシェアである。同様に，輸入結合度指数 IIM は，$IIM_{ij} = (M_{ij}/M_i)/(X_j/(X_W-X_i))$ とした。M_{ij}/M_i は日本（i 国）の輸入全体に占める相手国（j 国）から輸入のシェア，$X_j/(X_W-X_i)$ は世界全体の輸出（ただし，日本の輸出を除く）に占める相手国の輸出のシェアである。

日本の貿易結合度

　図1-3は，日本の対中・対韓輸出・輸入結合度指数の動きを1980年代から描いたものである。まず，輸出結合度，輸入結合度ともに，両国とも期間を通じて1以上となっている。90年前後に対中輸出結合度が1.5を割り込んだのが最も低い実績であり，この点からすれば，日本にとって，この20年間を通じて，中国，韓国は重要な貿易相手国であったということができる。

　輸出結合度については，対中，対韓ともに80年代当初と比べると，90年代は低い水準にある。対中輸出結合度については，90年を底として98年まで緩やかに上昇したが，その後は低下している。このため，2000年には，1.6程度となり，80年の3.5に及ばない。対韓輸出結合度は80～86年には低下していたが，80年代末には一度回復し87年にピーク（3.3）をつけた。しかし，その後は低下傾向を続けた。ただし，99年，2000年には急速に回復し，90年代初の水準である2.7まで高まりをみせている。

　図1-3では，中国，韓国のほかにアメリカとASEAN4が描かれている。アメリカについては，80年代初から87年まで輸出結合度は緩やかに上昇していたが，その後は低下傾向をたどっており，2000年には80年の水準より低い1.5程度となった。一方，ASEAN4は，80年代前半は低下していたが，その後は上昇傾向にあり，2000年には2.7程度まで回復した。この背景には，日本の積極的なASEANへの直接投資とそれに伴う部品，材料供給のための輸出があるとみられる。

図1-3(1) 日本の対中・対韓等の輸出結合度の推移

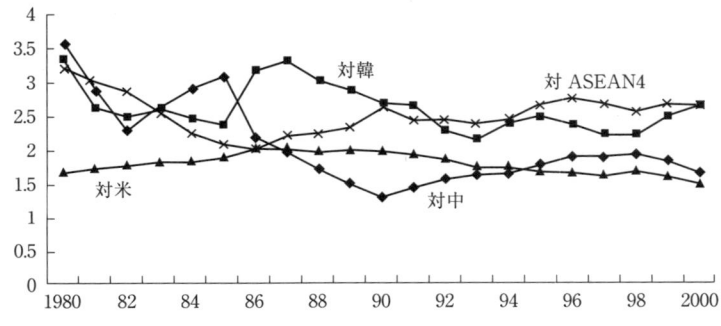

図1-3(2) 日本の対中・対韓等の輸入結合度の推移

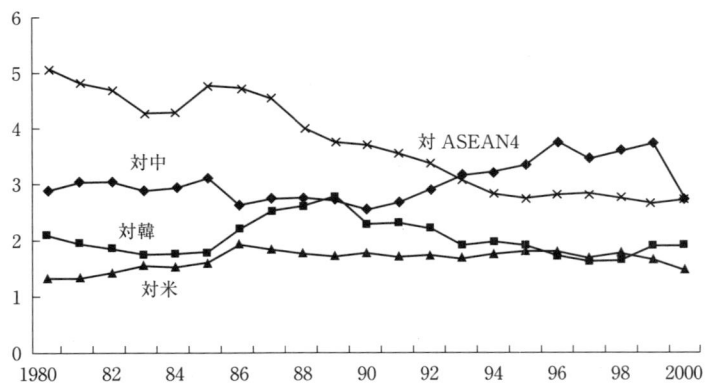

 以上で明らかとなったように，韓国の輸入規模を勘案すれば，日本から韓国への輸出は比較的大きい。日本から中国への輸出は，中国の輸入規模を勘案すれば，韓国ほど大きくない，ということができる。ただし，中国・韓国ともに日本からの輸出の結びつきは標準以上である。輸出結合度の高さは，ASEAN4が韓国と同程度の2.7程度，アメリカは中国よりやや低い1.5程度である。

輸入結合度については，輸入シェアと同様に，対中輸入結合度の上昇が著しい。ただし，2000年になって，対中輸入結合度は1程度下落した。これは，中国の輸出総額が急速に伸びた一方で，日本の中国からの輸入の伸びが中国の輸出総額の伸びに及ばなかったことによるものである。対韓輸入結合度は，90年ごろまで上昇傾向にあったが，90年代となり低下傾向となり，99年には若干回復したものの2000年になっても2を割り込んでいる。他の国と比較すると，アメリカはこの20年間ほぼ横ばい，ASEAN4は著しく低下してきた。

中国・韓国との輸入の結びつきをみると，輸出結合度とは逆に，韓国に比べ中国の方が結びつきが強い。ただし，輸出の場合と同様に，中国・韓国ともに日本の輸入の結びつきは標準以上である。アメリカ，ASEAN4も標準以上であるが，アメリカは韓国より低い1.2程度，ASEAN4は低下してきたが，90年代には韓国より高く中国より低い2.5～3.0程度である。ASEAN4との高い輸入結合度は日本の原油や原材料の輸入依存度の高さによるものと思われる。

以上をまとめてみると，対中輸入結合度が著しく上昇している以外は，90年代の水準は，80年代よりも低い。最近の傾向をみると，輸出では，中国への輸出結合度は低下，韓国への輸出結合度はここ2～3年に上昇，輸入では，中国からの輸入結合度は急速に上昇した後，2000年に下落，韓国からの輸入結合度はここ2～3年はやや上昇，となっている。

中国の輸出入結合度

次に中国についてみていく。図1-4(1)，(2)は，それぞれ，中国の対日，対韓，対米，及び対ASEAN4の輸出結合度と輸入結合度を描いている。中国の輸出結合度については，対日がこの20年間2を超えており，かつ，90年代後半にはほとんどの年で2.5以上となるなど，日本は中国にとって輸出の結びつきが強いといえる。韓

図 1−4(1)　中国の対日・対韓等の輸出結合度の推移

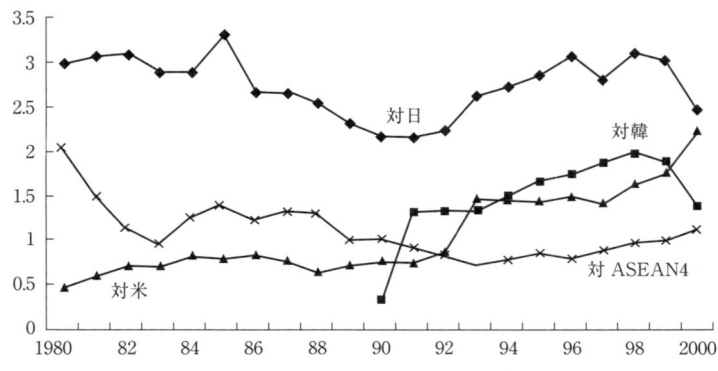

図 1−4(2)　中国の対日・対韓等の輸入結合度の推移

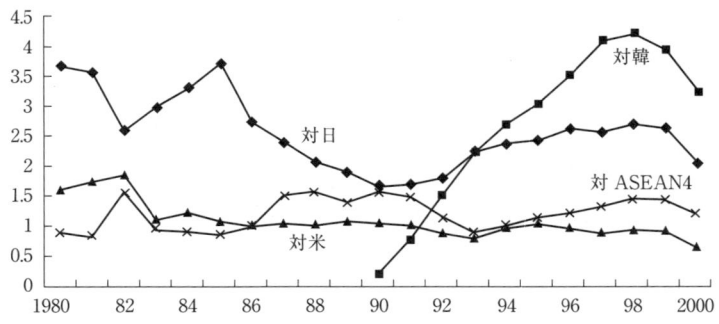

国に対しても，本格的に貿易を開始した 91 年から輸出結合度は 1 を超えており，その後の 90 年代も上昇を続けた。しかし，2000 年には，これら 2 国との輸出結合度が低下している。一方，対米の輸出結合度は，80 年以来継続的に上昇してきており，2000 年にも急速に上昇して，韓国を抜き，日本に迫っている。ASEAN4 については，93 から 94 年の低下傾向が反転し，2000 年まで緩やかに上昇している。

中国の輸入については，対韓輸入結合度の上昇が顕著である。99年以降は指数が低下して3.3程度となったが，98年のピーク時には4を超えていた。対日輸入結合度も80年代前半に比べて水準は低くなっているものの，90年代からは上昇を続けた。ただし，2000年には韓国と同様に指数が大きく低下を見せている。対米と対ASEAN4は，ほぼ横ばいであり，特に対米は1を若干割り込んだ水準である（図1-4(2)）。

以上のように中国の輸出入結合度をみるかぎり，中国と日本・韓国との結びつきは強い。特に，輸出の場合の日本，輸入の場合の韓国と日本は，結合度が顕著に高い。ただし，2000年においては，この結びつきが若干弱まっており，輸出結合度の場合，アメリカとASEAN4が上昇している。

韓国の貿易結合度

韓国の輸出については，90年代には対中の輸出結合度が飛びぬけて高い。対日輸出結合度は，80年代末には高まりをみせていたが，それ以降，低落傾向にある。アメリカも日本と同様の趨勢であるが，結合度指数のレベルは日本より0.8程度低い。90年代につながりが強まってきたとみられるのは，ASEAN4である。これは，日本と同様に，韓国が直接投資等をASEANに積極的に行い，部品，材料供給を行ってきたことにも関係しているとみられる。

最後に，韓国の輸入結合度であるが，対中，対米はほぼ横ばい，対ASEAN4は低下傾向にあるのに比べ，対日では99年からやや高まりがみられる。対中の輸入結合度が2000年に急速に低下したのは注目される（図1-5）。

以上をまとめると，韓国の貿易では，輸出で中国との関係が強く，輸入では日本との関係が強い。これらの関係は非常に強く，対中輸出結合度が3～4，対日輸入結合度が2.5～3である。また，対日輸出結合度，対中輸入結合度も，2程度であり，結びつきは強

図1-5(1) 韓国の対日・対中等の輸出結合度の推移

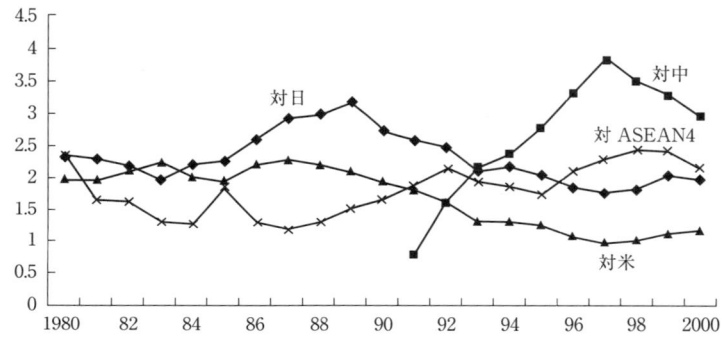

図1-5(2) 韓国の対日・対中等の輸入結合度の推移

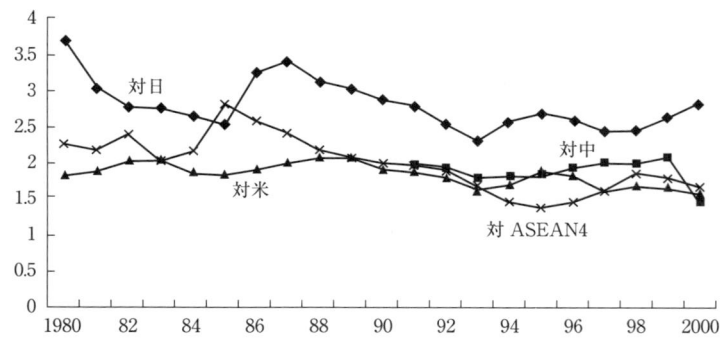

い。

最近の3国の間の関係

3国全体の関係はやや複雑になっており，直感的な把握が困難であるため，時間的推移は無視し，最近3年間の結合度指数のレベルに着目して，図1-6のように整理した。

これによると，日中韓の2国間貿易の組み合わせのうち結合度の

図 1-6　3 国の貿易の結合度（1998～2000 年平均）

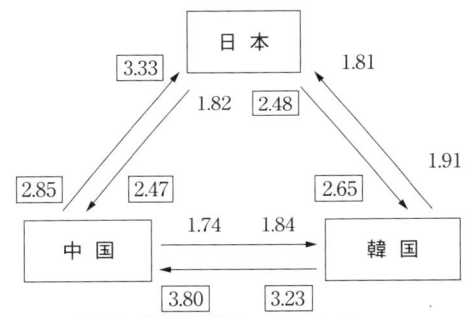

注：囲みの数字は，結合度指数が 2 を超えたもの．

強い関係は，日中の輸出入（特に，日本の対中輸入），中国の対韓輸入，韓国の対日輸入である．ただし，最近でも，すべての 2 国間輸出入の組み合わせで，結合度指数が 1.5 を超えており，いずれにせよ域内貿易は互いに強く結びついていることがわかる．

(3)　3 国の貿易構造の推移

日本の対日・対韓輸出入結合度が 1 を大きく超えていることは，日本にとってこれら両国が重要な貿易相手国であるということである．また，この指数が低下していること自体は，貿易関係が希薄になっているということを直ちに意味しない．他の貿易相手国との貿易が相対的に拡大すれば，この指数は低下する．以下では，このような 2 国間貿易の決定要因を探ってみる．

重力モデルによる分析

一般に，1 国の世界に対する貿易量は，その国の経済規模，要素賦存に基づく比較優位，直接投資などを通じた水平分業といった基本的な要因のほか，関税・非関税障壁などの政策要因で決まると考

えられる。しかし，特定の2国間の貿易になると，以上に加えて相手国の経済規模に加え，地理的な距離など取引費用に関係する要因も重要になると見られる。2国間の貿易量を，こうした距離要因とその他の要因によって説明する実証モデルに重力モデル（Gravity Model）がある。研究者によって数多くの実証研究がなされているが，2国間が地理的に近接し距離が短いほど貿易量は多くなる傾向が見出されている。その他の要因としては，言語の共通性，同一地域協定への加盟の有無，2国間の関税・非関税障壁，直接投資による貿易関係，2国間の輸送インフラの整備状況，比較優位構造がある。**表1-7**は，こうした重力モデルの推計結果をまとめている。

ここからも明らかなように，3国の地理的な近さは，これらの貿易の結合度の高さに影響していると思われる。しかし，地理的な要因は，輸送技術の大きな進展がないかぎりは，まず変化しない。3

表1-7 重力モデル推計結果

説明要因		推計A	推計B	推計C
経済規模	輸出国のGDP	+	+	+
	輸入国のGDP	+	+	+
近接性	距離	−	−	−
	同一言語	+	+	+
自由貿易圏加盟	ASEAN	+		
直接投資（累積）	輸入国		+	+
	輸出国		+	+
インフラ（港湾）	輸出国		+	
	輸入国		+	
インフラ（道路）	輸入国			+
比較優位	補完性指数	+	+	+

注：1．推計Aは，直接投資とインフラを説明変数に入れず，自由貿易圏を入れて推計．推計Bは，直接投資とインフラを説明変数に入れ，自由貿易圏を外して推計．推計Cは，自由貿易圏を外し，インフラのうち道路のみを入れて推計．
2．＋は輸出にプラス，−はマイナスに作用する．空欄は，使用しなかった変数．

国間の貿易結合度の変化を考えるうえで，上記の要因のなかで比較優位の違いに基づく補完的な貿易と直接投資などによってもたらされる産業内貿易は，特に90年代において変化が激しいため重要である。

相互補完関係の推移

80年代の韓国，90年代の中国においては，国内の生産構造が技術進歩等により変化し，それに伴って比較優位のある産業も変化していた可能性がある。日本との関係では，日本と比較優位構造が違えば違うほど，比較優位を理由とする貿易が大きくなる。ところが，技術進歩などにより中国・韓国の比較優位構造が日本と似通ってくれば，産業内貿易を行うのでないかぎりは，貿易は減ってくることとなる。一方，比較優位を直接反映しない，「産業内貿易」が増加すれば，貿易は減らないこととなる。

ここでは，比較優位の構造を探る手がかりとして，「相互補完性指数」を算出する。指数の計算にはいくつかの方法があるが，ここでは，最も簡便な方法として，2国の品目別対世界輸出額の相関係数をとることとする。この指数が1になれば2国の輸出品目の割合が完全に一致する。0になれば無相関である。相互補完性は，典型的には比較優位構造により決まると考えられる。この指数が低いほど，輸出品目が相互に補完的であり，互いにより多く貿易する誘因があることを示している。輸出額で補完性を測るのは，輸入については関税その他の輸入障壁で政策的な歪みが発生している可能性があるからである。この指数については，品目の分類は細目にわたる方が正確である。このため，分類については，SITC Revision3 の5桁ベースで行った。これに加え，2国間の輸出についても同様の計算を行った。こちらは，指数が高いほど，同一産業どうしの産業内貿易が大きいことを示している。結果は，**表1-8**のとおりである。

結果を見ると，日本対韓国の指数の方が日本対中国の指数よりも

表 1-8　相互補完性指数の推移

	日本の対世界輸出と中国の対世界輸出の相関	日本の対中国輸出と中国の対日本輸出の相関	日本の対世界輸出と韓国の対世界輸出の相関	日本の対韓国輸出と韓国の対日本輸出の相関
1992	0.044281	0.003164	—	—
93	0.061914	0.015576	—	—
94	0.071568	0.027829	0.694601	0.423667
95	0.120732	0.058414	0.735164	0.466959
96	0.138916	0.065722	0.789700	0.471733
97	0.151627	0.118095	0.713763	0.542104
98	0.164904	0.159436	0.649845	0.745386
99	0.172355	0.170896	—	—

注：それぞれの2系列の輸出品目の相関係数．SITC Revision3 の5桁レベル．

はるかに高く，日本と韓国の輸出品目の構成が，対世界輸出，2国間の輸出ともに似通っていることがわかる。対世界輸出でみると，1999年時点においても，日本—中国の指数は0.17程度であり，日本対韓国の0.6～0.7程度に比べるといまだに低い。すなわち，日本と中国が，相互補完する形で貿易を行う余地は多い。一方，時系列の変化を見ると，日本対韓国の対世界輸出の相関係数は94年から上下はしていても傾向的に変化していないのに対し，日本対中国の指数は，かなり急速な上昇傾向にある。これは，中国の輸出品目構成が，日本（そして韓国）に年を追うごとに似通ってきていることを示している。なお，日本対韓国の2国間輸出の相関係数は上昇傾向にある。

相互補完性指数（相関係数）が日本対中国では，対世界，2国間輸出ともに上昇傾向にあることから，90年代の日本の対中輸入結合度の高まりを，比較優位による分業の深化で説明することは困難であると思われる。中国の輸出の伸びが著しいのは，電子部品や機械など，分類としては韓国や日本の輸出品と似通っているものである。この意味では，比較優位構造としては，日中韓3国は，むしろ

類似してくる傾向をもっている。一方，韓国との間では，対世界輸出の相互補完性指数が96年までは上昇していたがそれ以降反転し，98年まで低下して94年のレベル以下となってしまった。これは，経済危機によって急速なウォン安が進み，一時的に輸出品目の構造が過去に逆戻りしてしまったためかもしれない。しかし，2国間の輸出について相関係数は，日韓ではむしろ対世界輸出より高いことから，産業内貿易は進展を続けているということができる。

産業内・企業内貿易の進展と開発輸入

　補完性の分析で明らかなように，3国の間の補完性は1990年代には低下してきた。これにより貿易結合度は低下の影響を受けるはずであるが，実際の結合度はむしろ高まってきた。これは，同一産業に分類される製品の2国間相互の輸出入（産業内貿易）の増加のためであると考えられる。その背景には，同一グループの企業の間での部品・製品の輸出入（企業内貿易）や，提携関係の構築などがある。例えば，中国における電子機器や機械類の製造において，日本の直接投資の影響は見逃せない。今後，3国が貿易を通じて発展するためには，こうした直接投資や企業提携を通じた技術移転と産業内貿易の伸展が必要となろう。

　一方，最近，日本の商社を中心として，技術を移転し商品開発を行い，それを日本に輸入する「開発輸入」の仕組みが普及してきた。これは，中国の豊富な資源である労働力を活用するものであるが，比較優位を生かす手法として評価することができる。この手法が一般になってきた場合，むしろ補完性係数を日中で低下する方向に作用する。ただし，このような動きも1999年までの統計では全体の傾向（輸出品目の構成が似通ってくる傾向）を停滞させたり逆転させたりするには至っていない。

(4) ま と め

　以上のように，日中韓の3ヵ国は比較的強い貿易関係をもっている。その意味で，これら3国は互いに重要な貿易相手国である。特に，日本から韓国への輸出，韓国から中国への輸出，中国から日本への輸出が大きい。こうした強い結びつきは地理的な近さによる面もあるが，1990年代の3国間の貿易の増加には，産業内貿易の伸びが作用しているものとみられる。一方，日本と中国との間では「開発輸入」のように比較優位を利用する貿易も普及してきているが，全体としては，比較優位に起因する貿易は3国の間では役割が次第に小さくなってきている。

第2節　貿易と直接投資

丸川　知雄

　直接投資が貿易の拡大に大きな役割を果たすことは今日では半ば常識化しているといっても過言ではない。だが，直接投資がなぜ貿易拡大をもたらすのかについてはまだ十分に究明されているとは言い難い。本節では理論を簡単に紹介した後，日本，中国，韓国のここ10数年間の貿易に関して実証分析を行う。

　直接投資はなぜ貿易の拡大をもたらすのか。それは貿易にはもともと相手市場に対する知識の不足からくる見えない障壁があり，直接投資はそうした知識の不足を補う役割を果たすからだと考えられる。ある国に物やサービスを輸出したいと思うとき，貿易ルートの欠如，相手国の厳しい品質要求や独自の取引慣行といったことが輸出に対する障壁となりうるが，これらはみな広い意味での知識の不足ととらえることができる。

　貿易ルートの欠如とは，誰に売れば効果的に相手国市場に売れるかということに関する知識の不足，および輸出しようとしている人が信頼に足る取引相手かどうかということに関する輸入側の知識の不足ととらえられるし，厳しい品質要求が障害になるということは，そうした要求をクリアするための技術知識の不足や，何が要求のポイントなのかがわからないという問題ととらえられる。日中韓の貿易関係に即して言えば，特に1980年代に社会主義計画経済からようやく抜け出てきた中国にとって貿易拡大に対する主たる障壁は上記のような各種の知識の不足であった。日本や韓国から中国に対する直接投資は潜在力にとどまっていた中国の比較優位を顕在化

させるうえで重要な役割を果たした，ということをこの節では検証する。

(1) 政策的貿易障壁と非政策的貿易障壁

　一言で貿易に対する障壁といっても，そこには政府が民間の商取引に介入することによって生じる政策的障壁と，民間企業や消費者の行動から生まれる非政策的障壁が含まれる。かつて日本とアメリカの間の貿易協議において，日本のさまざまな貿易障壁がとりざたされたが，アメリカは非政策的障壁も含め幅広く取り上げた。こうした議論に対して，貿易障壁として問題にすべきなのは政策的貿易障壁のみであり，非政策的貿易障壁は市場経済における民間の自由に属する問題であって，本来貿易障壁と呼ぶべきではない，という立場もありうる[1]。

　確かに，少なくとも工業製品については，日本は関税も低く，輸入数量制限，アンチ・ダンピング，セーフガードなどの制限措置が発動されることもほとんどなく，政策的貿易障壁はきわめて低い。だが，政府間の交渉に相応しいかどうかはともかくとして，輸出国の企業にとって非政策的障壁は政策的障壁にも増して大きな障害となって立ちはだかることは事実である。そうした非政策的障壁は一般的な品質向上や価格引き下げによって乗り越えられず，相手市場の需要者の嗜好や取引慣行を知悉し，相手市場の需要者や中間商との信頼醸成などによって初めて乗り越えられるものである。

　アメリカが日本の非政策的貿易障壁を盛んに取り上げたことが示すように，日本では消費者の品質やサービスに対する要求水準が高く，さらに日本のメーカーや流通業者はそれ以上に要求水準が高いために，アメリカだけでなく，アジアから日本への輸出においても非政策的障壁が大きく，アジアの現地企業が自社ブランドによりダイレクトに日本に輸出を行うことは現時点でも非常に稀である。

こうした障壁を政策介入によって乗り越えることは難しく，結局民間企業自身の努力によって乗り越えるしかない。日本とアジアの関係においては，日本企業がアジアに製造拠点を設けたり，日本の商社が現地の生産者と日本の小売業や消費者との仲立ちをすることによって初めてアジアから日本市場への製品輸出が可能になっている。つまり，アジアから日本への製品輸出に関しては日本からの直接投資が非政策的障壁を乗り越えるうえで有効に働いていると考えられる。

(2) 貿易と直接投資

上記のように，特に発展途上国と先進国との貿易関係においては，直接投資が貿易の重要な促進要因になっていると推測される。実際，例えば中国では2000年の輸出の48%，輸入の52%が外資系企業によるものであったし，95年から2000年にかけての輸出増加に対する外資系企業の寄与率は72%，輸入増加に対する寄与率は57%に及んだ。

だが，国際貿易理論の教科書では，直接投資と貿易の関連について，現実世界におけるその重要性にもかかわらず小さな扱いしかされていない（例えば，伊藤元重・大山道広『国際貿易』岩波書店，1985年を見よ）。一般の貿易に比べて直接投資を取り込んだ貿易を扱うことが理論的には格段に難しく，この分野が発展途上にあるためだと見受けられる。

直接投資を取り込んだ貿易理論の構築を試みたHelpmanの論文[2]をもとに，直接投資と貿易の関係を分析する実証的な枠組みを考えてみたい。Helpmanは2国2財2生産要素からなるヘクシャー・オリーン・モデルを応用し，2財のうち1財は均質な財だが，もう1財は企業ごとに差別化された財を想定する。また，2つの生産要素のうち，1つは国際間で移動できない一般的生産要素（＝労働）

だが，もう1つの生産要素は企業がそれを市場で調達して生産に投入すると企業特殊的な資産に変貌し，しかもそれを国際間で移動することもできるとする。後者は経営能力，流通ルート，研究開発など直接投資によって国際的に移動する経営資源を指している。

ヘクシャー・オリーン・モデルでは2国間における生産要素の賦存比率が大きく異なっていないとき，両国は2財を両方とも生産するが，経営資源の豊富な国（仮にJ国としよう）は差別化された財を輸出し，一般的生産要素が豊富な国（C国）は均質な財を輸出し，貿易を通じて両国の生産要素価格は均等化していく。他方，生産要素の賦存比率が両国で大きく異なっている場合には，両国は1つの財の生産に特化して貿易を行うが，それでも生産要素の価格差は解消しない。

一方，Helpmanモデルでは，前者の場合には直接投資は行われないが，後者の場合に経営資源がJ国からC国に移転して（つまり直接投資が行われ），C国で労働を雇用し，そうしてC国で生産された製品の一部はJ国に逆輸出される。要素賦存状況によっては，J国からC国への差別化製品の輸出を輸入が上回り，J国が差別化製品について純輸入国になることもある。また，こうした直接投資と貿易を通じて両国の生産要素価格が均等化することもあるが，両国の資源賦存状況があまりに不均等であるときは均等化しない。

Helpmanモデルの含意は，要素賦存状況が大きく異なる2国間（日本と中国，韓国と中国がそれに該当しよう）では，経営資源が豊富な国から乏しい国への直接投資によって，それがなかった場合に比べて差別化製品の貿易が輸出・輸入ともに拡大することになる。

(3) 実証分析——日中貿易

(1)では日本の非政策的貿易障壁を乗り越えるうえで日本企業の直接投資が有効である可能性を指摘した。日本市場に製品を売り込む

ために必要な技術，ノウハウ，流通ルートなどはまさしくHelpmanモデルでいうところの経営資源の一種であり，(1)の議論はHelpmanモデルに符合する例ということができる。このモデルのもとでは，均衡状態に向かうまでの時期において，直接投資額の拡大は貿易を双方向とも拡大する効果をもつ。その効果は貿易を説明する他の要因，すなわち，相対的な要素賦存状況の変化や為替レートよりも大きい可能性もある。そこで，ここでは日中間の貿易について，こうしたモデルを実証してみたい。もっとも，日中貿易で取引されている品目のなかには石油，石炭など差別化製品ではないものも含まれているので，分析対象を工業製品と食料品（農水産品[3]を含む）に絞る。

1989年から2000年までの各年における分野別の日本の対中輸入と対中輸出（米ドルベース）を被説明変数とし，① 日本から中国への直接投資ストック[4]，② 相対賃金（＝中国の製造業平均賃金／日本の製造業平均賃金。両方とも各年の為替レートで米ドルに換算），③ 実質為替レート（円／元）を説明変数とした。なお直接投資の届け出が日本政府になされてから実際にその投資が中国で資本として稼働するまでに一定の時間が必要と考え，直接投資ストックは1年前のデータを用いている。

このモデルにおける各説明変数の係数の符号は，① 直接投資ストックについては輸入，輸出いずれの場合もプラス，② 相対賃金については，中国の相対賃金上昇は，特に労働集約的な製品において日本の対中輸入に対してはマイナス，日本の対中輸出に対してはプラス，また，③ 為替レートについては，円安は輸入に対してはマイナス，輸出に対してはプラスに作用すると予想される。分析結果は**表1-9**に示した。

まず綿織物・衣類，食料品，その他製品（非金属鉱物製品，旅行用品・ハンドバッグ類，玩具，家具，履物）の軽工業製品の対中輸入について見てみると，いずれにおいても日本の各産業における対中

表1-9 業種ごとにみた

日本の対中輸入（中国→日本）

被説明変数	綿織物・衣類		食料品	
	係数	t値	係数	t値
（定数）		5.17 ***		8.59 ***
相対名目賃金（中国／日本）	-0.03	-0.16	-0.35	-1.45
円／元実質レート	-0.33	-2.08 *	-0.25	-1.62
繊維直接投資	0.81	3.63 ***		
食品・農業・漁業直接投資			1.07	4.36 ***
その他製造業直接投資				
機械直接投資				
電子電気直接投資				
製造業直接投資				
調整済み R2 乗	0.91		0.93	
F 値	35.81	***	49.56	***

日本の対中輸出（日本→中国）

被説明変数	繊維品		機械	
	係数	t値	係数	t値
（定数）		6.59 ***		4.35 ***
相対名目賃金（中国／日本）	-0.17	-1.00	-0.18	-0.44
円／元実質レート	-0.24	-1.84	-0.37	-1.39
繊維直接投資	0.96	5.29 ***		
機械直接投資			0.80	1.93 *
電子電気直接投資				
製造業直接投資				
調整済み R2 乗	0.94		0.75	
F 値	55.66	***	12.25	

注：係数はすべて標準化係数.
　　***は1％水準，**は5％水準，*は10％水準で係数が有意であることを示す.
　　t値とF値は，推計式の統計的な有意性を示す．これらの値が大きいほど，係数や推計式が無意味
出所：直接投資：財務省統計，貿易：通商白書各論，為替レート：IMF, International Financial Statistics,

直接投資の増大が日本の中国からの輸入増大を説明する有力な要因になっていることが見て取れる。**表1-9**では各係数も平均や分散を標準化してあるので，係数の大きさからも直接投資の貢献の大き

日中貿易に関する回帰分析

その他製品		機　　械		電子電気	
係数	t値	係数	t値	係数	t値
	5.20 ***		-0.48		0.20
-0.24	-1.87 *	0.22	0.89	0.33	1.58
-0.06	-0.67	-0.11	-0.65	-0.23	-1.63
1.12	8.30 ***				
		0.75	2.91 **		
				0.64	2.97 **
0.97		0.91		0.93	
132	***	36.26	***	48.07	***

電子電気		機　　械	
係数	t値	係数	t値
	2.87 **		4.76 ***
0.50	1.56	-0.30	-0.80
-0.53	-2.41 **	-0.31	-1.24
0.32	0.98		
		0.94	2.44 **
0.83		0.79	
18.6		15.13	

である（有意でない）確度が低くなる．
賃金：中国統計年鑑，厚生労働省統計，を元に分析．

　　さがわかる．また，② 相対賃金と ③ 為替レートに関しては，係数は必ずしも有意ではないものの，予想どおり両方とも日本の対中輸入に対してマイナスに作用する．

機械,電子電気に関しては,直接投資は同じく対中輸入の増加を決定する大きな要因になっているが,相対賃金の影響は有意ではないもののプラスである。これは中国の賃金が相対的に上昇することによって労働集約的産業からより資本集約的な機械産業に生産要素がシフトし,それによって中国の機械生産と輸出を増やす効果が現れているのかもしれない。

日本の対中輸出をみると,繊維品,機械においては日本の直接投資が対中輸出の促進要因になっている。だが,電子電気については係数は有意にプラスではない。これは電子部品の現地化がかなり進んでいるために,直接投資が増えても必ずしも日本から中国への電子部品輸出が増えなくなっているのかもしれない。また,日本の製造企業全体の直接投資が,日本の対中機械輸出を促進する効果ももっている。これは直接投資に伴って現地工場で使う機械設備が日本から輸出されることが多いためである。

日本の対中輸出に対する相対賃金と為替ルートの影響をみると,これは繊維品と機械に関しては有意ではないものの予想とは逆に両方ともマイナス,つまり,中国の相対賃金や通貨が下落したとき,かえって対中輸出が増えるという結果になっている。これは,中国の賃金下落や円高が中国における日本向け生産を拡大させ,そのため日本から中国の生産拠点に向けた原料や機械の輸出が増大するためだと考えられる。

(4) 実証分析——中韓貿易

次に中国と韓国の貿易について同様の分析を行いたい。

中国と韓国の貿易と直接投資は1992年の国交回復以来急速に拡大している。両国の貿易投資関係においては電気電子産業と繊維・衣服産業が大きな比重を占めている。韓国の中国からの輸入をみると,製品輸入のうち28%を繊維・衣服,23%を電気電子が占めてい

表 1-10 業種ごとにみた中韓貿易に関する回帰分析

被説明変数	韓国の対中輸入 (中国→韓国)				韓国の対中輸出 (韓国→中国)			
	繊維衣服		電気電子		繊維衣服		電気電子	
	係数	t 値	係数	t 値	係数	t 値	係数	t 値
(定数)		5.21***		1.67		2.04*		2.86**
相対名目賃金 (中国/韓国)	0.47	1.30	0.31	0.89	-0.66	-1.84	0.94	2.55*
ウォン/元実質レート	-0.97	-2.93**	-0.39	-1.27	0.13	0.39	-0.91	-2.82**
繊維衣服 FDI	1.14	8.05***			1.28	9.04***		
電気電子 FDI			0.98	7.25***			0.82	5.75***
調整済み R2 乗	0.92		0.94		0.92		0.93	
F 値	31.52	***	42.13	***	31.78	***	38.14	***

注：表 1-9 に同じ．
出所：貿易統計：China Customs Statistics, 直接投資：韓国輸出入銀行, 賃金：中国統計年鑑, 韓国政府より分析．

る。また韓国の対中国輸出においては製品輸出の 25％を電気電子, 16％を繊維・衣服が占めている。また韓国から中国への直接投資では電気電子が 24％, 繊維・衣服が 15％を占める。そこで, ここではこの 2 つの産業だけを取り上げ, 前項と同様の分析を行った。

表 1-10 にみるように繊維・衣服と電気電子のいずれにおいても, 韓国の対中輸出と対中輸入の双方が直接投資ストックの増加によってよく説明できる。実質為替レートについていえば, 韓国の対中輸入に対して予想どおりマイナス, つまりウォン高になれば対中輸入が拡大するという関係がみられる。ただし, ウォン高は韓国から中国に対する電気電子輸出を拡大する効果ももっている。これは前項の日中貿易のケースでみたのと同様, 中国の生産拠点に対する電子部品の輸出拡大を反映しているのかもしれない。

(5) 実証分析——日韓貿易

　日韓の貿易関係についても上記と同様のモデルで分析したが，結論だけを述べれば日本から韓国に対する直接投資額は日本の対韓輸出，対韓輸入のいずれに対してもプラスに作用してはいなかった。Helpman のモデルでももし両国の要素賦存比率が近くて，不完全特化錘の内側に位置する場合には，直接投資の貿易促進効果はさほど顕著ではなく，むしろ両国の要素賦存比率の変化や為替レートなどの貿易額に対する影響がより強いはずである。両国はまさにそうした関係にあるため直接投資の効果が顕著に現れなかったとみられる。なお，日本の韓国における製造業直接投資残高は筆者の推計によると 1990 年から 99 年の間に 40％減少しており，それゆえに直接投資の貿易に対するプラスの効果も観察できなかったのであろう。

　日韓貿易においては直接投資よりも，相対賃金と為替レートの影響がより大きい。ただ，単純に円高や日本の相対賃金上昇が日本の対韓輸入を増加させ，対韓輸出を減少させるという関係ではなく，むしろ，機械，電気電子，化学品の場合，韓国の賃金が相対的に上昇するとこれらの製品の対韓輸出・対韓輸入がともに増え，円安になったときは対韓輸出，対韓輸入がともに減るという結果になっている。なぜこのような関係がみられるのかは不明である。

　　　　　　　　　＊　　　　　　　＊

　以上の分析から，日本と中国，韓国と中国に関しては，直接投資が双方向の貿易を促進する大きな効果をもち，相対賃金や為替レートはさほど貿易の変化に影響を与えないことがわかった。直接投資が貿易拡大の効果をもつのは，中国から日本や韓国の市場に製品を輸出しようとする場合に品質に対する要求や嗜好，流通ルートなどにおける貿易障壁が大きく，直接投資がそうした障壁を乗り越える知識を中国にもたらすためだと考えられる。他方，日本と韓国の貿

易に関しては，直接投資の貿易に対するプラスの効果は見られなかった。日本と韓国については既に要素賦存比率も接近しているために，直接投資による経営資源移転の効果はもはやあまりはっきりとは現れなくなったのであろう。

[注]
1) 小宮隆太郎・根岸広［1998］『貿易障壁：六つの誤解』（通商産業省通商産業研究所・研究シリーズ32）通商産業調査会。
2) Helpman, Elhanan,［1984］"A Simple Theory of International Trade with Multinational Corporations," *Journal of Political Economy*, Vol.92, No.3.
3) 農水産品も日本では差別化が進んでおり，例えば野菜は日本からの種の提供や包装・納期に対する指導があって初めて日本への大量輸出が可能になった。
4) 日本から中国への直接投資ストックに関するデータとしては，財務省に届出がなされた毎年の直接投資フローに関する統計（『財政金融統計月報』に掲載）と，経済産業省が毎年行っている「海外事業活動動向調査」とがある。前者は毎年のフローのデータであるが，一定額以上の投資は必ず届け出るのでカバー率が高い。後者では日本企業の海外現地法人の資本金がわかるのでストックのデータが得られるものの，アンケート調査によるもので，回答率が40％程度から60％以上まで毎年変動するので，回答率の変化と実際の直接投資ストックの変化との区別が難しい。また，両者とも比較的大規模の企業をカバーしている。そこでここでは財務省のフローデータをもとに，$K_t = \sum_{\tau=0}^{\infty} I_{t-\tau} \cdot (1-\delta)^{\tau}$ という式によって直接投資ストックを推計した。ここでIは直接投資フローを指し，δ は減価償却率を表す。$\delta = 0.03$ と仮定する。こうして計算した製造業全体の直接投資額を経済産業省の製造業直接投資の資本金データと比べてみると，前者と1年後の後者の値は1988年から97年の間，2ヵ年（89，90年）を除けばみな±10％以内の違いに収まっており，上記の推計法はさほど的外れではないことがわかる。直接投資が届け出られてから実際に資本ストックとなるまでの時間を考えると，1年のタイムラグをおくことは理に適っている。

第3節 アンケート調査にみる日中韓の貿易障壁

　前節の分析によれば，日中，韓中の貿易については，何よりも直接投資の拡大が貿易障壁を乗り越え，貿易を拡大するのに有効であるとの結論が得られたが，本節では中国，韓国との貿易に従事している日本の企業がどのような点を貿易障壁として受けとめているかを見てみたい。ここでは総合開発研究機構（NIRA）が2001年4月に実施した236社に対するアンケート調査の結果を用いる。236社のうち47社は中国，韓国のいずれとも貿易をしておらず，中国と貿易しているのは168社，韓国と貿易しているのは159社という内訳になっている。本節での分析対象となるのは中国，韓国との貿易がある会社である。

(1) 対中国・対韓国輸出における貿易障壁

輸出の特徴

　まず日本企業が中国，韓国への輸出に際していかなる貿易障壁に直面しているかを検討する。その前提として輸出がいかなる形態で行われているのか概観しておこう。アンケートでは，日本企業が中国・韓国への輸出に際してどのような相手に輸出しているのか，その割合をたずねている。**表1-11**はそれを単純平均した結果である。対中輸出においては，輸出相手の第1位は現地企業（46.8％）だが，次に多いのが自社の子会社・関連会社（33.9％）である。対韓輸出では現地企業向けが圧倒的に多く（78.3％），自社の子会社・関連会社向けは13.3％にとどまっている。

　日本の対中輸出ではいわゆる企業内貿易がかなり高い比率を占め

表 1-11　対中国・対韓国輸出の相手

	対　中　国					対　韓　国				
	全企業	製造業	貿易	卸売・小売	その他	全企業	製造業	貿易	卸売・小売	その他
回答企業数	115	103	2	8	2	117	106	2	8	1
自社の子会社・関連会社	33.9	34.9	15.0	34.9	0.0	13.3	13.2	0.0	18.8	0.0
委託加工企業	6.0	4.4	2.5	29.4	0.0	1.8	1.9	0.0	1.3	0.0
日系企業	7.1	6.1	17.5	8.8	45.0	2.3	2.4	0.0	1.3	0.0
現地企業	46.8	48.2	65.0	23.3	50.0	78.3	78.2	100.0	71.3	100.0
消費者	0.1	0.0	0.0	1.3	0.0	2.4	2.6	0.0	0.0	0.0
現地政府	1.5	1.7	0.0	0.0	0.0	0.0	0.0	0.0	0.0	0.0
他	4.5	4.7	0.0	2.5	5.0	2.0	1.7	0.0	7.5	0.0
合計	100.0	100.0	100.0	100.0	100.0	100.0	100.0	100.0	100.0	100.0
日本商社・代理店経由	35.4	37.3	55.0	15.6	0.0	26.0	26.5	55.0	3.9	100.0
現地商社・代理店経由	19.3	18.0	40.0	24.4	50.0	32.0	33.3	45.0	16.7	0.0

出所：NIRA アンケート調査より分析．

るのに対して，対韓輸出の場合は韓国の現地企業への販売という形式をとることが多い。卸小売業では8社が対中輸出を行っているが，自社の子会社・関連会社と委託加工先企業の両者で60％以上を占めているのが注目される。おそらくこれは日本の卸小売業者が日本で販売する商品を中国で現地生産するためにその材料等を中国に輸出しているのではないかと考えられる。

日本企業の競争力

次に，日本企業は中国や韓国への輸出に際して何を競争上の強み

としているかを分析してみた。アンケートでは企業に対して中国および韓国への輸出に際して，地理的近接性，価格，ブランド，品質，納期，マーケティング，アフターサービス，文化的近接性，市場シェアの各項目について企業がどの程度の強みをもっているについての主観的評価を聞いている。企業の回答を分析した結果，対中輸出においては非価格競争力がもっとも重要であるのに対して，対韓輸出では価格競争力と非価格競争力とは対立関係にはなく，両者を総合した全般的競争力が重要であることがわかった。

対中輸出における制度的障害

中国・韓国への輸出に関する以上の特徴を踏まえたうえで，輸出に際しての障壁について分析してみよう。アンケートでは対中・対韓輸出に関する制度的障害として，「貿易制限と割当」「高関税」「税関と貿易を扱う行政的措置が複雑である」「貿易に対する技術障壁」「免許」の5項目について，企業がどれほど障害と感じているか5段階評価を行ってもらう項目がある。

これらの5項目に対する企業の評価にはかなり強い相関関係があるので，これらを主成分分析の手法を使って1つの変数（＝対中輸出への制度的障害を総合的に表す指標）にまとめ，それと資本金，輸出品目，輸出経路，輸出相手などとの関係を分析してみた。その結果をみる（表1-12）と，まず企業の資本金は有意なマイナス要因となっており，対中輸出における制度的障害は企業規模が小さくなるほど強い傾向があることがわかる。

産業別にみると，金属・金属製品，農産品において制度的障害がやや強い傾向がある。また輸出経路についてみると，子会社経由，代理店経由，第3国経由などよりも直接輸出の方が障害はやや低い。輸出相手別に見ると，自社の子会社・関連会社や日系企業など，いわゆる「日日貿易」の場合には制度的障害が少ないのに対して，委託加工先や現地企業相手の場合には障害がやや強い。また，

表 1-12　対中輸出障害に影響を与える要因の分析
被説明変数：対中輸出への制度的障害

	係数	t 値	
定数	13.13	17.7	***
企業の資本金	−0.002	−2.07	**
輸出品目			
金属・金属製品	1.37	1.36	
農産品	4.37	1.36	
輸出経路			
直接	−0.91	−1.29	
輸出相手			
自社の子会社・関連会社	−0.02	−2.60	**
委託加工先企業	0.03	1.54	
日系企業	−0.03	−1.71	*
中国商社を経由する割合	−0.01	−1.44	
輸出額	−0.00001	−1.51	
調整済み R2 乗	0.16		
F 値	2.78		***
標本数	84		

注：表1-9に同じ．
出所：NIRA アンケート調査より分析．

中国の商社を経由する比率が高くなるほど，輸出額が大きくなるほど，制度的障害はやや弱くなる．

対韓輸出における制度的障害

アンケートから見るかぎり，対中輸出に比べ，対韓輸出に関しては制度的障害が概して少ないと企業は認識している．たとえば，「貿易制限と割当が問題」という設問に対して，対中輸出を行っている企業の場合は「強くそう思う」「そう思う」を選択している企業が41%を占めるのに対して韓国の場合は6%，「そう思わない」「全然そう思わない」を選択している企業が韓国の場合は44%なのに対して中国は19%であった．

表1-13 対中輸出障害に影響を与える要因の分析
被説明変数：対韓輸出への制度的障害

	係数	t値	
定数	15.15	30.17	***
従業員数	-0.0004	-3.87	***
輸出品目			
繊維	1.79	1.87	*
輸出経路			
代理店経由	0.80	1.27	
輸出相手			
自社の子会社・関連会社	-0.01	-0.99	
委託加工先企業	0.06	1.30	
日系企業	-0.04	-1.31	
日本商社を経由する割合	-0.01	-1.52	
韓国商社を経由する割合	-0.02	-2.65	***
輸出額	0.00027	2.72	***
調整済み R2 乗	0.187		
F 値	3.329		***

注：表1-9に同じ．
出所：NIRAアンケート調査より分析．

　対韓輸出の場合も，対中輸出の場合と同様に，輸出に対する5項目の制度的障害に関する企業の回答を1つの変数（＝対韓輸出への制度的障害）に集約し，前項と同様の回帰分析を行った。その結果をみると（表1-13），企業の従業員数が少ない企業ほど対韓輸出障害に直面するケースが多く，輸出相手に関しては，企業内貿易や日系企業相手の場合には輸出障害度が低く，委託加工先企業の場合にはやや高い。これらの結果は対中輸出の場合と共通している。また日本ないし韓国の商社を経由する割合が高いほど輸出障害度は低いので，商社が輸出障害を肩代わりする側面があると推測できる。輸出額が多いほど輸出障害度は高いが，これは対中輸出の場合と逆である。

(2) 中国・韓国からの輸入における制度的障害

次に，日本企業が中国・韓国から日本に輸入を行う時に生じる制度的障害に関して，アンケートの結果を紹介する。**表1-14**と**表1-15**からわかるように，韓国からの輸入については問題を感じている企業の数は非常に少ない一方，中国からの輸入については問題を感じている企業の数が比較的多い。

業種別にみると，農産品と繊維に関しては「貿易制限と割当」の問題を感じている企業が比較的多い。農産品についてはセーフガー

表1-14 中国からの輸入における制度的障害

	強くそう思う	そう思う	どちらとも言えない	そう思わない	全然そう思わない
貿易制限	3	18	35	20	11
高関税	1	13	43	22	8
行政措置煩雑	3	23	37	17	6
技術障壁	1	7	47	22	7
免許	4	10	46	17	8

出所：NIRAアンケート調査より分析．

表1-15 韓国からの輸入における制度的障害

	強くそう思う	そう思う	どちらとも言えない	そう思わない	全然そう思わない
貿易制限	0	3	26	25	5
高関税	0	7	27	21	4
行政措置煩雑	0	5	26	23	4
技術障壁	0	3	31	21	4
免許	0	5	30	20	4

出所：NIRAアンケート調査より分析．

ドなどもあり，貿易制限の問題が大きいというのはわかるが，繊維については，セーフガードやアンチ・ダンピング課税を求める声があるものの，実際日本政府が輸入制限を行ったことはないはずなので，むしろ中国からの輸出をする際の制限のことを指しているのかもしれない。また，繊維については「行政措置が煩雑」とする企業が比較的多く，鉱産品，金属，繊維に関しては「技術的障壁」，化学，金属，鉱産品においては「免許」が問題だとする企業が比較的多かった。

　概して，農産品，繊維を中国から輸入する際の制度的障害が比較的多く，農産品については「貿易制限と割当」「行政措置が煩雑」「免許」，繊維については「貿易制限と割当」「行政措置煩雑」を挙げる企業が比較的多い。農産品と繊維といえばセーフガードを既に発動したかもしくは発動が検討されている分野である。今後セーフガードが再び発動されることになれば，輸入に対する障害は一層大きくなる可能性がある。

第4節　日本のセーフガード問題

　第2節で見たように，直接投資などを媒介として貿易障壁を乗り越える知識が日本・韓国から中国に伝播すると，中国がもともと有している労働力の安価さと豊富さという優位性が発揮されて中国から日本・韓国への輸出が急増し，日本・韓国の既存産業との競合する場面が増える。韓国政府が2000年に発動した中国産にんにくに対する輸入制限を行ったこと，また日本政府が2001年4月にねぎ，生しいたけ，畳表の3品目に対して緊急輸入制限（セーフガード）を行ったが，今後これに類する貿易摩擦が日本，韓国，中国の間にたびたび起きることが懸念される。日中の貿易関係を語るにあたって見逃しがたいセーフガード問題について，ここで簡単にまとめておこう。

(1)　日本のセーフガード発動の経緯

　日本政府は2001年4月にねぎ，生しいたけ，畳表の3品目に対する，緊急輸入制限を発動した。これに対する報復として，中国政府は6月に日本からの自動車，移動電話，空調機の輸入に対し100%の特別関税を課した。

　日本では上記3品目の他にも，タオルについて業界団体からセーフガード発動の要請が出ているほか，靴下，ネクタイ，わかめ，うなぎ，自転車，アパレル縫製などの業界でセーフガードを要請しようとする動きが見られる。いずれの業界もターゲットは中国からの輸入品である。こうした展開は，かつて日本からの輸出攻勢にさらされてアメリカで保護主義が高まったのを想起させる。ただ，日米

貿易摩擦の時と異なるのは、中国の対日輸出に日本企業が深く関わっている点である。

例えば、今回セーフガードの対象となった品目はいわゆる「開発輸入」によって日本に入ってきており、種苗やスペックは日本企業が提供している。タオルも主に中国に進出した日本企業の現地工場で生産され、日本に輸入されている。数年前に大連に進出したある日系タオルメーカーで聞いた話では、日本のタオル産地である今治の上位5社までがみな中国に工場進出しているとのことであった。

つまり、セーフガード発動ないし申請の対象となっている各業界で起こっているのは、コスト引き下げのために中国に生産の場を求めた日本企業と、中国に進出できなかった企業や農家との間の争いであり、いわば「日日戦争」なのである。

(2) セーフガードの得失

中国のマスコミによって「自分で自分の足に石を落とす行為」(『市場報』2001年6月25日)と揶揄されるセーフガード発動は日本にとって何かメリットがあるのだろうか。

2001年5月末の報道によれば、ねぎと生しいたけの輸入量は大幅に減少し、卸値も大きく上昇したので、生産農家には明らかにメリットがあった。他方、日本の消費者にとっては損失であるはずだが、セーフガード発動に際して意見を表明した消費者団体はいずれも発動に賛成した。単純に安いものを望む消費者の本音は公的な場では表明されていない。

中国側の報復は日本にとっては痛手である。2000年の中国からのねぎ、生しいたけ、畳表の輸入額は390億円程度だったのに対し、中国が報復関税をかけた自動車、移動電話、エアコンの2000年の対中輸出額は734億円にも達しており、これらの輸出が止まれば、日本にとってはセーフガードによる保護効果をはるかに上回る

損失がもたらされる。しかも，潜在的な損失はさらに大きい。例えば，自動車は，中国のWTO加盟後に関税の大幅引き下げが約束されているので，日本からの輸出拡大が期待できたが，報復関税によってそうした期待はくじかれた。

　今後，日本企業は日本からの輸出によって中国市場に売り込むという戦略を捨て，中国での現地生産を拡大する戦略を採るだろう。中国側は日本企業による中国での生産拡大という効果を見込んで報復を行った節もある。一方，日本側がセーフガードによってどのように国内の農業を立て直そうとしているのかははっきりしない。日本政府の調査によると，日本のしいたけ栽培農家の平均年齢は55歳で，後継者がいない農家が74％を占めている。セーフガードを行うことでしいたけ生産の衰退傾向が転換できるとは予想しにくい。

　セーフガード発動はまた日中間の相互不信を助長する面があることも見逃せない。日本のマスコミは中国がセーフガード発動後の2001年4月に輸入貨物の木箱に対する検疫を強化したことはセーフガードに対する報復だと報じ，中国のマスコミは日本が6月にインフルエンザ・ウィルスに感染の疑いありとして鶏肉の輸入を一時停止したことは，セーフガード報復に対する報復だと報道した。だが，国民の健康に関わる検疫が「貿易戦争」の手段として使われるようなことはあってはならないことである。

　今後，日本，韓国，中国の間でさらなる貿易摩擦が発生する可能性もあるが，国民全体の利益に根ざした大局的な判断が求められる。

第 2 章　日本からみた北東アジア地域協力
——成長ダイナミズムの取り込みを目指して

深川　由起子

はじめに

　1985年のプラザ合意を契機とする日本の構造調整は，NIEs，ASEAN，中国からインドシナ半島に及ぶ東アジア全域に直接投資と貿易の拡大連鎖を通じた重層的構造転換を促し，空前の高成長を引き起こした。しかし90年代に入ると，一転，日本経済はバブル崩壊以来，長期の低迷を続け，構造問題の深化によるその金融危機は97年，タイに始まった東アジアの通貨金融危機とほぼ同時に進行することとなった。

　21世紀を迎え，東アジアは一度は回復の糸口を掴んだかに見えたが，半面，日本の構造調整はその速度と実行に対する市場の疑念に晒され続けている。日本の構造調整の関心は国内問題に集中しがちだが，その速度やあり方はプラザ合意以降，大きく相互依存関係を深めてきた東アジア経済を大きく左右する。また同時に日本の成長回帰にもこの地域の高い潜在成長力を取り込むことは欠かせない[1]。以下では北東アジア（ここでは主に日本，中国，韓国，台湾，香港）の地域的特性を生産・市場の両面から考察したうえで，地域協力が構造調整を進める日本にとってどういう意義をもつのか，また日本に必要な戦略とは何か，を論じてみたい。

［注］
1)　バブル崩壊後，日本の輸出依存度は1992年の8.7%から97年には10.7%に上昇した。平行してアジア市場への依存度も35.0%から96年には40.5%，97年も39.5%に上昇し，バブル崩壊後の景気を下支えした。

第1節　北東アジア経済の台頭

(1) 北東アジアへの経済重心シフト

　通貨金融危機後、東アジアの成長センターは東南アジアから中国を中心とした北東アジアへシフトした。ASEAN4（タイ、マレーシア、インドネシア、フィリピンの先発4経済）の景気回復が遅れる一方、伸び自体は鈍化しているものの、危機を乗り切った中国は成長を維持している。中国の1人当り所得はドルベースでは98年にインドネシアを抜いて[1]フィリピンに迫るようになり、従来型産業を中心にWTO加盟後の中国市場への期待が高まっている[2]。安定したパーフォーマンスを見せてきた台湾に加え、危機を経験した韓国や香港もITを中心に米国市場への依存度を高めつつ、速いピッチで景気を回復させた。2001年以降は米国市場という牽引役がなくなり、北東アジアは台湾がマイナス成長に転落するなど大きな影響を受けたが、代って中国がエンジン役としての存在感を高めている。

　貿易面でみると、1992年時点ではまだASEAN4をかなり下回っていた中国の輸出は2000年にはほぼ同水準に追いつき、東アジア域内におけるシェアは92年の17.7%から2000年には24.0%と、ASEAN4に並んだ。しかし輸入では2000年に同16.8%から23.8%となり、ASEAN4を追い抜いた。域内貿易における中国のシェア拡大は輸出入とも経済の一体化が進む香港・台湾のシェアを喰う形で拡大しているため、ASEAN4のシェアが近年、大幅に減少したわけではない。しかし、対世界の直接投資受け入れにおいても98年以降は中国がASEAN4を大きく上回るようになった。ASEANの側には産業基盤の拡充が貿易面にも反映されていけば、東南アジ

図2-1　日本の対東アジア輸出

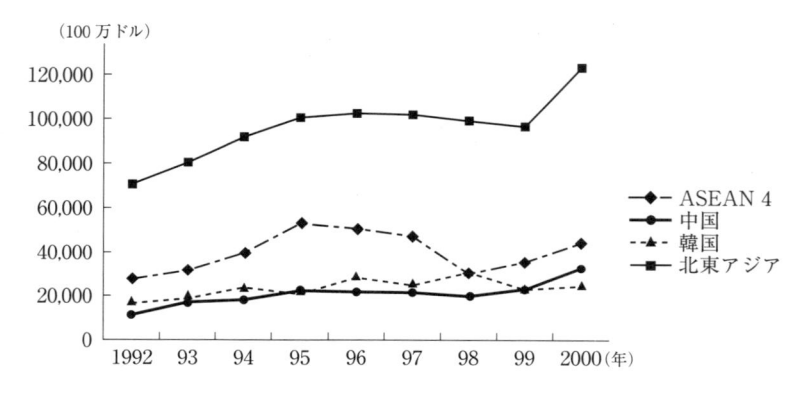

(100万ドル)
- ◆ ASEAN 4
- ● 中国
- ▲ 韓国
- ■ 北東アジア

図2-2　日本の対東アジア輸入

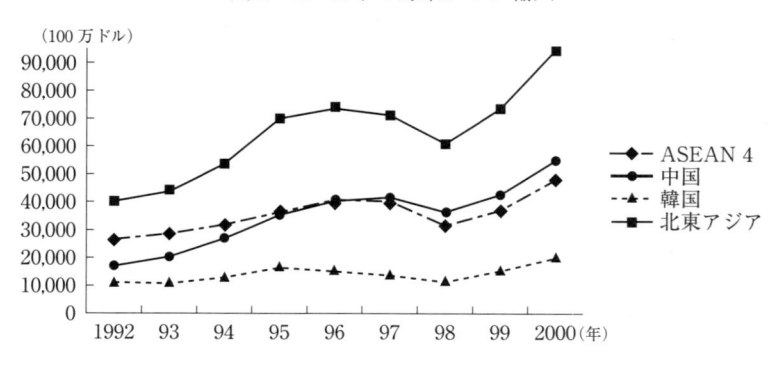

(100万ドル)
- ◆ ASEAN 4
- ● 中国
- ▲ 韓国
- ■ 北東アジア

ア・北東アジアの格差がますます拡大するのではないか，といった懸念もみられた[3]。

　急速な中国経済の台頭は従来，ASEAN中心であった日本との関係をも大きく動かし始めた。図2-1，2-2がそれぞれ示すように，日本の輸出市場としては2000年になってもまだ中間財輸出の多いASEAN4が依然として大きく，しかも危機後は再び上昇に転じている。これに対し，中国への輸出は1999年にようやく韓国に追い

第2章　日本からみた北東アジア地域協力——成長ダイナミズムの取り込みを目指して　43

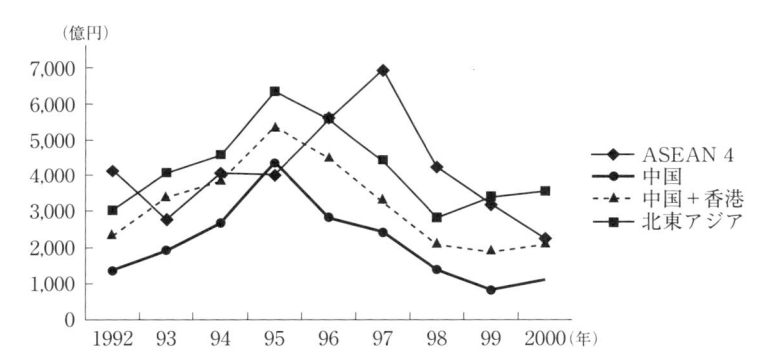

図2-3　日本の直接投資推移

(億円)

凡例：
- ◆ ASEAN 4
- ● 中国
- ▲ 中国＋香港
- ■ 北東アジア

横軸：1992, 93, 94, 95, 96, 97, 98, 99, 2000（年）

つき，2000年にはこれを上回ったが伸びは緩やかなものに止まっている。しかし，輸入では中国が97年にASEAN4を追い抜き，上昇を続けている。輸出・輸入とも香港・台湾を加えた北東アジアのプレゼンスは圧倒的であり，しかも99年以降伸びが加速している。

　一方，日本の直接投資は，図2-3のように伝統的にASEAN4への投資が大きく，中国を大きく上回っており，累積ではその差はさらに大きくなる。しかしながら中国の場合には香港経由での直接投資が相当に大きく，この差がそのままとは言えない。ASEAN4への投資が97年以降，減り続けているのに対し，対中投資は2000年には増勢に転じ，香港・台湾・韓国を加えた対北東アジア投資では2000年にはASEAN4を抜く規模に転じた。

　依然として構造調整が継続しているASEAN4では，① 失業率が高止まり，所得格差が拡大の傾向にあること，② 一部で政治不安が継続していること，③ AFTAなど開放計画の早期完全実施が楽観できないこと，などが投資環境を否定的なものとしてきた。1995年時点では販売先が60％以上現地市場となるなどASEAN4における日系企業は現地市場販売志向を高めつつあったが，為替レー

トの急落を見た97年以降は急激に輸出への転換が進み，50%を割り込むようになった。予想に反した市場性見通しは外資系企業の域内拠点集約・再編にも少なからぬ影響を与えていくと見られている。

反面，危機後当初には周辺国の通貨切り下げで中国の輸出競争力の維持は容易でないとの見方も多かった。しかしながら，台湾からの直接投資に主導された沿岸部のIT産業集積に象徴されるように中国の産業構造の転換は速く，沿岸部を中心に輸出の拡大→所得増大→国内市場の増大→生産拡大→規模の経済実現，といった循環が輸出競争力を高める方向に働いてきた[4]。中国の地域間格差は似た発展段階にあるASEAN4以上に大きいが，ともあれ1つの政府に統治され，1つの制度に統一された市場である。日本企業は欧米企業と異なり，ASEAN4への生産拠点構築をほぼ軌道に乗せてきたものの，中国が競争力ある生産拠点となると同時に，市場の潜在性を顕在化させてきたことで，中国に新たな関心を寄せざるを得なくなった。中国への関心が香港や台湾への投資に大きな影響を与えると共に，構造改革以降ようやく直接投資の積極誘致に転じた韓国との間でも域内産業調整を目指した投資が動き始め[5]，北東アジアへの日本の関心は今後ともさらに高まるとみられる。

(2) 北東アジアの特性

1980年代後半以来，ASEANでは主として直接投資の受け入れと比較優位に基づいた工業製品の輸出が発展を牽引してきた。輸出は食品や雑貨，金属製品など資源加工型の産業から始まり，軽工業品や直接投資が主導する電気電子などに広がった。これに対し，北東アジアは，① 比較的充実した産業基盤と自己完結型産業構造，② 日本と中国の間にNIEsが介在する重層性，③ 厚い資本家層とこれを支える人的資源，といった特徴をもつ。台湾問題や朝鮮半島

など冷戦構造が長く残存した政治環境下では、北東アジアはASEANほど開放的な開発戦略がとりにくく、経済的自立が重視された。安全保障上の思惑はそれぞれの重化学工業育成を後押しし、総じて為替管理が厳しく、この結果、NIEsが早く資本の出し手に転換した等、経済発展にさまざまな影響を残した。

まず、先発の韓国や台湾は1980年代までは日本の後を追い、幼稚産業保護を通じて漸進的に国産化と産業連関の強化を推進する政策を推進した[6]。その結果、今日では両者とも石油化学や鉄鋼の素材産業、自動車や電気電子などの組み立て機械工業、さらには産業機械と、一定規模ではあるが、いわゆるフルセット型に近い産業構造を有するようになった。一方、中国にも生産性はともかく、社会主義時代以来の重化学工業基盤があり、漸進的開放の一方で重点産業の強化を図る産業政策がとられてきた。

この結果、北東アジア地域は相対的に輸入誘発度が小さいまま成長を続けてきた。日韓中各国の輸入誘発度を比較すると、当然のことながら裾野産業の整った日本が突出して全体に低く、日本で輸入誘発度が高いのはむしろ輸出よりも民間消費である。これに対し、韓国は民間固定資本形成と輸出の誘発度がかなり高く、中国も輸出部門だけをみると数字は比較的大きく、資本財や中間財の輸入依存が示唆されている。ただそれでもマレーシアなどに比べれば中国や韓国の輸入誘発度はかなり小さい。中国の場合、日系企業による対日調達というチャンネルが細いことに加え、北東アジア域内に韓国や台湾、香港といった資本財・中間財の供給者が日本とは別途存在しているため、NIEsが日本の役割をある程度肩代わりしていることも考えられる。

次に、韓国・中国とタイにおける売上げ上位100社を国・公営、外資（外資側出資比率50％以上）、地場企業に分類してみたのが**表2-1**である。国によっては外資系企業の多くは上場しておらず、基準を揃えることも難しいので、正確な比較は不可能である。しかしな

表 2-1 韓国・中国・タイ・マレーシアの主要企業構成
　　　　　（上場企業の売上 100 社）

	韓国(社)		中国(%)		タイ(社)	
	1994	2000	1995	1999	1992	1997
国/公営企業	2	18	34.0	28.2	19	—
外資系企業	1	3	11.7	15.3	29	58
地場企業	97	79	54.3	56.5	52	42

注：韓国の外資系企業は外資側出資比率が 50%以上，タイの 97 年は 40%以上，
　　韓国・タイは上位 100 社の構成，中国は工業生産に占めるシェア．
　　韓国は金融業を含むが，タイは非金融業のみ，97 年は民間企業のみの分類．
出所：韓国は筆者，中国・タイは末廣［2000］からの再引用．

がら，概ねタイに比べ，韓国や中国では圧倒的に地場企業のプレゼンスは大きい。韓国では構造調整に伴う外資への企業・事業売却が進み，中国ではWTO加盟後を目指した外資進出が目立つが，いずれも外資進出本格化の歴史は浅い。外資は半導体など輸出型産業では上位にくることもあるが，全体としては技術提携などで限定的な役割を果たしているにすぎない。

　後発の中国は韓国や台湾に比べればより積極的に直接投資誘致を進めてきたが，それでも自動車や鉄鋼，石油化学，電子デバイス等の主要産業では投資規制やローカル・コンテント要求，外資への輸出義務等などによって，産業政策連動型の外資政策をとってきた。改革開放以前にも一定水準の産業技術基盤があったことから，80年代後半，資本輸出に転じたNIEs企業や外資企業から輸出産業の技術やノウハウ，マーケティング力が移転されると，90年代には急速に地場企業の台頭がみられるようになった。

　対日供給における日系企業のプレゼンスも中国ではそれほど大きいとは言えない。日系現地法人の対日輸出売上げが中国・ASEAN4からの輸入全体に占めるシェアを算出してみると（**表 2-2**），ASEAN4は全体で40.2%に達しているが，中国では99年に

表2-2　日系企業現地法人の日本向け売上が日本の当該国当該品目輸入に占めるシェア

(単位：％)

	中国			ASEAN4		
	1995	1997	1999	1995	1997	1999
食料品	0.6	1.7	1.7	4.6	4.6	4.5
繊維	3.7	11.3	10.3	19.2	18.3	18.1
木材・パルプ	0.5	1.3	1.4	―	4.2	6.4
化学	1.3	11.3	13.2	16.4	29.8	19.5
鉄鋼	0.7	2.9	5.1	9.2	14.5	33.8
非鉄金属	0.6	12.6	17.6	41.3	33.7	30.8
一般機械	26.4	82.5	80.6	7.5	11.4	8.0
電機機械	26.6	76.0	64.3	117.0	150.0	113.1
輸送機械	31.4	71.6	67.9	233.1	873.3	644.3
精密機械	19.7	88.8	12.1	47.1	39.2	31.7
その他	0.7	3.3	4.0	3.6	5.8	12.5
合　計	5.4	21.7	19.9	21.3	35.1	40.2

注：食料品の定義は「外国貿易概況」から，繊維・木材パルプ・化学などについては貿易白書から抽出した．
「通商白書」にない場合は通関統計から以下を定義として使用して算出した．
木材・パルプ：HS codeで44から48まで　鉄鋼：72から73まで　非鉄金属：74から79まで　一般機械：84　電気機械：85　輸送機械：86から89まで　精密機械：90．

19.9％にすぎない。機械産業のシェアが極めて高いのは中国・ASEANとも同様だが，ASEANでは鉄鋼や非鉄金属，石油化学などの点でも日系企業が重要な役割を果たしているのに対し，中国の数字は小さい。ASEANは中国に比べ進出歴が長く，対日供給事業が軌道に乗っている企業が多いことを割引いても，ASEANの比率は全般的に高いといえよう。電気機械では中国は99年にはシェア減少さえみられる。家電ではWTO加盟を控えて急激に外資の取り込みや革新の進む物流や流通網の整備が国内市場の拡大を助ける一方，次第に裾野産業の厚みが地場企業が国際競争力をもち始めており，その影響も考えられる。

　北東アジアの生産基盤は安価な労働力だけではなく，相対的に充

実した人的資源，特に技術系人材に支えられていることも見逃せない。韓国や台湾では1980年代に高等教育機関への進学率が急上昇をみせると共に労働集約型産業からの脱皮を図る政府が技術系の供給を増やし，研究開発体制の強化を急いだ。韓国における高等教育機関在籍率は96年当時で既に68%に達し，研究開発従事者数（補助を含む）は97年には21.7万名に達した。人口100万名当たり数（3,010人）[7]ではまだ日本（4,909人），米国（3,676人）には及ばないが，95年当時のドイツ（2,831人）を上回る水準となった。

これに対し，内陸部人口などを抱える中国の在籍率はまだわずか6%程度にすぎないが，技術系のシェアは比較的大きく，研究開発従事者数では454人とフィリピンの157人，タイの114人を大きく上回る水準となっている。また97年の中国の中等教育機関在籍率は70%でタイやインドネシアの56%を上回るようになった。中国の大学生の数も83年，93年を機にそれぞれ大きく伸び，とりわけ理工系のシェアは94年から50%を超え，韓国の40%を上回るに至っている。

相対的に東南アジアに比べて厚い産業基盤は人的資源に支えられるところが大きい。

[注]
1) 世銀によれば，中国の1人当り所得は単純に換算すれば780ドルあまりにすぎないが，購買力平価換算にすると3,291ドルと大きく上昇し，もはやインドネシアとの差は1,000ドルあまりも拡大している（世界開発報告［2001］）。
2) ASEAN4の輸出における中国のシェアは93年の1.5%から99年に3.6%に増大したが，韓国（92年・3.5% → 9.5%），台湾（12.0% → 17.5%），香港（94年・21.1% → 33.4%）など北東アジアグループの中国への依存度は当然のことながらASEAN4を大きく上回るものとなっている。
3) 日本—シンガポール，韓国—チリなど自由貿易協定の交渉が進むな

か，2000年秋のAPEC通商会合で中国は突然，ASEANに対する自由貿易の提案を行ったが，ASEAN側はすぐには積極姿勢を見せず，むしろ当惑の色が濃かった。しかし，その後は中国市場獲得を目指し，実務交渉に応じている。
4) 焚鋼［2001］は1982—97年について成長要因を分析し，技術進歩のよる貢献はわずか3.34%にすぎなかったが，人的資本と労働力再配置がそれぞれ23.70%，20.23%と高い寄与度を示したとしている。
5) 典型的には新日鉄―浦項製鉄所の提携など。
6) 欧米には1970年代の韓国の重化学工業化を輸入代替戦略への逆転と理解する見方が少なくなかったが，日本ではむしろ輸出志向と輸入代替が平行していた，とする見方が存在していた。重化学工業化をめぐる開発戦略論については絵所［1992］の整理が詳しい。
7) ただし，韓国は97年，日本は96年，米国は93年，ドイツは95年（UNESCO, Statistical Yearbookによる）。

第 2 節　日本にとっての北東アジア市場

(1) 生産拠点としての北東アジア

水平分業のパートナー

　北東アジアの地域特性は日本の産業・企業にとっての北東アジアが，生産・市場の両面において東南アジア地域とは異なるアプローチを必要とすることを意味しよう。まず，生産面から考えると，それぞれが多かれ少なかれフルセット型・自己完結型の生産構造を志向してきた結果，北東アジアは比較的充実した工業基盤を既に有している。このため，貿易パターンは農林水産資源や鉱物資源，およびその加工品に比較優位をもつ ASEAN との貿易に比べて補完性に乏しく，域内交流のダイナミズムは広範にわたる製造業，とりわけ重化学工業の水平分業が中心とならざるを得ない。

　表 2-3 は 1995 年と 2000 年の日韓中輸出の構造変化を比較したものである。1995 年時点では重化学工業品は日本の輸出で約 9 割，韓国で 7 割を占めていたが，中国ではまだ 4 割程度にすぎなかった。しかしながらわずか 5 年後の 2000 年には日本の変化がほとんどないのに対し，韓国は約 5%，中国は 10% の上昇をみせ，重化学工業品中心の構造には急速に差がなくなってきた。この変化の中心となったのは電気電子で中国の輸出におけるシェアは 5 年で 12.7% から 25.7% と倍増以上となった。

　日本はコンピュータが減少傾向を見せたのに対し，韓国は半導体と共にコンピュータが急速にシェアを伸ばした。他方，家電では韓国がシェアを減少させたのに対し，中国が台頭を見せるなど内容も変化したが，電気電子は最も急激に産業内分業の方向に移行しつつあることがうかがわれる。中国の輸出ではまだ圧倒的に軽工業品

表 2-3　日韓中の輸出構造変化（シェア）

(単位：%)

	HS 2 桁分類	1995 年 日本	1995 年 韓国	1995 年 中国	2000 年 日本	2000 年 韓国	2000 年 中国
一次産品/加工品		1.1	4.5	12.8	0.8	7.1	9.1
農水産品	1-24	0.7	2.5	9.2	0.5	1.7	6.0
原油・石油製品	27	0.4	2.0	3.6	0.3	5.4	3.1
軽工業品		6.2	19.5	41.4	5.3	14.1	36.6
繊維類	50-63	2.5	14.2	24	1.7	10.5	19.8
織物	50-55, 58-60	2.1	10.0	7.5	1.4	7.3	5.2
衣料	61-62	0.2	3.6	14.2	0.1	2.6	13.0
履物	64	0.0	1.2	4.5	0.0	0.5	4.0
ゴム・タイヤ	40	1.4	1.3	0.5	1.3	1.2	0.6
玩具など	95-96	1.0	1.1	4.4	1.1	0.7	4.3
雑貨類	4, 65-70, 94	1.3	1.7	8.0	1.2	1.2	7.9
重工業製品		89.0	69.6	39.4	88.5	74.5	48.9
電気電子	85	29.6	34.9	12.7	31.4	39.3	25.7
コンピュータ	8471, 8473	6.7	3.8	—	5.9	11.2	6.7
無線通信機器	8525-6, 8529	2.7	1.6	—	3.0	4.9	2.3
有線通信機器	8517	1.4	0.7	—	1.2	0.4	1.3
家電	注参照	6.3	5.8	—	2.3	4.3	4.9
半導体	8541-2	3.7	14.1	—	8.1	12.3	1.8
一般機械・精密機器	84, 90, 91	21.0	6.8	8.8	22.3	6.1	6.8
機械類	84	14.6	5.4	5.8	15.0	4.9	3.5
精密機器	90	5.5	1.2	1.6	7.0	1.1	2.5
自動車	87	23.0	7.5	1.2	18.6	8.9	1.8
船舶	89	1.9	4.4	0.6	2.1	4.8	0.7
鉄鋼・金属製品	72-83	6.8	8.2	8.1	5.6	6.8	6.7
化学製品	28-39	6.7	7.8	8.0	8.5	8.6	7.2
		43.1	50.9	28.8	45.5	54.7	39.6

注：家電にはエアコン (8415), 冷蔵庫 (8418), 電子レンジ (8516), マイク/ヘッドフォン (8518), 音響機器 (8519, 8520), VTR (8521), ラジオ (8527), TV (8528) が含まれる。
出所：韓国銀行「ワガクニノ中国及ビ日本ノ輸出入構造比較分析ト今後課題」『調査統計月報』2001 年 6 月号を参考に作成。

が，日本では一般機械・精密機器と自動車のシェアがそれぞれ圧倒的に大きい点が大きな違いではあるが，電気電子に鉄鋼・金属と化学を加えた3産業が輸出全体の4～5割を占める点でもはや日韓中

は同様の構造をもつに至った。

　産業連関表ベースでみると，日韓中製造業の輸出依存度は日本が13.4%（97年）に対し，韓国が34.9%（98年），中国が21.9%（97年）と大きな違いがあり，輸出構造が産業構造をそのまま反映したものとは言えない。しかしながら先発の日本にとっては少なくともこれら3産業の汎用輸出では常に後発国が巨大設備投資＝大量生産でキャッチアップを図る可能性が存在することを意味する。日本だけがコストをかけて過剰設備投資を整理しても，その分後発国が大型投資を維持すれば東アジア市場全体にとっての過剰状態はあまり変わることはない。不幸なことに北東アジアにはごく最近まで日本における長期融資慣行や物流・流通，調達システムの非近代性，韓国における「財閥」組織や非関税障壁，中国における国営企業や関税保護など，それぞれに市場主導型の調整が必ずしも迅速に進まない構造があった。

　各国が構造改革を急ぐ一方で進められる今後の域内協力は，その競争的環境が産業調整を加速し，改革の追い風になる方向で進められなければならない。日韓間では既に韓国のキャッチアップを軸に水平分業が進み，ついには高炉メーカー同士が提携する先行例も現れた。しかしまだこうした事例はごくわずかである。

　北東アジアの域内貿易が水平分業による発展に向かうためにはまず，貿易自由化措置によって市場の一体感が高まると同時に，地場企業の力が強いだけに直接投資や企業間提携，M＆Aを通じた産業調整が迅速に進むことが必要であろう。その意味で域内協力は関税引き下げなどの自由化（いわゆる自由貿易協定の内容）のみならず，全体としては漸進的であっても貿易関連の投資法制度整備や基準認証問題への取り組み，電子商業取引の促進や決済システムなど，幅の広い経済緊密化協定型から取り組みがなされることが望ましい。各国が既にAPEC（アジア太平洋経済協力体）の有力メンバーであることから，包括的プログラムに地域のイニシアチブを加え

第2章 日本からみた北東アジア地域協力──成長ダイナミズムの取り込みを目指して 53

ることはそれほど難しいこととは思われない。

明確な技術戦略の必要性

　第2に，豊かな人的資源，地場企業の大きなプレゼンスが北東アジアの特徴であるとすれば，日本にとっての北東アジアは東南アジアと同じ直接投資に加え，現地企業からのOEM調達，技術提携，販売提携，資本参加，研究開発段階からの共同開発，グローバル市場を睨んだ戦略的提携など，より多様で柔軟なビジネス・アプローチが可能であり，また必要でもあることが指摘できよう。既に台湾企業との調達や生産協力関係が生産拠点そしての中国南部などに広がってきているように，NIEs企業を介在させた重層的な事業展開もしばしば見られるようになった。

　ただし，強力な地場企業の存在は既に韓国や台湾に対して成熟産業が経験してきたように，他方で急速なキャッチアップを通じたいわゆる「ブーメラン効果」の可能性をも示唆する。NIEs企業が日本の技術を吸収した1980年代にはまだ日本の成長力も高く，技術フロンティアが国内に次々に生まれた。また労働力に恵まれないNIEsが90年前後には賃金高騰や為替調整などに直面する一方，日本はASEANへの積極的な直接投資・生産移管を進め，結局「ブーメラン効果」はそれほど深刻化したわけではなかった。しかしながら10年を超える不況下で日本企業の技術開発・設備投資意欲が大きく萎縮する一方，中国は豊富な労働力に技術力を加えて急速に台頭してきている。

　こうしたなかで日本にとってとりわけ重要なことは次世代技術を着実に開花させつつ，明確な技術戦略をもつことである。よく言われるように[1]，日本製品の競争力の源泉は極めて独自性の高い技術とこれを可能とする分厚い産業基盤，熟練労働に支えられた効率の高い生産システムなどによってきた。世界市場における高いシェア獲得は競争力の結果として解釈される場合が多く，東アジアとの競

表2-4 日本の技術輸出におけ

国＼年度	平成2	3	4	5	6
	F. Y. 1990	F. Y. 1992	F. Y. 1993	F. Y. 1994	F. Y. 1995
輸出合計	3,394	3,777	4,004	4,621	5,621
アジア	1,553	1,679	1,882	2,164	2,823
北東アジア	690	776	874	1,004	1,266
中国	68	165	163	173	179
（台湾）	157	217	207	300	441
韓国	465	394	504	531	646
東南アジア	724	802	897	1024	1336
シンガポール	185	240	248	265	284
タイ	246	245	325	362	462
インドネシア	197	131	119	152	216
フィリピン	24	19	23	28	40
マレーシア	72	167	182	217	334
北アメリカ	1,081	1,261	1,288	1,500	1,729
アメリカ	995	1,119	1,192	1,393	1,606
南アメリカ	29	43	38	50	48
ヨーロッパ	615	644	677	810	943
イギリス	201	248	307	442	413
イタリア	55	62	28	27	49
オランダ	18	19	19	19	58
スイス	17	21	26	29	25
スウェーデン	1.7	3.4	5.8	6.6	3.1
ドイツ	117	99	95	92	139
フランス	94	113	106	101	148
アフリカ	63	98	63	42	55
オセアニア	52	52	56	55	23
オーストラリア	46	50	54	53	20

出所：総務省統計センター data base による．

る北東アジア

(単位：億円)

7	8	9	合 計	シェア(%)
F. Y. 1996	F. Y. 1997	F. Y. 1998	90-98	90-98
7,030	8,316	9,161	45,924	100.0
3,454	2,878	2,534	18,967	41.3
1,567	1,404	1,322	8,903	19.4
469	436	434	2,087	4.5
402	508	503	2,735	6.0
696	460	385	4,081	8.9
1626	1311	1074	8,794	19.1
408	289	251	2,170	4.7
513	415	304	2,872	6.3
232	205	159	1,411	3.1
75	116	113	438	1.0
398	286	247	1,903	4.1
2,355	3,945	4,804	17,963	39.1
2,082	3,653	4,260	16,300	35.5
83	83	87	461	1.0
1,070	1,246	1,550	7,555	16.5
459	578	753	3,401	7.4
61	61	60	403	0.9
73	106	145	457	1.0
44	57	58	277	0.6
2.1	3.3	1.9	28	0.1
136	137	154	969	2.1
155	144	170	1,031	2.2
47	97	80	545	1.2
21	67	106	432	0.9
19	65	104	411	0.9

争対抗策も伝統的に技術開発や中小企業支援，熟練形成の促進などに重点が置かれてきた。

しかしながら，近年のグローバル市場においては，政府や公的機関の認定によることなく，主導的企業間の連携などによって技術の標準化が進められる事例が急速に増した。IT化による生産のネットワーク化が進むなかでは製品に関するさまざまな情報共有が不可欠となっており，単に技術が優れているだけではなく，その技術が標準化されていることが極めて重要な要素となってきている。

一方，「モノづくり」へ関心が集中しがちであった日本の標準化への官民イニシアチブは欧米に遅れてようやく整い始めた[2]。ただし，自国以外に欧州市場，米州市場のような統一巨大大市場をもたないことが国際交渉力のハンディとなり，また企業レベルでも欧米多国籍企業のようなコンソーシアムの経験に乏しいことから標準化に向けてはさらなる努力が必要である。強い地場企業を抱えると共に市場の潜在性が大きな北東アジアは，もはや単なる安価な賃金労働が期待できる生産拠点としてばかりではなく，知的所有権対価の獲得できる市場として，また企業間のコンソーシアムを通じた標準化への基盤市場として，戦略性をもって捉えられていくべき存在であるといえよう。

表2-4が示すように，1990～98年を通じて日本からアジアへの技術輸出は1兆9,000億円ほどで，全技術輸出の40％以上を占め，地域別ではトップであった。内訳は北東アジア・東南アジアが比較的バランスよく並ぶが，97年以降は北東アジアの優位が続き，特に1カ国の対価としては米国を除けば韓国が最大輸出国となっている。ただし同時に**表2-5**が示すように，97年の知的所有権の侵害でも大半が北東アジアに集中し，製造国別では中国が，輸入差し止め件数では韓国がやはりトップであった。技術吸収力の高い北東アジアへの技術移転が円滑に進み，かつ「ブーメラン効果」をめぐる不毛な議論が避けられるためには，域内で知的所有権保護の実効性

表2-5 アジア諸国の知的財産権利侵害

	日本企業製品の侵害状況 (1997年)[1]		知的財産権侵害物品輸入差止件数		[2]
	製造国別	流通国別	1995	1996	1997
中国	113	53	57	47	70
台湾	93	47	59	92	23
香港	10	16	133	742	326
韓国	66	31	970	1,789	1,199
北東アジア	282	147	1219	2670	1618
マレーシア	—	9	—	—	—
シンガポール	2	6	9	12	11
インドネシア	6	13	—	—	4
タイ	9	8	53	39	47
フィリピン	—	7	8	14	18
東南アジア	17				
インド	9	7			
アジア全体	311	207	1,289	2,735	1,698
世界全体	388	327	1,395	3,463	1,830

注：1）（社）発明協会調査（製造業5,000社対象のアンケート調査）．
2）大蔵省関税局：知的財産権侵害物質の輸入差止実績（仕出国）．
3）輸入差止件数のアジア合計値は，表中のアジア諸国の値の合計値．
出所：『不公正貿易報告書 1999年版』．

が確保されることだけでは十分とは言えない。日本にとっては官民が知的所有権保護の体制をさらに整備することに加え，北東アジアを「モノづくり」の競合相手としてだけ捉えるのではなく，技術輸出市場としても確保し，国際交渉力を強化するパートナーとして育成していく視野が必要と考えられる。

人的資源の活用

最後に生産拠点としての北東アジアは日本にとって空間的・文化的に強い結びつきをもった地域にほかならない。空間的近接性は交流インフラさえ整備されれば国境を越えた産業集積を可能とする。

台湾企業の大量進出や調達ネットワークによって，中関村など中国南部にできたコンピュータ産業の集積は中国企業が担い手として台頭し，国内では大市場となる上海に近い地域にも広がりをみせている。同様に，5大自動車メーカーの組み立てラインが集中する九州から釜山周辺を自動車精密部品の集積地とする構想が日韓双方にもあるが，これはなかなか進展をみせていない。自動車部品とIT部品の性格の違いもあるが，日韓企業のモジュール生産・アウトソーシング体制そのものが台湾IT企業ほど進んでいないことや，日韓の人的交流がこれまでは薄く，コミュニケーション上の優位などを十分に生かせなかったことも大きい。

資本や財の市場一体化が進む一方で人的資源の移動だけが厳格に制限されるのはやはり無理がある。IT技術者の極度の不足に対応し，日本でもようやくビザ発給の見直しなどがスタートしはした。しかし日本に外国人受け入れをめぐる社会的摩擦懸念などの声がある一方，英語教育などの環境の悪さも手伝って労働環境は魅力あるものとはなっておらず，IT活性化に結びつくにはまだほど遠い状態が続いている。日本語習得能力が高く，高学歴化の進む北東アジアの若い人的資源は高齢化に伴って予想される技術者や専門職の供給にも十分応えられるものである。IT技術者受け入れといった場当たり政策ではなく，市場一体化の一端として中長期的に北東アジアの人的資源活用を考慮していく必要があるといえよう。

北東アジアはキャッチアップ構造を維持しつつ，ITや英語教育の強化，人的資源の移動許容[3]などグローバル化への対応は日本以上のピッチで進めている。分業のパートナーとしても，技術市場としても，また人的資源のプールとしても，北東アジアに対してはより能動的に，明確な目標をもった戦略的アプローチが必要と考えられる。

(2) 市場としての北東アジア

市場一体化への基礎構造

　北東アジアが日本にとって戦略的拠点であることは政治的，歴史社会的な摩擦や障壁さえ除去されれば，同地域が市場として比較的高い一体化性を備えていることと深く関連する。日本，韓国，中国について高度成長期前後の変化をまとめてみると，高成長が本格化し，1人当り所得が上昇するのとほぼ平行して高等教育の普及が進み，中間層の形成と都市化が進行する，といったパターンは日韓中にほぼ共通する。日本では60年代後半，韓国では70年代後半，中国では80年代後半にそれぞれ似たような変化がみられたが，80年代後半のASEAN，例えばタイでは1人当り所得は全体としては増大し，バンコクへの流入が進んだにもかかわらず，教育水準の上昇は緩慢で都市に流れる社会的上昇機会のない層の格差は顕著であった。当然のことながら中国の内陸部と都市部の格差は巨大であるが，巨大人口・巨大国土への波及に時間がかかるのはある程度は致し方ない面もある。

　所得水準の持続的向上は社会間接資本の整備や流通革新を通じてさらに消費形態を変化させる。日本では70年代，韓国では80年代に食料品支出の減少・頭打ちと耐久消費財の支出シェア増大が進んだが，90年代前半の中国にもこの特徴は共通するものとなった。耐久消費財は日韓では概ね，1人当り所得1,000〜2,000ドル台で洗濯機・冷蔵庫・カラーTV，2,000ドルを超えたところで乗用車やエアコンの普及というパターンで進んだ。これに対し，中国は相対的に低い水準で耐久消費財普及に入ったように見えるが，いわゆる家電の相対的価格が近年では急激に安価になっていることもあり，世銀の購買力平価の換算による所得水準でみればそれほど大きく乖離したパターンとは言えないだろう。家電に比べ自動車の普及

率は極端に低いが，これは産業政策や規制によるところが大きく，WTO後の変化が注目される所以となっている。

2つ目には将来的に人口動態の展望が同方向に向いていることも指摘できる。各国政府が展望した人口予想を組み合わせると，90年から始まった日本の65歳以上の人口は2015年まで上昇し続け，一方10年には20～64歳の労働人口が60%を割って最も急激に高齢化社会を迎える。しかし，これを追って05年くらいからは韓国の老齢人口が穏やかに増加し，労働人口も20年には70%を切るとみられている。中国の労働人口は30年になっても70%水準を何とか維持されるが，これも15年くらいからは穏やかに高齢化が始まる。既に岸都市部では1人っ子政策を緩和しても少子化志向が強くなり始めている。中国が韓国と共に日本の少子高齢化傾向においてもキャッチアップする構造をもてば，北東アジアはもはや若く豊富な労働力をいつまでも維持できるわけではなく，日本同様，いずれは高齢化に直面する。歴史的・社会的・文化的な同質性ばかりでなく，人口動態においても市場特性の収斂・一体化進展の可能性は大きいといえよう。

同質化への重層的ダイナミズム

第3の点として同質化のメカニズムが内臓されていることも看過できない。北東アジア市場の特徴はいったん，財の普及が始まると極めて短期に進むことで，カラーTVの普及率がほぼゼロから7割を超えるまでの時間は日本で約5年，韓国で4年，中国都市部でもほぼ7年しかからなかった。急激な変化の拡散を特徴とする市場は今後とも2つの要素によってますます一体化を速めると予想される条件がある。

1つは家電時代と異なり，IT化の浸透が急ピッチで進む現在ではハードの普及をソフトやコンテンツが大きく左右するようになったことである。例えば携帯電話普及率では既にNIEsと日本は共に

世界のトップ水準にあるが，市場規模では既に中国が最大である。都市部ではパソコン普及も急速に進み，インターネット・ユーザーが急増している。携帯電話もPCやその関連機器もハードの生産が集中的にシフトして価格が下がったことのみならず，中国が香港や台湾による華語コンテンツの充実というタイやインドネシアにはない優位をもつことが消費を刺激している点は否めない。コンテンツ面では翻訳コストが安価であることや，文化的結びつきも無視することができない。ADSLの普及ではやはり世界トップとなった韓国のコンテンツは中国・台湾に大量進出しているが[4]，他方で文化交流が始まったばかりの日本との関係が韓国のコンテンツを急速に充実させている面もある。所得水準の変化を追う傾向が強いハードだけでなく，国境を越えやすいソフトでも大きな供給力をもっていることは域内市場の拡大に大きく寄与するものと予想される。

　2つは中間層中心の消費という構造を共有しつつ，最も洗練されたハイエンド・成熟市場としての日本と，成長市場・中国の間をNIEsがつなぐ重層構造が内在されていることである。中国のIT化は日米欧メーカーに追随して進出した韓国企業の携帯電話や，台湾企業の大量進出によって周辺機器製造の技術が拡散したパソコンなど，ハードのコスト低下を大きく享受している。また都市部の集合住宅開発や周辺環境整備には香港の不動産開発に似た部分が多くなってきており，必然的にそのライフスタイルもまた似たパターンをたどり始めている。ハードの安価さにソフトが加わるなかで北東アジアは世界有数の速度で市場域内の情報共有が可能となる後発の利益を享受するようになっている。市場の基礎的な同質性の加えて重層構造をもつことで北東アジア市場は需要に押される形での実態先行型の市場融合が既に開始されているといえよう。

　日本にとっても北東アジア市場の市場特性は大きな意味をもつ。重層構造をもった市場は自ら巨大ではあるものの米国市場のような奥行きに欠ける欠点を補い，一方の供給面で基本的に激しい競争体

質を備えたこの地域に適度な棲み分けを可能とするものでもある。また，成熟ハイエンド市場だけがもつ情報発信・需要創造が NIEs を介して自然に域内に拡散していく特性は日本が構造調整をとおして付加価値の高い知識基盤産業にシフトする過程を支える市場としても大きな意味をもつと思われる。

[注]
1) 例えば米山［2000］は日本企業が突出した世界的シェアをもつ 21 社について，その競争力の源泉を詳細に検討している。
2) 例えば次世代通信（IMT-2000）における NTT 規格の W-CDMA の欧州における標準化成功など。
3) 韓国政府は 2001 年に入り，外国人 IT 技術者に対する居留要件を大幅に緩和・優遇する「ゴールド・パスポート」制度を導入した。
4) いわゆる「韓流」現象は大衆歌謡からファッション，美術など広い範囲に及んでいると報道されている。

第3節 日本の産業構造転換と北東アジア

(1) 産業構造転換の方向

　長年の不況にもかかわらず，日本は未だ生産力，技術，市場規模に加えて金融資本・人的資本のストックを有しており，北東アジアでは唯一，産業構造を内生的に転換する能力を有している。またその経済規模からみて内生力が働かないかぎり，アジアのように外生要因による転換は容易ではない。ただし，まだ製造業が圧倒的な対外競争力を有した80年代後半とは異なり，21世紀を迎えた現在では不況下で企業のバランス・シートが傷んで設備投資が遅れてきた。また，IT化の浸透の遅れ，一部に出始めた高齢化の影響などが複合的に競争力を鈍化させてきた。他方，通貨危機でブレーキがかかったとはいえ，アジアの生産力は押しなべて大きく向上している。日本の内生的転換は外部，とりわけ北東アジアからの輸入との競合による淘汰圧力を伴うことは避けられない。日本の産業構造転換は北東アジアとの分業を大きく変容させるが，他方でまた日本も北東アジアの存在を無視して構造調整を推進することはできないことを認識することが必要である。

　熟練製造技術による成功（いわゆる「モノづくり」）神話が強く残存した日本では情報共有と標準化を志向するIT化の浸透は一部NIEsなどに比べてさえ遅れてきた。しかしながら，この原因は規制緩和のスピードや範囲，金融的混乱，優秀な人材の囲い込みなどによって新技術の応用やビジネス・モデル展開に多くの障害があったことなど，技術以外の構造要因によるところが大で，携帯電話をインターネットに接続した独自技術開発が示したように，技術そのものが欠如していたわけではない。このため，技術的なポテンシャ

ルからみた産業構造転換は比較的早くから論じられ，構造改革の具体化と共にようやく曖昧ながらも方向性はある程度，見えてきている。

産業構造審議会をはじめ，多くの報告書が指摘する産業構造転換の方向は**表2-6**が示すように，① 伝統製造業のシステム化，② 感性型ソフト産業への傾斜，③ 高齢化や，④ 環境への対応を目指したサービス化といったものである。① ではITをハードのエレクトロニクス技術と組み合わせた情報家電や，鉄鋼・機械産業と組み合わせたフロンティア型産業（海洋産業，航空・宇宙産業など），② では創造性に基礎を置くソフト産業，例えばコンテンツ制作やレジャー・ファッション産業，③ では食品・住宅から医療・介護，④ では環境創造・保全（都市緑化，水循環利用，汚染土壌修復，汚染防止等）とリサイクル（廃棄物処理，資源再生等）などが主たる分野として期待されている。

2000年に発表された報告書は4分野の市場規模合計が1998年の93兆円から2025年には264兆〜291兆円にも膨らむと推定しているが，群を抜いて成長し最大規模となるのは高齢化関連で112兆〜115兆円，これに次ぐのが感性型産業の49兆〜73兆円と環境産業の60兆円で，情報家電（28兆円）やフロンティア産業（15兆円）は極めて小さい。

21世紀は歴史的な技術革新の時代に入っており，産業構造の転換方向もまた不確実性が大きいが，全体としてみれば日本の産業は蓄積されたハード技術を生かしつつ，知識基盤産業への転換に向かっていることが窺われる。情報家電ももはや製品部門の伸び率は27年間で平均5％程度と低く，ほとんどの伸びはサービス部門から生まれる。また高齢者消費も単なるモノではなく，高齢者の需要にキメ細かく応える部分が付加価値であり，ハードからのシフトは大きく進むと予想されている。伝統的なハードの競争力は高い現場労働の生産性や厚い技術者層，優れたインフラなどによって支えられ

表 2-6　日本の産業構造転換方向と市場規模

(単位：兆円，%)

	1998年規模	2025年展望	平均成長率	カテゴリー
情報家電	3	28	6	
製品	5	9	5	TV，VTR，ゲーム機，PC，携帯電話，カーナビゲーション，動画対応入力機等
サービス	3	19	7	娯楽系（ビデオ・音楽配信，ネットワークゲーム，視聴参加番組，遠隔地教育等） 生活支援系（電子商取引，ホームバンキング，オンライン情報サービス，遠隔地医療等） HA系（遠隔地制御，ホームセキュリティ等） SOHO系（電子メール，TV会議等）
フロンティア産業	5	15	4	
海洋産業				海洋資源利用，海洋環境利用，海洋空間利用（メガフロート等）
航空機産業				機体・エンジン，関連機器（次世代情報表示，飛行制御システム等），衛星打上げ等
宇宙産業				ロケット開発，地上設備，ソフト等の整備
高齢化社会産業	39	112-115	4-5	
高齢者消費	26	74-88	4-5	衣料，生活用品，食品，住宅，レジャー等
高齢者医療	11	26-48	3-6	在宅医療，高度医療（遺伝子・人口臓器等）
高齢者福祉	3	12-18	6-8	福祉用具，介護サービス等
感性型産業	31	49-73	2-3	
コンテンツ産業	10	17-33	2-4	TV等映像コンテンツ，配信サービス，画像文字データ放送，輸送効率化対策，教養講座等
レジャー産業	9	14-20	2-3	スポーツ観戦，観光，ゲーム等
ファッション産業	11	18-20	2	ブランド・キャラクター商品，SPA（製造小売業等）
環境産業	15	60	5	
環境創造・修復				都市緑化，環境監査等
環境保全・公害防止				LCA評価，ISO認証，CO_2固定化，大気汚染・水質汚濁防止等
再資源化				廃棄物処理システム等
4産業合計	93	264-291	—	

出所：産業構造審議会報告（2000年3月）．

表 2-7　日本と世界の市場変化展望 (2020年)

(単位：億円，%)

世界順位	日本順位		日本市場	世界市場	2000年シェア	2020年シェア	増　減
情報通信関連サービス，ソフト：25							
1	1	携帯データ通信サービス	200500.0	750000.0	25.4	26.7	1.3
3	3	携帯電話サービス	120000.0	454285.7	20.5	26.4	5.9
5	7	デジタルコンテンツ制作	96857.1	330000.0	31.7	29.4	-2.3
7	2	電子マネー事業	143942.1	295687.5	10.0	48.7	38.7
8	30	情報提供事業	27750.0	283125.0	14.2	9.8	-4.4
12	20	インターネット通販	57325.1	247500.0	23.7	23.2	-0.5
13	27	CATV 事業	35303.6	246000.0	9.6	1.4	-8.2
14	6	ITS (交通システム)	97625.0	228132.4	35.7	42.8	7.1
15	37	エージェント機能ソフト	20887.5	206625.0	—	10.1	—
17	13	電子マネーカードシステム	69792.9	194410.7	10.1	35.9	25.8
18	9	地上波デジタル放送	90750.0	194250.0	29.1	46.7	17.6
22	31	モバイル	27589.3	171428.6	16.7	16.1	-0.6
31	26	個人金融サービス	36000.0	135000.0	—	26.7	—
33	24	地理情報システム	39150.0	125500.0	25.5	31.2	5.7
3	56	インターネット接続	12187.5	117545.5	13.1	10.4	-2.7
37	47	光通信 B-ISDN サービス	14250.0	103125.0	39.5	13.8	-25.7
43	29	次世代高速 LAN	30900.0	93000.0	37.5	33.2	-4.3
50	22	インテリジェント化	49968.8	67607.1	41.6	73.9	32.3
54	44	衛星デジタル放送	16326.9	62300.0	36.2	26.2	-10.0
57	41	暗号，認証など	18005.5	62580.0	24.0	28.8	4.8
70	34	ゲームソフト	25275.0	37500.0	73.3	67.4	-5.9
72	81	教育学習ソフト	7860.6	33150.0	32.3	22.3	-10.0
73	51	ビデオ・オン・デマンド	13710.0	33060.0	—	41.5	—
95	80	車両制御システム	8078.6	21257.1	—	38.0	—
機械機器，デバイス，素材等：37							
2	11	パソコン	1428.6	565000.0	10.7	14.4	3.7
4	4	CPU	108750.0	356250.0	33.6	30.5	-3.1
6	5	磁気記憶媒体	100948.0	296180.5	12.2	34.1	21.9
9	8	超高密記憶用磁性材料	95812.5	282000.0	11.4	34.0	22.6
10	18	システム LSI	58125.0	256875.0	10.0	22.6	12.6
16	19	超薄型モニター	57325.1	195203.6	24.0	29.4	5.4
20	12	車載多機能情報通信機器	79188.4	190320.0	76.6	41.6	-35.0
21	16	半導体製造装置	65520.0	190020.0	42.3	34.5	-7.8
23	17	壁型薄型 TV	61800.0	175050.0	39.2	35.3	-3.9
26	14	ITS 対応装置	67260.0	167250.0	33.2	40.2	7.0
28	28	LCD	33477.3	141980.0	22.2	23.6	1.4
34	58	次世代携帯電話	13896.4	117910.7	13.1	11.8	-1.3
38	43	光メモリー材料	17062.5	102000.0	88.9	16.7	-72.2
42	25	ロボット	38144.6	93887.1	42.0	40.6	-1.4
44	38	次世代超メモリー	20100.0	88125.0	25.0	22.8	-2.2
45	35	光ファイバー	22800.0	83100.0	30.3	27.4	-2.9
51	40	量子デバイス	18300.0	65100.0	51.0	28.1	-22.9
56	57	カラープリンター	12180.0	62075.0	17.2	19.6	2.4
61	61	超伝導材料	11836.4	53550.0	34.4	22.1	-12.3
62	72	デジタルカメラ	9750.0	47000.0	66.7	20.7	-46.0
63	74	アモルファス太陽電池	9436.4	45947.4	—	20.5	—
68	70	CAD/CAM/CAE	10200.0	39000.0	32.5	26.2	-6.3
69	67	立体 TV 受像機	10350.0	37650.0	—	27.5	—
76	42	製造業ロボット	17750.0	31250.0	26.2	56.8	30.6
77	60	PDP	11922.8	31172.8	—	38.2	—
78	53	マイクロマシン	12777.3	30000.0	32.6	42.6	10.0
80	—	小型性能プロジェクター	2350.0	28875.0	—	8.1	—

第2章　日本からみた北東アジア地域協力——成長ダイナミズムの取り込みを目指して

82	—	軽量耐熱合金	2750.0	27600.0	—	10.0	—
83	54	無段変速車	12518.3	27600.0	—	45.4	—
86	70	パネルコンピューター	10200.0	25350.0	—	40.2	—
92	59	カーナビゲーション	11928.4	23070.0	79.3	51.7	-27.6
93	88	DVD	6825.0	22800.0	33.2	29.9	-3.3
97	85	次世代ゲーム専用機	7375.8	20125.8	27.7	36.6	8.9
98	63	ポストシリコン素子材料	11100.0	20100.0	—	55.2	—
99	—	統合サービス型 TV	4350.0	19650.0	—	22.1	—
100	100	光通信用 ATM 交換機	4687.5	18750.0	—	25.0	—
100	—	薄膜製造装置	3000.0	18750.0	—	16.0	—
100	—	X 線診断装置	3450.0	18750.0	31.5	18.4	-13.1

医療・ライフサイエンス関連：23

11	23	住宅医療機器，システム	45705.0	252187.5	17.1	18.1	1.0
19	90	遺伝子組み替え農産物	6372.8	191000.0	2.1	3.3	1.2
27	65	遺伝子組み替え食品	10714.3	165000.0	—	6.5	—
29	—	クローン家畜	2300.0	140010.0	—	1.6	—
36	32	介護用機器	26000.0	105937.5	31.2	24.5	-6.7
40	82	医療福祉情報サービス	11000.0	97500.0	25.9	11.3	-14.6
41	33	バリアフリー化	25275.0	97420.3	34.2	25.9	-8.3
46	—	遺伝子組み替え医薬品	14520.0	82500.0	13.6	17.6	4.0
52	55	遺伝子治療薬	12280.0	64971.4	22.6	18.9	-3.7
58	66	在宅遠隔診断システム	15750.0	58800.0	34.9	26.8	-8.1
59	66	生活習慣病予防食品	10441.5	54240.0	41.6	19.3	-22.3
60	58	画像診断装置	12000.0	54000.0	17.1	22.2	5.1
66	69	高度診断支援システム	10293.6	41250.0	9.0	25.0	16.0
67	95	ガン治療薬	5250.0	40500.0	12.5	13.0	0.5
74	47	スイッチ OTC	14250.0	33000.0	28.1	43.2	15.1
75	78	人口臓器，組織	8550.0	32625.0	22.0	26.2	4.2
78	—	超音波診断装置	3950.0	30000.0	6.8	13.2	6.4
84	87	高齢化対応機能性食品	6881.3	26142.9	11.6	26.3	14.7
87	—	痴呆薬	3248.7	25218.8	13.0	12.9	-0.1
88	89	アレルギー治療薬	6600.0	25050.0	16.2	26.3	10.1
89	—	有機食品	4100.0	24857.1	17.9	16.5	-1.4
94	79	ドラッグデリバリーシステム	8512.5	21562.5	—	39.5	—
96	—	機能性甘味料	2900.0	21000.0	24.2	13.8	-10.4

環境・交通関連：16

22	10	電気自動車	88913.1	190009.9	25.9	46.8	20.9
25	36	直噴型エンジン車	18900.0	168600.0	55.2	11.2	-44.0
30	15	燃料電池自動車	67082.3	139736.8	—	40.9	—
32	21	TSL 等高速船	50119.2	125800.8	—	39.8	—
39	—	Nox 削減事業	1900.0	99075.0	—	1.9	—
47	39	省エネルギー装置	18717.9	74386.4	32.9	25.2	-7.7
48	—	衛星打ち上げ	2250.0	74386.4	5.4	3.0	-2.4
49	76	高効率ガスタービン	8962.5	73125.0	12.4	12.3	-0.1
53	86	メガフロート，人口島	7114.3	64275.0	29.6	11.1	-18.5
64	64	天然ガス自動車	10873.2	45500.0	—	23.9	—
65	75	コージェネレーションシステム	9134.7	44343.8	28.6	20.6	-8.0
71	96	バイオマス・アルコール	2250.0	36000.0	—	6.3	—
81	96	リサイクル型焼却炉	5215.3	27674.2	38.7	18.8	-19.9
85	67	二次電池自動車	10350.0	25500.0	—	40.6	—
90	62	ハイブリッド自動車	11480.8	25500.0	—	45.0	—
91	84	宇宙空間利用	7410.0	24150.0	9.5	30.7	21.2

注：① —は日本ランク外のもの，及び2000年シェアが計算できなかったものを示す．
　　② 網掛け部分は日本のシェアが20%を超え，かつ2000年に比べて5ポイント以上上昇すると予想されたものを示す．
出所：日本経済新聞社・三菱総合研究所［1999］より作成．

てきたが，高齢化・少子化によってこれらの優位維持は容易ではない。

　代わって高い生活水準を享受した経験をもつ世代の創造性活用（コンテンツ産業）や，成熟社会の価値観を反映した分野（高齢化，環境対応分野）へ活路を見出すことが志向されているといえよう。① や ② は輸出もある程度は見られているが，収益の源泉はやはり国内市場であり，③ はまさに急ピッチで高齢化する国内市場が世界最大市場となりつつある。さらに ④ フロンティア産業では日本が海洋国である強みに焦点が当たっており，その意味では外需型産業とは言えない。その意味で知識基盤産業への傾斜はさらなる内需中心の経済運営に向くことが予想される。

　以上のような傾向は各分野を細分化すると一層，明確となる。**表2-7** は三菱総合研究所が日本経済新聞社と共同で行った予測を用い，2020年の世界の市場規模100位までの分野における日本のシェアを作成してみたものである。世界市場は1～20位までのうち，在宅医療機器（11位）と遺伝子組み替え農産物（19位）を除けば全てが情報通信関連サービス・ソフト部門とITハード（機械機器，デバイス等）に集中する。

　これに対し，日本の市場も傾向はほぼ同様だが，ライフサイエンスの2つに代わって電気自動車，燃料電池自動車といった環境対応が入るのが特徴である。また情報提供事業，CATVなどサービスの順位が低く，コンテンツ制作を除けばITS（交通システム）やGPSC（地理情報システム）などのシェアが大きい。さらにライフサイエンスでも画像診断，高度診断支援などシステム分野に強い反面，遺伝子技術系やクローンでは弱く，環境部門でもNOx削減事業などには弱い。全体として依然としてビジネス・モデルやサービスのスキームに弱く，ハードとの接点の大きいシステムから知識基盤産業へのアプローチが続くと理解することができる。

(2) 日本の産業構造転換と北東アジア

拡大する既存産業の調達

日本産業がシステム化・ソフト化に向かった場合,キャッチアップ構造をもつ北東アジアとの分業体制には大きな変化が生じると予想される。感性型ソフト産業,高齢化対応や環境対応,フロンティア型産業はいずれも成熟したハイ・エンド市場=国内を志向するものであり,輸出志向はさらに減退するとみられる。これら産業には日本語や感覚といった自然障壁が残存する他,人的移動の制限や基準など相対的に規制緩和が進みにくい特性があり,また海洋資源開発などのようにフロンティアそのものが国内に存在する場合さえある。他方,これらの分野では自国にそれほど大きな市場がないことや,システム化できる技術蓄積に乏しいことなどから,北東アジアのキャッチアップがそれほど急になる事態は考えにくい。

一方,先に確認したようにシステム化・ソフト化は労働人口の減少と共に進むはずであり,若い労働力をこれら分野に配置することなく従来型製造業などで北東アジアと競合を維持することは難しいであろう。これまでいわゆる「空洞化」や国内雇用への配慮から国内に温存されてきた伝統製造業の北東アジア移転は一段と加速されることとなろう。

図2-4が示すように,これまで日本の北東アジア輸入は地域のキャッチアップをそのまま反映する形で構造を変化させてきた。繊維輸入では既に91年に大きくNIEsとの地位を逆転した中国のシェアが2000年には68%にも達し,NIEsとの合計は75%に達している。鉄鋼などの金属でも中国のシェア拡大は顕著でシェアが接近しつつある。これに対し双方ともシェアの小さな化学は変化が少なく,双方とも伸びが続く機械機器でも差はそれほど縮まる傾向はまだみせていない。機械機器のNIEsのシェアは2000年には21.5%に

図 2−4 主要品目別輸入に占める NIEs と中国のシェア

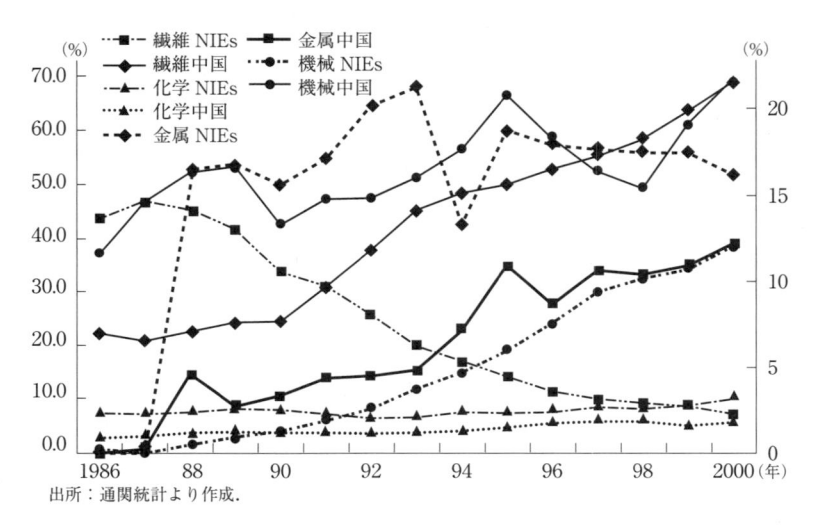

```
凡例：
…■… 繊維 NIEs    ─■─ 金属中国
 ─◆─ 繊維中国    …●… 機械 NIEs
 ─▲─ 化学 NIEs   ─●─ 機械中国
 …▲… 化学中国
 …◆… 金属 NIEs
```

出所：通関統計より作成．

達し，中国の 12.0% を大きく上回っている．しかしながら中国からの機械機器輸入は NIEs に比べて安定して伸び続けており，台湾企業の集中的な中国へのアウト・ソーシングなどを考慮すると，機械機器が北東アジア域内の主要な分業分野になることが予想される．

実際，前表 2−7 でも機械機器やデバイスのシェア縮小の速度は情報通信関連サービスや医療・ライフサイエンス関連などに比べて全体に速いとみられている．デジタルカメラや車載多機能情報機器などの最終製品に加え，光メモリー材料や量子デバイス，半導体製造装置，CAD/CAM などのように精密加工や裾野産業を必要とする分野においても世界シェアを落とすとみられるものは少なくない．もちろん，シェア減少が全て東アジアのキャッチアップを意味するわけではない．例えば最近の半導体露光装置のシェア減少は生産方式の転換を伴った欧州企業の急台頭によるものであって，メモリー半導体生産で世界トップに立った韓国企業によるものではない．露光装置のように超高精密加工技術の集大成といった性格をも

つ資本財生産が東アジアで可能となるためには工業基盤そのものやインフラ面でまだまだ多くの時間が必要である。

　ただし，一般家電やデスク・トップ型パソコン，携帯電話のように，中国市場が最終製品市場として日本を上回りつつあるものは今後とも中国での生産が拡大し，DVDや自動車などもこれに続くことは確実とみられる。量産化が進めば半導体に加えて各種のデバイスや産業用機械などがこれに続き，石油化学や鉄鋼など素材部門の設備更新によって中国の生産性が向上し，輸出余力がつけばNIEsがそうであったように素材部門にも調達が広がることになろう。精密加工の必要なコア部品や加工設備は相変わらず日本に供給機能が残るとしても，NIEsを追って中国が重化学工業部門内の水平分業に割り込むことで分業が一層，ダイナミックな進展をみせることはかなり確実になりつつある。

　日本の転換と北東アジア調達
　一方，高い技術吸収力に加えて顕在的・潜在的国内市場に恵まれた中国のキャッチアップの速さは日本やNIEsの構造転換の速度によっては中国との間で貿易摩擦や産業「空洞化」をめぐる調整が深刻化する可能性を示唆する[1]。日本は似た産業構造をつくりあげながらキャッチアップを図った台湾や韓国との間で1980年代までで同様の経験をもったが，結局のところ繊維や電子部品などの労働集約的な産業を除けば「空洞化」は避けられてきた。これには，①双方が収益のベースとしての国内市場を維持しつつ，米国を中心とした第三国での競合を志向したこと，②80年代には台湾や韓国も通貨切り上げ調整を図らねばならなかったこと，③労働力供給の制約によるコスト増大が比較的早かったこと，④日本市場に系列化された流通・調達機構など輸入阻害的な構造が存在したこと，⑤直接投資が少なく，企業内貿易の形で日本に持ち込まれる財が少なかったこと，などさまざまな理由が存在した。

しかしながら，日本に長年の不況と高齢化で競争力の揺らぎが指摘される一方，これらの制約は中国にはあまり当てはまらない。むしろ NIEs ほど輸出依存度が高くないにせよ，他方で国内市場が規模の経済を実現して生産コスト引き下げにつながり，生産財や中間財を含めた国産化に進む可能性が高い。重層構造のなかでの中国のキャッチアップは NIEs の時のように既存産業の生産性向上や製品の多角化・高付加価値化だけでは対応できない調整を迫りつつある。日本にとってはは前表 2-6 が示した方向に産業構造を転換する一方，北東アジアの生産力をより積極的に取り込む戦略が必要となろう。

北東アジアを取り込むメリットの1つは市場変化への対応速度にある。日本と東アジアとのこれまでの関係は大半が安価な労働力を中心とした伝統的工程間分業，もしくは OEM を中心とする製品分業にすぎなかった。しかしながら今日の先進国企業では製品のライフサイクルが短期化し，市場変化への対応の速さが重要となったため，モジュラー設計による分業が競争力を大きく左右するケースが増えている。モジュラー設計とは，「製品全体を構造的・機能的観点から複数の独立したユニット（モジュール）に分離して製造できるようにする設計」で，これにより市場の複雑な変化に対してキメ細かで迅速な対応が可能となることが指摘されている（中馬[2001]）。中馬・青島[2001]は日本が依然として強い競争力を維持する工作機械と，逆にオランダ・メーカーの台頭を許した半導体製造装置について，双方の競争力が共に R&D 部分のコラボレーションとモジュール化された部品のアウト・ソーシングにあるとする，詳細な報告を行った。

興味深いことに北東アジアでも台湾からのコンピュータ，韓国からのファッション衣料などでは設計や情報を共有したアウト・ソーシングでモジュール型に近い形態の調達が観察できる。これらの事例は人件費で中国と競争できない NIEs が日本の取引先と共同して

市場変化への対応の速さに優位を求める過程で生まれてきた。比較的強い産業基盤をもつ北東アジアとの分業は生産コストを中心とする伝統的分業とは別に，もともと基礎構造の似た市場情報と技術を中心としたものに広がる可能性を示唆するといえよう。

　第2の点はリスクの分散である。前表2-6のような知識基盤産業には多くの調査や研究コストがかかり，リスクが存在する。この一方で日本企業が安価な東アジアのハード製品との競争に耐えてこれを捻出・負担していくことは当然のことながら容易ではない。この点でもモジュール化は興味深い示唆を与えてくれる。ボールドウィン［2001］によれば，大きなシステムのなかで互いに独立して設計され，製造されるが，全体としては共に機能するモジュール設計は共通のデザイン・ルールの下にモジュール毎のオプションが成立し，あたかも分離・交換といった，金融取引のオプションにも似たリスクの分散が可能となるという。もちろん，産業毎の技術的性格もあり，全ての産業でコンピュータ産業のようにモジュール化とこれによるクラスター形成が進むとはとても考えられないが，北東アジアの分業が機械機器を主体にしつつある現在，日本にとって，モジュール化のもつもう1つのメリットに注目する価値は大きいといえよう。

　当然のことながら，こうしたモジュール化にはこれを管理するコストが必要であり，アーキテクチャーの所有者，モジュール間のインターフェイスの所有者，設計情報へのアクセス・排除権といった知的所有権の概念なしにメリットは享受できない。ここに知的所有権概念の弱い北東アジアでのリスクが存在するかもしれないが，アーキテクチャーやインターフェイスに経験や熟練などを含んだ要素が存在する場合，これへのキャッチアップ・リスクがモジュール化をもたないままのキャッチアップ・リスクに比べて大きいかどうかは判断の難しいところであろう。いずれにせよ，調達ネットワークが活用されるためには知的所有権確立をめぐる努力が日本・北東ア

ジア双方に必須条件といえよう。

　第3のメリットはハードの輸出入に付随する技術の輸出や投資機会の拡大である。ハードの調達が進展すればパートナーに対する情報は自ずと増大し，技術輸出や金融資産の運用においても収益性のある案件が増える。キャッチアップ構造をもつ北東アジアではハード製品の競争力は日本の企業や投資家にとって恐らく不動産やビジネス・モデルなど以上に判断が容易な分野である。既に日系商社などによって進められた技術輸出や技術系ファンドの投資などが円滑に進めば，もともと市場の基礎条件には共通性があるため，技術の標準化がさらに市場の一体化を促してシステム上の優位につながり，さらに新規の技術需要や投資機会を創造促進するといった好循環の可能性も排除できない。

　NIEsのキャッチアップ時代にはまだ日本の技術も製造ノウハウなどの面がかなりの部分を占めて図面やマニュアルによる技術の取引自体が容易ではなく，他方，NIEsの金融市場にもさまざまな規制が存在した。しかしながら前述のように産業のシステム化が進めば技術輸出は相対的に容易となり，他方で高齢化社会の金融資産運用機会も増大する可能性があろう。知識基盤産業への転換に当たってはハードの貿易取引自体もさることながら，付随して生まれるビジネス・チャンスを包括的に活用できることが日本にとってのネットワーク価値といえよう。

日本の転換と北東アジア市場

　日本の構造転換は既存産業におけるモノの調達を大きく北東アジアにシフトさせるが，同時に成長の源泉が知識基盤産業やサービスに移ることから，これらの分野における北東アジア市場への関心を増大させるとみられる。再び表2-7でみると，2020年時点で最も日本市場が大きくなる上位10産業は，① 携帯データ通信サービス，② 電子マネー，③ 携帯電話サービス，④ CPU，⑤ 磁気記

憶媒体，⑥ ITS（交通システム），⑦ デジタルコンテンツ制作，⑧ 超高密記憶用磁性材料，⑨ 地上波デジタル放送，⑩ 電気自動車となる。もちろん，これらが国際競争力をそのまま反映するのではないが，担い手が日本企業であれ，欧米系多国籍企業であれ，日本市場が世界のかなりのシェアを占めればその延長上で北東アジア市場への関心が高まるのは自然な流れといえよう。

　まず，ハードで入っているのはCPUと磁気記憶媒体，およびその材料，電気自動車の4つにすぎない。世界市場のシェアではパソコンが2位に入るが，日本では11位にすぎず，既に輸出拠点として確立した北東アジアが日本に代わって世界の供給者としての役割を果たし，そこに日本が超高精密デバイスやその材料を提供する構図はまだ続くとみられる。一方，自動車産業で開発競争が熾烈化している電気自動車への期待は大きいが，公害基準など規制やエネルギー情勢が大きく市場を左右することから，北東アジアへの進出にそのままつながるかどうかは不透明である。

　ハード以外の6つは全て広い意味でのIT関連サービスである。携帯電話はもはや上位に入らないが，電子マネーと電子マネーカード，およびシステム（⑬），ITSとITS装置（⑭），地上波デジタル放送・コンテンツとTV（⑰）などハードとセットにした形での関心が予想される。これに対し，同じIT関連でも情報提供事業（世界 ⑧ に対し日本 ㉚），インターネット通販（同 ⑫ に対し ⑳），CATV（同 ⑬ に対し ㉗）などでは日本のシェアは小さい。

　以上のような特徴を観察すると，北東アジア市場に対する戦略的関心には以下のようなことを指摘することができる。第1にハードについては輸出入の自由化で効率的な調達・供給が可能となると共に，ハードとソフト（付帯サービスやコンテンツ）との相乗効果が市場に浸透できることが重要である。このためモノの貿易の自由化や通関手続きの簡素化，物流の改善などはもちろんであるが，それ以上に現行で制限の多いサービス貿易の自由化，さらには前述のモジ

ューラー化の可能性を含めて技術の標準化が貿易と不可分の重要性をもつ。

　第2に，北東アジアの一部ではITビジネスで日本よりも先行している例があり，地上デジタル放送などもほぼ日本とあまり間を置かずにスタートする。このためIT関連では地場の企業と協力してコンテンツを作成したり，北東アジアのビジネス・モデルが日本に持ち込まれるなど，ハードよりもさらに水平な経済交流が展開される可能性が大きい。コンテンツ制作やサービスの提供，システム開発は貿易よりも相互投資や共同研究開発の形をとることが多く，この意味でも直接投資の自由化，文化交流の推進と知的所有権の保護，人的交流の自由化，資金決済システムの合理化・迅速化などが貿易に大きな影響を及ぼすと予想される。

　第3に，情報通信や環境関連は共に規制の枠組みのなかでの事業展開といった性格をもっている。このため，こうした分野への進出を図るかぎり，日本も米国の後を追う形で北東アジアの貿易自由化と国内全般へのコーディネーションに多くの関心をもつことが考えられる。北東アジアの交流はこれまで民間主導で進んできたが，これは貿易とは別途，存在する各国の産業政策上の規制の枠内に限定されたものにすぎなかった。事業がハード・ソフト両面にまたがるなど複雑化するなかでは環境・通信などの規制，公正取引法，一貫性があり正確な統計整備など貿易以外の制度が「非関税障壁」として摩擦となる可能性も少なくない。域内貿易の活性化には対話による制度間コーディネーションと透明性の向上が次第に強く求められるようになっている。

[注]
1) ITハードウェアの集中的な中国移管によって「空洞化」の懸念される台湾は2001年第3四半期において開発計画以来のマイナス成長を記録した。

第4節 まとめ——日本と北東アジア地域協力の方向と課題

(1) 北東アジア地域協力の戦略性

　北東アジアは単に空間的・文化的・社会的近接性，あるいは世界の地域協力趨勢のなかでの空白地帯，といった事実から消去法的に注目されるべき地域ではない。これまでで確認したように，地域の特性があり，大きな構造転換期に差しかかった日本がこの地域の高いポテンシャルを最大限に享受するためには他地域以上に戦略性をもって臨むことが必要である。これまでの議論を整理すると，**表2-8**のようになる。

　まず，域内の市場規模は分断されている現在でも大きいが，中国のWTO加盟から潜在力への期待は大きい。類似した消費構造の下で最も成熟が進み，かつ洗練されたハイ・エンド市場である日本と，成長市場である中国をNIEsが橋渡しする重層構造が存在し，市場の潜在的一体性も高い。各国が重化学工業を中心に自給型産業構造を目指してきたため，比較的産業基盤が厚く，日本にとっては地理的な条件から産業集積もつくりやすい。反面，日本を除けば新興市場であり，技術蓄積に欠しく，競合的な風土もあって知的所有権には問題が多い。環境・資源制約は顕在化しているが，依然として成長優先主義が強い。

　以上のような特性は日本にとって奥行きある成長市場を約束すると共に，その産業基盤を使った水平分業が効率化と産業構造の調整を促進する可能性をもつ。地理的条件からの産業集積は地方経済や中小企業の活性化にも寄与し，少子高齢化社会においては人的資源交流の意味も大きい。しかし反面，地場企業・欧米多国籍企業を含めて激しい競合市場であるため収益性には欠しく，知的所有権侵害

表2-8 北東アジア市場の特性と日本の戦略的関心

北東アジア市場の特性	背　景	メリット	リ ス ク	関　心
市場規模と潜在力	日本＋NIEs＋中国で米国GDPの70% 中国の巨大人口，高い成長率	奥行きを持った巨大市場の成立 中間財・資本財の本格移転	市場を背景とする中国の交渉力 欧米多国籍企業との競合	中国市場の確保/代金回収 現地法人の経営改善
重層的市場構造	日本—NIEs—中国と続く所得分布 収斂をみせる中間層中心消費 文化的・社会的類似性	NIEsの仲介機能 消費における経験則 成熟市場の情報発信力（感性型産業）	NIEsとの競合・収益悪化 商品サイクルの短かさ 類似商品の大量生産・拡散	流通/販売網の効率化 現地生産の多品種少量化 ブランド/イメージ管理
フルセット型産業構造/厚い産業基盤	経済自立型の産業政策伝統 非輸入誘発的構造 豊富な人的資源	水平分業による事業の選択・集中 コスト引き下げ 市場変化への迅速対応	地場企業による「ブーメラン」効果 調達ネットワークの管理コスト 技術拡散/知的所有権侵害	適正技術の移転・技術対価獲得 先端技術の確保・「空洞化」の防止 標準化をめぐるアライアンス
地理的産業集積の可能性	地理的近接性/交流インフラ改善 地方レベルでの協力（地場産業振興）	産業集積によるコスト低下/技術移転 伝統技能の継承/地方経済活性化	過当競争 商事紛争の解決メカニズム不足	地方の雇用創出 熟練技術の適切な移転
技術市場の脆弱性	技術ストックの不足 知的所有権概念の希薄	急速な技術の拡散 リバース・エンジニアリングによる技能形成	知的所有権侵害による損失 難しい適正技術評価	知的所有権保護/紛争解決 技術情報の管理
標準化の困難	政府間対話の不足，企業間アライアンス不在 自国産業保護の残存	参入障壁の低さ 世界標準の変化に伴う調整力	域内企業の競合体質 欧米企業との中国取り込み競争	デファクト標準の積極的獲得 デジュール標準における交渉力強化
資源制約・環境制約	中国の高成長，環境悪化 危機管理対策の欠落	省エネ/環境技術の市場拡大 資源・環境協力の契機提供	中長期的資源政策の不在（乱獲等） 環境問題の顕在化	資源開発・環境保全のイニシアチブ 環境/省エネ技術の輸出

出所：筆者作成.

のリスクも大きい。相互不信の強さが根強く,制度に基づいたデジュールの標準化,企業間の戦略的提携（アライアンス）による事実上の（デファクト）の標準化も困難を伴う。環境・資源面では問題解決ニーズが日本の技術需要につながるが,事業性は不透明である。

それでも,急速に購買力をつける北東アジア市場の魅力は大きく,当面は中国を中心とした輸出拡大・直接投資拡大によるシェア確保が日本の最大の関心であり続けよう。しかし収益なき拡大には限界があり,特に中国では代金回収や現地法人の収益改善,流通・販売網の効率化など課題も多い。また中国の技術力・生産力向上を背景に北東アジアは調達市場としても重要性を増しているが,交流インフラや物流,通関手続きなどの点ではまだ改善の余地がある。NIEs との間ではモノの貿易よりもコンテンツなど IT 関連やサービス貿易への関心が高まり,日本の産業社会のなかで人材交流を生かしていけるかどうかが注目されている。

さらに知識基盤産業への移行に際してはこれまでとは比較にならないレベルで知的所有権保護が重要となる。地域としての制度整備・実態面での保護定着が必要であるとともに,デ・ファクト,デ・ジュールの標準化がむしろ地域への円滑な技術移転・産業発展にもつながるという合意形成を促すことが必要である。さらに深刻化する環境問題の外部性は大きいが,日本以外は依然として成長に重点があり,欧州のような統一基準設定も非現実的だ。環境問題では日本は関心上のギャップを埋める努力と地域協力へのイニシアチブを要請されつつある。

(2) 域内協力の推進と日本の課題

最後に北東アジアの政治的特性にふれておく必要がある。日本の関わりを考えるうえでこの要素を無視することはできないからだ。制度や協定を伴わない北東アジアの市場形成は冷戦構造が残存する

環境のなかで需要・供給を中心とした市場がこれを主導してきたと捉えることもできよう。中国の改革開放が試行錯誤の段階にあるうちはそれもひとつの知恵として機能してきた。しかしながら，中国市場がプレゼンスを増し，WTO 加盟国として国際貿易秩序のなかに登場した以上，中国が次のプロセスとして貿易体制の主流ともなりつつある地域協力や自由貿易協定のネットワークに関心をもつのは自然の流れである。

　既に長年，忠実な多国間主義をとってきた日韓はそれぞれシンガポール，チリとの自由貿易協定交渉を進めて相手方の自由貿易経験から学ぶ方向に転じ，日韓間でも経済緊密化に向けた研究やフォーラムが進められている。冷戦構造に阻まれてきた北東アジア市場もまた市場統合への展望を必要とするようになってきた。地域で唯一の先進 WTO メンバー[1]として体制を支える立場にあり，また中国の登場によって大きな影響を受ける当事国として，日本は国際的にみてその展望（ビジョン）に主体的に関わっていくべき（イニシアチブをとるべき）責任と動機をもつといえよう。

　しかしながら現在までのところ，日本が強い関心をもってイニシアチブを発揮するには3つの大きな問題が存在している。1つは中長期の日本経済の姿について方向性が曖昧なまま構造調整をめぐる混乱が継続していることである。近年になりようやく IT 化を通じた構造転換や知識基盤産業支援は活性化してきたが，他方には構造調整期の雇用問題や熟練形成維持との関係で伝統製造業の調整のあり方に依然として明快な展望が共有されたとは言い切れない。日本自身が大胆な産業構造転換の可能性を確信しないなかでは強いキャッチアップ体質をもち，水平分業志向を特性とする北東アジアとの間で日本がイニシアチブをとることは当然のことながら容易ではない。

　2つ目には地域的優先度と制度化の問題がある。東アジア通貨危機はアジア市場に対する楽観論に水を差すとともに，未成熟な法制

度とその不透明な運用,非近代的な金融システムと企業組織など新興市場の負の面に強く焦点を当てる結果となった。他方,危機後の日本の関心は他の東アジアと同様に米国市場にほぼ集中し,むしろアジアよりは拡大NAFTAを睨んだメキシコとの自由貿易協定や,米国との自由貿易までが提唱されている。こうした流れが単に米国市場のダイナミズムだけでなく,米国主導で比較的明確な条文による規定や制度が進みつつある拡大NAFTAへの支持であり,反面,暗黙であれ北東アジアについては相変わらずの実態先行・漸進論が予想されるかぎり,地域協力の具体化に向けた日本の側からの強いリーダーシップは困難であろう。何らかの制度化やその実効性に対する相互不信は日本自身の交渉力への自信欠如と相まって,潜在的・顕在的に北東アジア協力の阻害要因となっており,制度化に対して明確な姿勢を示すことが必要である。

　最後,協力の範囲や具体化へのタイムスパンについても北東アジアには難しさがある。日本の構造転換が後述のような知識基盤産業へのシフトや,成熟資本輸出国の方向に向くとすれば,日本にとっての関心は当然財の自由貿易のみならず,サービス貿易,さらには直接投資や知的所有権保護,資本交流を含めた幅の広いものとならざるを得ない。しかしながら,構造改革で急速に規制緩和が進み,自ら知識基盤産業へのシフトを標榜する韓国でさえ,依然として国内の関心は財の対日貿易赤字に集中し,幅広い経済的関心に至らない。

　中国は当面,WTO対応に全力をあげなければならず,日本との制度的調和は韓国に比べてもさらに難しい。日本がある程度の制度調和や共通技術標準などを通じた国際交渉力強化を地域協力のメリットとして意識しても,中国の制度整備には時間がかかり,市場の潜在性故に独自の交渉力をもつ中国にとっては地域協力を急ぐ理由にはならないであろう。また日本自身も自由貿易における農産物の取り扱いといったアキレス腱を抱えていることが比較優位上これに関心をもつ中国や韓国の不信を買っている面は否めない。さまざま

な理由から北東アジア協力に対する日本のイニシアチブには障害が存在しており，これを克服するには結局，構造調整過程で日本自身が北東アジア市場の戦略性を強く認識することが重要となっている。

[注]
1) 韓国はOECD加盟国ではあるが，農業保護などWTO体制面では2001年現在，まだ途上国としての地位にある。

[第2章の参考文献]
青木昌彦・安藤晴彦［2000］『モジュール化：新しい産業アーキテクチャーの本質』東洋経済新報社。
安部忠彦［2000］「これからの日本のリーディング産業」*FRI Review* 2000.4，富士通総研。
石川昭・根城泰［1999］『日本の中の世界一企業：21世紀型企業の台頭』産業能率大学出版部。
金堅敏［2000］「中台WTO同時加盟のインパクト―中国経済圏の成立，ASEANへの影響」『FRIレポート』No.93，富士通総研。
末廣昭［2000］『キャッチアップ型工業化論』名古屋大学出版会。
ピーター・G・ピーターソン［2000］『老いて行く未来』ダイヤモンド社。
ボールドウィン［2000］「モジュール化のコストと価値」青木・安藤編。
中馬宏之［2001］「『モジュール設計思想』の役割――半導体露光装置産業と工作機械産業を事例として」青木・安藤編。
米山秀隆［2000a］「日本企業の強みをいかに維持するか――IT革命への対応とものづくり技術の今後」『FRI研究レポート』No.87，富士通総研。
―――［2000b］「国際標準をいかにして獲得するか」『FRI研究レポート』No.76，富士通総研。
産業構造審議会［2000］「21世紀経済産業政策の課題と展望：競争力ある多参加社会の形成にむけて」。
日本経済新聞社・三菱総合研究所編［1999］『大予測21世紀の技術と産業』日本経済新聞社。
経済産業省産業政策局［2001］『平成9年産業連関表（延長表）』経済産業統計協会。
経済産業省通商政策局「不公正貿易報告書」各年版。
経済産業省「わが国企業の海外企業活動」第27回―第29回報告書。

第 3 章　激変する中国経済──WTO 加盟と北東アジア

第1節　中国の開発戦略と3国協力の役割

橋　田　　坦

(1) 90年代の中国の経済開発

　中国は1978年末に改革開放政策を導入して以来，1979～2000年のGDP年平均成長率は9.6%に達し，世界でも有数の高度経済成長を達成してきた。しかし，80年代の高度成長は60～70年代の経済混乱を収拾した結果達成できたものであり，安定した成長は90年代（正確には92年以降）に行われたものである。

　中国の経済規模が拡大し対外経済関係が拡がるにつれて，年平均10%近くの成長を維持することは困難になった。90年代には第8次5ヵ年計画（1991～95年）と第9次5ヵ年計画（96～2000年）が実施されたが，両計画期間の年平均GDP成長率はそれぞれ12.0%，8.5%であって，明らかに低下してきている。これは，投資率の低下，産業構造転換の遅れ，生産性向上率の低下などが原因である。

　マクロ的にみた産業構造転換の遅れは，① 一次産業における労働力過剰，② 二次産業における労働力吸収能力の低さ（資本集約型の製造業が発展），③ 三次産業の発展の遅れと労働力吸収不足，といった点に現れている（**表3-1**）。

　中国は「強投資国」であって，投資率（2000年推定42%）は貯蓄率（2000年推定38%）を上回り，その差額を外資導入に依存している。高い貯蓄率を可能にしたのは，食料費，住居費，公共交通費などを抑えてきたことと，そして耐久消費財などの実質的な供給制限

表 3-1 産出（GDP 構成）と雇用からみた産業構造

(単位：％)

	1990 GDP	1990 雇用	1995 GDP	1995 雇用	2000 GDP	2000 雇用
一次産業	26.9	60.1	21.1	53.2	17.2	46.4
二次産業	42.4	21.4	49.2	22.9	50.2	25.3
三次産業	30.7	18.5	29.7	23.9	32.6	28.3

出所：馬洪・王夢奎主編［2000］『中国発展研究 2000 年版』中国発展出版社, 260～267 ページ.

表 3-2 GDP の支出構造

(単位：％)

	1990	1995	2000
固定資本形成	34.7	38.7	42.0
居民（家計）消費	49.2	47.1	45.7
政府支出	12.1	11.6	11.2
ネット輸出	4.0	2.6	1.1

出所：馬洪・王夢奎主編, 前掲書, 260～267 ページ.

であった。しかし，1990 年代に入ってこれらの前提は一変し，価格のいっそうの自由化，消費財の過剰供給が進んだ。表 3-2 に示すように，90 年代には固定資本形成の比率は増加する一方で，居民（家計）消費は一貫して低下している[1]。需要不足と設備過剰によるデフレーションの可能性があって，政府が公共支出を継続しているが，財政難から長期にわたって持続することが困難である。

このような 1990 年代の経済発展は，次のような変化をもたらした。

① 計画経済の象徴であった供給不足は消失し，多くの商品で「売り手市場」が出現した。経済の規制緩和は供給不足部門に新規参入をもたらし，競争的環境が出現した。

② 国有企業に代表されるリスクを負担しない経済運営を中止して，財産権を明確にして企業に経営責任をとらせる私営企業のような

メカニズムが浸透した。
③ 工業化の過程は，労働集約型の軽工業から資本集約型の重工業を経て，労働，資本，技術がミックスされた高度加工業に移転しつつある。すでに，一部の地域では技術集約型のハイテク工業化が出現している。
④ 市場競争の激化によって，新製品・新サービスの導入と生産性向上が求められるようになった。資本と労働だけを投入してきた資源投入型の産業や企業は次第に淘汰され，資源節約型あるいは知識集約型の産業や企業が存続できる状況にある。
⑤ 最終消費の成長は，第8期5ヵ年計画（八五）期間に年平均10.5%であったのが，第9期5ヵ年計画（九五）期間中は年平均6.5%程度に低下した。98年のGDPに対する居民消費率は47.5%で，世界平均の63%や低所得国平均の59%よりも小さい[2]。政府は国内消費を拡大するような政策をとるべきであり，住宅や耐久消費財市場の拡大，社会セーフティ・ネットの整備，各種インフラの整備（とくに，通信，交通），居民向け金融の拡大，などを実施している。
⑥ 国有企業など企業改革に伴う失業が増大している。雇用拡大のための施策が求められている。たとえば，私営企業設立の規制緩和，サービス産業の規制緩和と優遇策，社会セーフティ・ネットの整備，などである。

(2) 第10次5ヵ年（十五）計画のフレームワーク

中国は，十五計画（2001〜05年）をきわめて重要視している。それは，1987年10月に行われた中国共産党第13期大会において，三歩（3段階）で社会主義現代化建設を行うことを決定し，十五計画は第3段階（小康段階）の最初に当たるからである（**表3-3**）。

十五計画の策定に当たって，中国共産党は以下8分野16の目標

表 3-3 中国が考える経済発展段階

	第1段階	第2段階	第3段階	第4段階
段階名称	貧困段階	温飽段階	小康段階	富裕段階
達成期間	1990年以前	1991～2000年	2001～30年	2030年以降
GDP／人（$）	500以下	500～1,000	1,000～4,000	4,000以上
主要産業	紡績，アパレル，一般家電	原材料，	重化学，自動車，建築，電子	ハイテク，サービス

出所：国家発展計劃委員会編［2000］『"十五"規劃戦略研究（上册）』中国人口出版社，19～29ページ．

を提案している[3]。
① 産業発展
　・農業の基礎的な地位を強固にする。
　・工業の改組・改造をすすめて，産業構造を高度化する。
　・サービス産業の発展を急ぐ。
② インフラ建設
　・国民経済と社会の情報化を急ぐ。
　・水利，交通，エネルギーなどのインフラ建設をさらに促進する。
③ 地域開発と都市化
　・西部大開発を実施し，地域の協調的な発展を促進する。
　・積極的かつ確実に都市化を推進する。
④ 科学技術と教育
　・科学技術を進展させ，イノベーションをはかる。
　・人材開発に注力し，教育事業の発展を急ぐ。
⑤ 人口，環境
　・人口と資源の管理を強化し，生態系と環境を保護する。
⑥ 経済体制
　・改革を深化し，社会主義市場経済体制を完全にする。
　・対外開放をさらに拡大し，開放型経済を発展する。

⑦ 社会開発
　・雇用を積極的に拡大し，社会保障制度を完全にする。
　・都市と農村の人々の収入を増加し，生活を向上する。
⑧ 社会制度
　・社会主義精神文明建設を強化する。
　・社会主義民主法制度の設立を強化する。

このような目標を達成するため，十五計画の基礎となるマクロ・フレームワークが，各種研究機関によって検討された（**表3-4**）。

結果として，十五計画に提示されたマクロ・フレームワークは以下のようである：

① 2010年に2000年のGDPを倍増することを前提に，十五期間中のGDP年平均成長を7%程度。05年のGDPは約12兆5,000億

表3-4　十五計画策定のための各機関の予測成長率

(単位：実質年率%)

	中国社会科学院	国家信息（情報）中心			国家発展計画委員会マクロ経済研究院
		低	中	高	
GDP	7.8	7.0	8.0	9.0	7.5
GDP/人	N.A	N.A	N.A	N.A	9.9
一次産業	4.0	3.0	3.5	4.0	3.5
二次産業	9.0	8.1	9.2	10.1	9.0
三次産業	7.3	7.0	8.0	9.0	8.5
最終消費	N.A	N.A	N.A	N.A	7.3
居民消費*	N.A	8.0	9.5	11.0	7.2
固定資産投資**	7.8	13.0	14.0	16.0	10.2
輸出***	6.4	5.0	7.0	9.0	6.5
輸入***	8.7	6.0	8.0	10.0	8.0
雇用	1.8	N.A	N.A	N.A	0.9

* 最後のコラムを除いて名目ベース，** 最初と最後のコラムを除いて名目ベース，*** いずれも名目ベース．
出所：国家発展計劃委員会編，前掲書，230～280ページ．

元，1人当りGDPは9,400元。
② 都市での就業者増（移転農民数を含む）は4,000万人，都市登録失業率は5%程度。
③ 2005年の産業構造は，GDP比で；第一次　13%，第二次　51%，第三次　36%，就業者数比で；44%，23%，33%。

　明らかに，十五計画の目標値では，各研究機関予測のなかで低い値が採用されている。この理由として，既存の産業構造や企業形態を放置すれば投資効率が低下すること，世界経済が不透明な時期に対外経済依存の成長を前提にすることはリスクが大きいこと，内需拡大のため居民消費を拡大するには社会セーフティ・ネット構築など問題が山積していること，急激な産業構造転換を伴う経済成長では，失業者の増大と都市への人口流入増が起こり，社会不安が増大すること，があげられる。経済成長を主導することで存在価値を示してきた共産党としては，達成可能な計画を提示したと思われる。

(3) 第10次5ヵ年計画の産業開発重点分野

　ここでは，WTO加盟を念頭に置き，産業構造の高度化にかかわる政策を取り上げる。
　まず，伝統産業の改造による高度化を重点としながら，労働集約型産業の比較優位をいっそう発揮する。さらに，ハイテク産業を積極的に発展させ，新しい比較優位を形成し，情報化による工業化を進めて，後発の優位性を発揮させる。
　工業の発展において量から質への転換をはかる。発展する具体的な工業は，化学，鉄鋼，建材，紙パルプなどの原材料，医薬品，新型家電，化繊・軽紡績・アパレル，農産品加工，プラントや工作機械を含む機械設備，鉄道車両など交通設備，農業機械，小型自動車と部品などである（産業別の成長性については，**表3-5**を参照）。
　ITやバイオを中心とするハイテク産業を発展させ優位性を形成

表3-5　十五（第10次5カ年計画）期間の各産業セクター成長性

分類	産業セクター	主な成長要因あるいは制約要因
高成長	電子	国民経済の情報化が加速，ディジタル技術の発展
	医薬	生活水準が向上し，医療保健へのニーズが高度化
	自動車	所得が上昇し，消費構造が住宅や旅行にシフト
	プラント製造	電力，石油化学など構造の高度化による新規投資
	農業機械	農業の規模拡大，産業化によるニーズと輸出競争力の強化
	一般機械設備	多くの産業セクターで設備更新のニーズ
	家電製品	都市家計における家電製品の買い換え，農村と輸出需要の急増
	皮革毛皮羽毛製品	
	家具	1人当り所得の上昇により，生活の質と文化を求めるようになる，また一部の製品は輸出競争力をもつ
	飲料	
	文房具・スポーツ	
	上水道施設	都市化の進行が都市インフラ需要を急増
一定成長	食品加工	所得が向上し，生活様式が変化
	アパレル	低コストの労働力により国際競争力が大
	印刷	ディジタル技術の採用による代替
	ゴム，プラスチック	新技術の発展により需要が拡大
	紙・紙製品	資源制約と環境汚染問題
	専用設備，電気機械と部品計測機器	需要増があるが，技術レベルの向上が要因
	電力	エネルギー消費構造の変化が成長増をもたらす，ただし総量の増加には立地制約
低速成長	紡績	供給過剰の条件下で製品構造の調整，技術レベル向上，要求される製品の品質向上が発展の要因
	石油・コークス	
	鉄鋼	
	金属精錬・金属製品	
衰退産業	鉱業	資源制約，生産コスト増（金，希土類採鉱は発展）
	たばこ	環境保護と健康意識が高まる
	林業	資源制約，持続的経済成長の要求が強まる

出所：劉世錦ほか［2000］『中国「十五」産業発展大思路』中国経済出版社，188～189ページ．

第3章　激変する中国経済——WTO加盟と北東アジア

する。ベンチャー投資制度を整備し，ハイテク産業発展を担う多所有制の中小企業を育成する。そして，競争原理を導入してバランスのとれた産業組織を形成する。品質，環境，安全面に不適合な設備，技術を淘汰，退出させる。

　本計画ではIT産業の発展を強調している。方策として，情報資源を開発し，公共情報資源を共有し，IT産業を経済・社会発展の各領域で広汎に活用する。情報化を推進する重要な分野は，政治，金融，外国貿易，マスコミ，教育，医療，社会保障などである。さらに，インターネット経由の情報システムを発展させ，その容量と速度を大きくする。とくに，ブロードバンド・ネットワークを発展させ，第3世代の移動通信を適当な時期に建設する。電信，TV，コンピュータの3種ネットワークを統合する。

　IT産業に必要な先進技術を導入，消化し，イノベーションにつなげる。とくに，ICとソフトウェア産業を急いで発展させ，情報化設備とシステム・インテグレーション能力を高める。コンピュータやインターネット技術を応用して，産業の研究開発と設計能力を向上する。とくに企業間（B to B）電子商取引を用いて，販売や輸送などのサービスに変革をもたらす。

(4)　開発における課題

十五計画および長期計画期間における課題

　先に示したように，十五期間は小康段階（2001～30年）の最初に当たる。したがって，過去の5ヵ年計画と同様に経済成長に大きい比重を置いているわけではない。むしろ，「生活基盤の確立」に重点を置いた発展を目指している。生活基盤の確立には，バランスのとれた社会発展と経済発展が必要であって，さらにこれらをサポートする科学技術と教育の発展も必要とされる（図3-1）。

　中国において，社会発展は経済を安定的に発展するための必要条

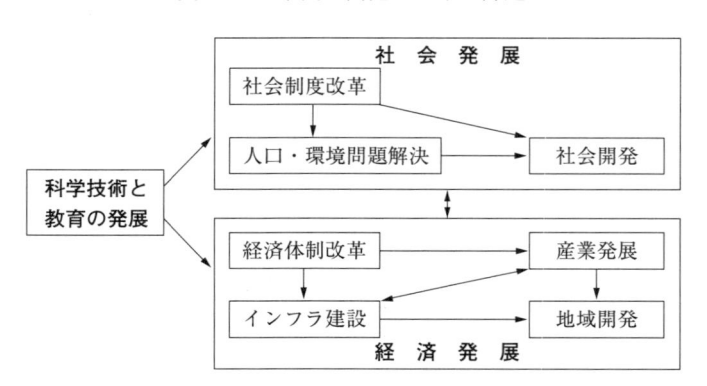

図 3-1　中国の開発における課題

```
                    ┌─────────────────────────────────────────┐
                    │          社 会 発 展                    │
                    │  ┌──────────────┐                       │
                    │  │ 社会制度改革 │                       │
                    │  └──────┬───────┘                       │
                    │         ↓                ┌──────────┐   │
                    │  ┌──────────────┐──────→ │ 社会開発 │   │
       ┌────────┐  →│  │人口・環境問題解決│     └──────────┘   │
       │科学技術と│   │  └──────────────┘                       │
       │教育の発展│   └─────────────────────────────────────────┘
       └────────┘   ┌─────────────────────────────────────────┐
                  →│  ┌──────────────┐       ┌──────────┐     │
                    │  │ 経済体制改革 │─────→ │ 産業発展 │     │
                    │  └──────┬───────┘       └──────────┘     │
                    │         ↓                ┌──────────┐   │
                    │  ┌──────────────┐──────→ │ 地域開発 │   │
                    │  │ インフラ建設 │        └──────────┘   │
                    │  └──────────────┘                       │
                    │          経 済 発 展                    │
                    └─────────────────────────────────────────┘
```

件となってきた。とくに，WTO加盟，北京オリンピック誘致などによって国際社会との関わりが密接になると，国内社会が安定して経済が発展し続けることは，現政権の正当性を国際的にアピールすることになる。したがって，経済発展と社会発展とのバランスを求める，あるいはむしろ社会発展に重心を移す考えも出ている[4]。この考え方によれば，十五期間の社会発展の主要な任務は，社会セーフティネットの構築，貧困の解消と弱者への思いやり，就業圧力の緩和（失業の減少），義務教育の普及，社会調和の深化（所得格差など差別の減少），である。

　表3-6には，このような社会発展から導き出された経済発展分野の方策を示してある。中国は，低開発途上国に相当する内陸部農村と，中進国に相当する沿海部都市から構成される経済の二重構造を持った国である。これまで，沿海部を中心にして中進国を目標に発展した結果，経済の二重構造が際立ってきた。十五計画期間中に，この二重構造の解消に着手する目的で，社会発展に重心を移すことはそれなりの必然性がある。

表 3-6　社会発展を重視した経済発展の方策

社会発展の要因	経済発展分野の方策
貧困解消と弱者対策	・低所得層住宅建設
	・農村における小都市建設
就業数の増加	・労働集約型輸出産業の維持，拡大
	・ハイテク産業やサービス業など振興
	・私営企業を含む非公有制企業の振興
	・農村における郷鎮企業振興
労働環境の改善	・工業における量から質への転換
	・老朽した生産施設のリニューアル
生活レベルの向上	・生活関連産業の発展
	・都市インフラ建設
	・エネルギー供給確保
環境保護	・環境汚染の除去・防止
	・水資源の確保
	・砂漠化防止
	・農地，森林の保護
教育レベルの向上	・職業訓練（とくにIT）の拡大
所得格差の減少	・西部大開発の実施
	・主要な内陸部インフラの建設
	・農村における小都市の建設

出所：第10次5ヵ年計画より作成.

開発計画の実現における課題

① 目標設定および手段の曖昧さ

　中国が経済の二重構造解消に向けて社会発展を重視する場合，貧困撲滅，弱者救済，社会セーフティネット構築，就業機会の増大，などが中心課題になる。これらを中心的な目標にすれば，現在実施している市場経済化政策との整合性が問われるだろう。さし当たり，所得格差の増大を認めて，中進国を目指した経済発展という目標を表に出さざるを得ないからである。

　十五計画のなかでは，（小）都市開発，科学技術の発展と教育，就業（失業対策）と社会保障，生態環境，水利，エネルギー，交

通，西部開発，IT化，WTO加盟対策などの大きな事業に対して，資金供与を含めて中央政府が関与する，としている。いずれの事業も重要であるが，実施に当たってのプライオリティがつけられていないという問題がある。

② 開発資金調達の問題

中国の金融・財政は，それほど楽観を許さない状況にある。開発計画実施の資金を，間接金融や財政に大きく依存することはできない。

まず金融であるが，財政に代わって銀行が貸し出しを行う，という政策に従った結果，4大国有商業銀行を中心に金融機関が国有企業に貸し付けた資金の相当部分が不良債権化している。金融機関の資産総額が17兆元であって，現在不良債権率が約8％といわれているので，その額は1兆3,600億元である。この値は4大商業銀行が資産管理会社を設立して移管した資産額1兆4,000億元に近い。その後も，資産管理会社に1兆元近い資産が移管されているので，不良債権率は遙かに大きく25％（4兆2,500億元）以上と推定する人もいる。この金額は，家計預金総額の70％に相当する[5]。4大国有商業銀行は不良資産を資産管理会社に移管しても，経営方式が以前とそれほど変わっていないことも問題である。

財政に関しては，1999年末の国債発行残高が1兆542億元（GDPの約14％）と，まだ許容範囲にあるが，2000年度の財政赤字額は2,799億元（GDPの3.2％），新規国債発行でこれを埋めているので，歳入に占める国債依存度は28.8％（日本は38.5％）と急速に悪化している。要するに，多額の開発資金を財政から支出する余裕はない。したがって税収の基盤を改革する必要があるが，それには時間がかかる。

直接金融を行う株式市場は，2000年末で時価総額はGDPの53％程度（5兆元強）であるが，上場企業は元国有企業が中心で

1,088社と少なく，発行株式数に対して流通株式数が少なく，個人投資家が中心であるため株価の変動が激しく，安定した長期資金調達の場になっていない。

　外資導入（実行ベース）は，過去5年の平均額が545億ドル/年，内直接投資427億ドル/年であって，直接投資比率78%という状況であった。今後，WTO加盟のために外国からの直接投資額はかなり増えるが，それらは資金回収が期待できるプロジェクトを選択するから，内陸部のインフラ建設などへの投資はそれほど期待できない。また，援助資金を含めた資金借り入れは大きく増加しないであろう。

③ 重要戦略資源の確保難

　社会発展を重視するという考え方から，その基礎を支える戦略的な資源・物資の確保が重要となり，たとえば食糧，石油，水資源などがあげられている[6]。ただし，これら資源制約が十五計画期間内には大きな問題となる可能性は少ない。

　食糧については，十五計画期間最終の2005年には，需要と供給のバランスが約5.3億トンと推定され，WTO加盟後の輸入もあって中期的な供給不足の懸念はない。しかし，2030年以降に人口が16億人のピークを迎えるときには，6億トン以上の需要に対して，国内生産および輸入を合わせても供給が不足する可能性がある。米国，カナダ，オーストラリアなど穀物輸出国との協調が欠かせない。

　石油の供給に関してはかなり切迫している。中国は，1993年に石油のネット輸入国になってから，国内生産が停滞したために輸入量が急増している。2000年の輸入量は7,000万トンを超え，03年に1億トン，05年に1.3億トンに達すると予想される。10年に国内生産は1.95億トンのピークに達し，15年の需要と輸入量はそれぞれ3.6億トン，1.8億トン，20年には4.3億トン，2.5億トンと推定されている（日本の2000年輸入量は2.2億トン，輸入

金額は447億ドル)。石油・天然ガスの輸入を確保するためには，ロシア，中近東諸国，中央アジア諸国との協調関係を築くことが不可欠である。また，大規模なモータリゼーションは，石油確保とのバランスを考えて実現しなければならないだろう。

　水資源の確保は，中国北部において緊急課題になっている。まず，中国の年間水資源量は2兆8,000億m^3で，世界6位である。しかし，人口が多いので1人当り水資源量は2,300m^3で，世界平均の4分の1にすぎない。とくに北部地域は，総資源量の14%しかなく，1人当り1,000m^3しかないのに対して，南部は資源総量の80%以上，1人当り4,000m^3ある。国際標準では，1人当り2,000m^3が最低所要量であるから，北部地域はすでに渇水状況にある。実際に人々が消費する用水量は，1960年代に1人当り平均380m^3であったのが，90年代には450m^3へと増加してきている。全国669都市のうち，約400都市が毎年水不足に直面し，とくに110都市はきわめて厳しい渇水を経験して，その水不足量は年間約60億m^3と見積もられている。十五計画期間に「南水北調」に着工するが，その完成以前に北部都市の水不足が深刻化している。

(5)　日中韓3国間協力の可能性

ここでは，中国を中心において日中韓の3国間協力を考える。このためのフレームワークを以下のように設定する。
① 政治，経済情勢の変化が激しいので，長期的な協力よりも今後5〜7年の中期の可能性を考えるほうが適切である：
② 中国は，経済の二重構造を解消しながら発展しようとする。すなわち，低開発地域のレベルアップと先進地域の（中進国）キャッチアップを同時に達成しょうとしている。3国間協力では，このような目標を達成するのを支援する。

③ 日本，韓国による対中政府間経済協力は，できるだけ内陸部低開発地域の社会発展に向けることが望ましい。
④ 中国が産業や経済インフラ開発するために必要とする資金は，中国が主体となって調達する方向に向かうので，日韓を含めた海外の民間資金を調達しやすくするようなメカニズムを設立する。
⑤ 中国のWTO加盟は，日韓を含む外資企業に中国国内市場のビジネス機会を増やすとともに，中国企業の対外進出を促す。中国の企業が国内外で，国際的な規範に従ったビジネス展開が行えるように支援する。
⑥ 東アジアの雁行形態経済発展パタンは大幅に形を変えて，各国が得意分野（コア・コンピタンス）を突出して市場を占拠する形の水平分業，あるいはネットワーク分業になっていくので，各国の得意分野を容易に組み合わせることができる仕組みをつくる。
⑦ 3国間協力は，歴史的な経緯，類似の発想や発展形態から出てくる競争意識，大市場である米国・EUとの関係維持，日本の東南アジア諸国との関係維持，などの要因があるため開放的な形態を維持するとともに，将来の自由貿易協定（FTA）に向けて対話を行う。

具体的な協力分野をあげてみる。
1) 政府間経済協力を伴う分野
・**中国低開発地域（内陸農村部）の社会発展を支援**：3国間協力は，酸性雨，砂漠化・黄砂対策，水資源保護といった広域環境保全プロジェクトに可能性が大きい。周辺地域を含めたエネルギー資源共同開発（例：シベリアやサハリンの天然ガス開発）においても，一部に政府間協力が可能であろう[7]。

農村の小都市化，インフラ建設，義務教育のための学校建設などは，世界銀行などと協力して資金協力することができる。また，多様な農村開発に関しては，ODAベースで「農村開発基金」を設立

して，日韓の NGO がそれをもとに開発に参加することも考えられる。農村開発においては，日本よりは韓国の経験（セマウル運動）が役に立つかも知れない。

・**中国発展地域（沿海部）の社会発展を支援**：都市化に伴う問題解決に関する協力は可能であろう。たとえば，都市の環境問題（自動車排ガス対策，ヒートアイランド現象への対処，都市工場の環境汚染対策），交通混雑解消とマス・トランシットの計画，水資源の効率的な利用など，の分野での支援である。

教育分野では，若年層や失業者の訓練のため，IT 教育を日韓が支援することができる。

2) 民間経済協力の分野

・**中国 WTO 加盟後の世界経済へのインテグレーション支援**：「中国が希望すれば」の条件付きであるが，すでに WTO に加盟している日本企業，韓国企業と中国企業が対話を行って，経験を伝達することができる。

中国 WTO 加盟後に予想される最大の問題は，中国の知的所有権保護が不充分で，多くの紛争が発生することである。中国国内でも，知的所有権を主要な資産とするハイテク企業が育ってきている。この種の企業と協力して知的所有権保護について，民間による対話を行うことは意味がある。なお，特許管理の分野では，関係部門による政府間対話が始まっている。

・**地球温暖化問題における CO_2 削減に関わる協力**：この問題に対する中国の考え方は，第 1 に，地球温暖化は先進国が招いたものであり，先進国が排出量削減をまず行うべきである，第 2 に，中国は発展途上であって温暖化ガス排出が増えるのは当然である，第 3 に，先進国が CDM（クリーン開発メカニズム）を利用する場合には，中国に技術と資金を提供すべきで，商業的投資であってはならない，というものである[8]。要するに，京都議定書に示された排出

権取引，共同実施，CDMなどのメカニズムを，商業的に中国に対して適用することには強い反発がある。

まず，世界銀行などと協力して国際的枠組みを形成したうえで，中国の同意をとりつけることが先である。そのうえで，民間ベースで各種メカニズムの具体的な適用を協議する。そのためには，日韓は国内で各種関連技術の社会的有用性を，事前に十分実証しておくべきである。

・**民間資金移動を円滑に進めるための信用調査機能に関わる協力**：外国直接投資，ポートフォリオ投資，長期貸付のいずれをとっても，相手先の信用度を調査することが欠かせない。この面において日中韓3国は，企業会計制度の後れ，会計事務所とクライアントの癒着，監督機関の執行能力不足，ディスクロジャー制度の不備など共通の問題をかかえている。資金の出し手としての日本，受け手としての韓国・中国という図式は残るが，日本の市場を求めて韓国，中国が投融資するケースも増えてくる。このような時期の到来も考慮して，3ヵ国でとくに企業などの信用調査機能を強化し，制度を共通化する検討を行う。

・**金融市場と資本市場の共通化の準備**：中国は資本取引の自由化に踏み切っていないが，いずれ民間資金の受け入れ拡大のために段階的に自由化を行うとみられる。その準備として，各国の金融と資本市場の制度やシステムの共通化の検討を行う。ただし，金融部門はグローバルに開かれていなければならないから，米国などからの協力を必要とする。

・**技術移転と分業の拡大に協力**：中国では大学・研究機関からの技術移転が活発に行われ，一方で日本と韓国では企業による技術開発が盛んである。このような制度的違いについて対話を行って，それぞれの経験を移転することができる。たとえば，第三者への技術移転を促進する組織として，日本にはテクノマート，中国には技術市場がある。これらに韓国を加えて国際的な取引を促進することや，

ネットビジネスにおいて，日韓相互の技術移転や共同事業が盛んに行われているのを中国に拡大すること，などが考えられる。そのうえで，3ヵ国間で技術情報を交換し，技術移転を促進する仲介機構の設立を検討する。このようなメカニズムを発展することで，3国間での水平分業あるいはネットワーク分業を促進することが出来る。いずれの場合も，3国間で知的所有権の取り扱いについて，はっきりした合意と取り決めがなされていることが必要条件である。

ハイテク産業とくにIT産業では，3国間で技術者の需給アンバランスが生じることがある。特定業種技術者の移動を可能にするような取り決め，相互業務委託の拡大などに関して，規制緩和を行うことが考えられる。

［注］
1) この表では明らかではないが，都市居民の相対的消費が拡大する一方で，農村居民の消費が減少している。
2) 熊賢良［2000］「促進経済増長的結構性政策」馬洪，王夢奎主編『中国発展研究 2000 版』中国発展出版社，260～267ページ。
3) 中央財経領導小組弁公室主編［2000］『中共中央関于制定国民経済和社会発展第十個五年計劃的建議』人民出版社，1～33ページ。
4) 王慧炯他［2001］「"一五"時期必須高度重視社会発展」馬洪他『中国発展研究 2001 版』中国発展出版社，32～42ページ。
5) 謝伏瞻「宏観管理与中国的経済安全」馬洪他『中国発展研究 2001 版』中国発展出版社，132～133ページ。
6) 謝伏瞻，前掲書，134～135ページ。
7) 総合研究開発機構［2001］『北東アジア エネルギー・環境共同体への挑戦』総合研究開発機構参照。
8) 総合研究開発機構，前掲書，215～223ページ。

第3章 激変する中国経済——WTO加盟と北東アジア

第2節 WTO加盟による中国経済の構造調整

(1) WTO加盟が中国経済に与える影響の予測

　各種研究機関はマクロ計算モデル（Computable General Equilibrium：CGEモデル）を用いて，中国がWTO加盟後に貿易自由化を行い，同時に先進国もMFA撤廃など自由化を行うことにより，労働，投資，技術進歩など経済成長の要素に影響を与え，産業構造にどのようなインパクトを与えるかを推定している。このような分析では，① 加盟に伴う一連の措置がどの程度速やかに実施されるかという，政策面での不透明，② モデル形成に当たって，定量化されないあるいは省略された措置がある，というモデルの限界が指摘されている[1]。そのほかに，基準ケースや外生変数の設定などが各研究機関によって異なるので，結果は一律でないが傾向は一致している（**表3-7**）[2]。

　新しいCGEモデル分析ほど，追加的成長を多めに見積もる傾向がある。十五（第10次5ヵ年）計画における比較的低い経済成長率（7%程度），輸出成長率（約5%），輸入成長率（約6%）を考慮したと思われる。中国はすでに世界の貿易大国であり，かなりの程度貿易自由化も進展しているから，より効率的な生産要素の配分による成長増が期待され，WTO加盟の短中期的インパクトはかなり大きくなると考えている。同時に，モデルで予測できない長期的な影響も非常に大きいと思われる。

　予測されるWTO加盟の短中期的なインパクトは次のようである（**表3-8**）：

① もっとも大きなプラス・インパクトは，労働集約的な産業セクターに生じる。アパレル，紡織，皮革，はきもの，穀物以外の農

表3-7 中国のWTO加盟が中国のマクロ経済に与える影響予測

	DRC* 1997年 2005年%増	日経センター** 2000年 年率%増	ドイツ銀行*** 2000年 年率%増
GDP	+1.53	+0.64	+0.45
投資	+1.75	N.A	+0.45
消費	+0.58	N.A	+0.47
輸出	+26.93	+2.07	+6.69
輸入	+25.79	N.A	+5.15

出所：＊李善同他［2000］『WTO中国与世界』中国発展出版社，48ページ．＊＊日本経済研究センター［2000］『アジア研究　最終報告書「アジア・日本の潜在競争力」』日本経済研究センター，190〜191ページ．＊＊＊Jun Ma et al.［2001］"Winners and Losers of China's WTO Entry", *The China Business Review*, March-April, 22〜25ページ．

産品，その他軽工業品，その他輸送機器，一部の電子機器などである。

② 広大な土地を必要とする土地集約型や資本集約型の産業セクターには，マイナスのインパクトが生じる。穀物，綿花，自動車などである。

③ 一部の機械，電子機器，輸送機器のような技術集約型加工組み立て製品の国際競争力が高まった結果，WTO加盟はこれらセクターに有利に働くであろう。

④ モデルによる予測の年次が現在に近づくにつれて，プラスあるいはマイナスのインパクトは小さくなる。より新しいデータや想定を使用したこと，時間の経過とともにインパクトを和らげる努力がなされたこと，などの理由が考えられる。

⑤ モデルには，金融・保険，通信など新しいサービス・セクターが組み込まれていない。これらが，WTO加盟で短期的に大きなマイナスのインパクトを受けると考えられ，加盟交渉の焦点になった。

表3-8 中国WTO加盟が産業セクター産出に及ぼす影響

(単位:2005年産出の変化%)

DRC 1997年予測値		ドイツ銀行 2000年予測値	
米	−1.4	穀物と油種子	−5.1
小麦	−9.0		
林業	+1.1	林業と漁業	+3.6
漁業	+1.0		
羊毛を除く畜産	5.7	畜産	+4.6
羊毛	−37.0		
金属鉱産品	−1.7	鉱産品	−1.0
非金属鉱産品	+0.4		
食品	+5.3	加工食品	+3.9
		たばこと飲料	+3.9
		肉と乳製品	+1.7
紡織	+25.5	紡織	+13.4
アパレル	+74.0	アパレル	+60.6
皮革製品	+5.9	皮製品とはきもの	+18.9
木材加工品	−0.6	木材加工品と紙	+4.4
紙製品	+1.1		
		その他軽工業製品	+11.8
石油加工	−3.5	エネルギー製品	+0.8
コークス・ガス	−1.6		
化工品	+3.8		
機械	−3.1	機械	+6.1
自動車	−15.1	自動車と部品	−5.4
その他輸送機器	−0.2	その他輸送機器	+14.1
電気機械	−3.2		
電子・通信設備	−4.7	電子機器	+26.0
計測機器	−5.8		
建築	+1.2	住宅・建築	+2.7
商業	+1.8	商業	+3.5

出所:表3-7に同じ.

(2) 産業構造調整の基本フレーム

 中国がWTOに加盟することは,世界経済の動きにより深く組み込まれて,新技術革命やニュー・エコノミーといった新しい経済成長方式を受け入れるといったベネフィットを享受するとともに,世界的な景気変動や構造調整に巻き込まれるというリスクを抱え込むことを意味する。具体的には,中国は次のような問題に直面するであろう。第1は,経済成長方式を転換しつつ高度成長を行わねばならない。第2は,産業構造を高度化しながら,都市と農村の格差解消を進めねばならない。第3は,グローバル化と国内産業構造高度化の方向が必ずしも一致しないことである(国際比較優位性から見れば,中国は労働集約型産業に特化することになる)。第4としては,中国は社会主義市場経済として,曲がりなりにも市場経済を実行しているから,産業構造調整に当たって政府の介入手段は限られることである。

 産業構造調整の基本フレームとしては,以下のようなものが考えられる:
① 世界経済変動の波及をできるだけ小さくしながら高度成長を達成するために,国内消費の拡大に有効な産業セクターの発展を重視する。
② 基幹産業で重要な地位を占めている国有経済を,戦略的に改組し経営を効率化する。これらの多くは独占的産業(造船,海運,宇宙開発,航空,電力,鉄道,金融・保険,郵便,通信)であるが,市場分割などにより競争を導入する。
③ 公共事業(エネルギー供給,水道,医療,体育,社会福祉,教育)でも,規制を緩和して民間資本を導入することで,競争原理を導入する。
④ ハイテク,新サービスなどの新産業分野で,非国有経済の拡大

を促進する。
⑤ その他の既存の産業分野でも,規制緩和により市場競争を促して,市場メカニズムによる構造調整をはかる。
⑥ 市場メカニズムによる資金配分を円滑に行うために,資本市場を発展させる。
⑦ 農村地域を発展させるため,比較優位性を持つ産業セクターを育成する。
⑧ WTO加盟直後に大きなマイナスのインパクトが予見されるセクター,たとえば農業(穀類生産)や通信については,一定の保護を行う。

(3) 産業別構造調整策

農　業
　改革開放政策の導入直後から,① 家族請負経営制,② 郷鎮企業の発展,③ 農村地域の小都市の形成,④ 都市と農村一体化といったプロセスを経て,農村近代化が進展してきた。しかし,人口の増加(増加率は低下したが絶対数は年平均1,000万人程度増大する),耕地減少,消費者の生活レベル向上,という3つの不可逆的条件に直面し,最近は発展が停滞している。
　中国のWTO加盟によって,農業に一番大きなマイナスのインパクトが生じると考えられている。その理由は以下のような中国農業の特徴によるものである:
① 経済発展に伴い,穀類の消費が減少して,相対的に肉,野菜類の消費が増えてきて,供給が追いつかない。
② 中国の耕地拡大は環境面から限界に達しており,とくに北部では水不足で干魃や砂漠化に見舞われている。また,改革開放政策を導入後は,一部の農地が工業用地に転用され,また土地の保全がなおざりにされ荒廃している。

③ 農民は人口の70%を占めながら，消費では40%，貯蓄では20%しか占めていない。都市住民との所得格差が拡大するだけではなく，東部沿海地域と西部地域の農民の間で所得格差が拡大している。
④ 政府は農産品買い付け価格を長期にわたって低く抑えた。しかし供給不足の恐れがでてきたので，1994～96年にかけて穀物の買い付け価格を80%引き上げた。しかし，その後供給過剰の恐れが出てきて価格を下げた。
⑤ WTO加盟後に，穀類を中心に輸入が増えることは間違いないが，大部分の需要は国内で供給しなければならない。現在の国際穀物供給量は約2.2億トンであるが，2000年の中国需要推定約5億トンの44%にすぎない。中国が需要の5%を輸入するだけでも，国際価格が高騰する恐れがある。

　WTO加盟によって，関税率引き下げ，国家による輸入独占の廃止（民間企業の参入），国内補助金の撤廃，過大な輸入検疫などの非関税障壁の撤廃などが実施され，穀類を中心に間違いなく輸入が増加する。輸入の関税割当枠は，米中合意によれば，米，小麦，トウモロコシを合わせて，加盟当初1,446万トン，2004年には2,216万トンである。民間企業の参入が認められるので，品質と価格で競争力がある米を除いて関税割当額が消費される可能性が大きい。2000年の穀類生産推定4.5億トンに比べて関税割当輸入量は少ないが，生産の3分の1しか流通していないので，その10～15%と大きく，小麦，トウモロコシともに相当な在庫があることを考えれば，農業生産に対する影響は相当に大きい。

　中国は，1999年から2000年にかけて，一部地域の米，小麦，トウモロコシの買付価格を低下あるいは買付の対象から外して，過剰在庫調整や作物転換を促している。これは，WTOに加盟すれば一定期間内に助成金を基準年の20%削減しなければならないために，いわば準備運動である。また，財政逼迫のために，付加金まで付け

表3-9　WTO加盟による農業牧畜部門雇用への影響

	雇用（万人）	増減率（%）
米	-246.1	-2.8
小麦	-540.3	-14.2
その他食料	+1.6	0.0
綿花	-498.2	-22.6
その他非食料	+151.1	+1.9
林業	+5.4	+1.4
羊毛	-10.0	-37.5
その他牧畜	+104.1	+5.0
その他農業	+57.2	+5.1

出所：李善同他［2000］『WTO中国与世界』中国発展出版社，52ページ．

て穀類を購入し，在庫を積み増しする余裕がなくなったのである。このようにして，半ば強制的に穀類の生産を市場メカニズムに任せることで，作物の転換，品質の向上など一定の効果が出ている。DRCの97年のモデルでは，WTO加盟で農業部門雇用は差し引き965万人のマイナスとなっている（**表3-9**）。農村部の余剰労働力は1億5,000万人とされるから，新たな1,000万人以上の余剰追加はかなり影響が大きい。

　農村余剰労働力の吸収は，商品作物生産や農産品加工といった，中国が比較優位をもつことができる産業を興して吸収し，また十五計画でも強調されているように，農村部に小都市を建設して中小規模の製造業やサービス業を起こして吸収するとしている。いずれにせよ多数の余剰農民が一挙に大都市に流入することは避けたいところである。

　WTO加盟は，すでに不安定化している農業と農村の基盤を大きく揺るがす可能性がある。ただし，短中期的な困難を乗り越えることができれば，農業の構造調整が進んで新たな段階に到達できるだろう。この条件としては：

① 同一作物で品種転換を行って，品質の良いものを生産する。これは，とくに穀類に当てはまる。そして，土質条件の悪い場所や水不足の地域では生産を縮小する。これは，砂漠化の防止といった環境保護の観点から好ましい。
② 生産の規模を拡大して1人当り生産性を高めて，生産コストを低減する。余剰労働力を吸収するために，農村における小都市建設を進める必要がある。
③ 労働集約的な農業，たとえば野菜，果物，花卉などの生産とその加工によって高付加価値を生み出す。現在でも，日本の企業が委託生産を行っているが，しいたけ，ねぎ，いぐさ（畳表）のように，セーフガード発令を招かないことが肝要である。同じ委託生産でも，有機農業による農産品の生産ならば，その可能性は少ない。
④ 農産品の加工の延長として食品加工があり，すでに，多くの日本企業が進出している。原材料の農水産品を現地調達する場合と輸入する場合があるが，アパレル，家電製品などと同様に，優秀で安価な労働力を利用する。農村の余剰労働力を利用すれば，中国側も歓迎するはずである。

繊　　維[3]

中国は，1984年1月に多種繊維協定（Multi Fiber Agreement：MFA）に正式加盟した。当時，米国と中国の間には繊維製品の貿易摩擦が起こり，貿易交渉において中国が不利な局面に立たされたので，MFAに加盟してその規制は受けるが同時に保護が受けられることを選択した。その後，GATTウルグアイ・ラウンド交渉で，途上国側がMFAによる先進国による輸入制限を軽減することを要求し，繊維・縫製品協定（Agreement on Textiles and Clothing：ATC）が提議された。WTO成立後，95年から各締約国の署名が始まった。ATCの要旨は，10年という期間を四段階に区切って，

第3章 激変する中国経済——WTO加盟と北東アジア

表3-10 中国の繊維製品と縫製品の輸出

(単位:億ドル, %)

	輸出総額 A	繊維全体輸出額 B	縫製品輸出額 C	B/A	C/B
1990	620.7	167.8	68.5	27.0	40.9
92	850.0	253.4	167.4	29.8	66.0
94	1,210.1	355.5	237.2	29.4	66.7
96	1,510.7	374.3	249.8	24.8	66.7
97	1,827.0	458.2	317.3	25.1	69.2
98	1,837.6	430.7	300.6	23.4	69.8
99	1,949.3	437.1	300.6	22.4	68.8

出所:『対外経済貿易統計年鑑』.

輸入制限を段階的に解消し(GATT回帰または一体化という),一方で輸出の規律を強化しようとするものである。当然であるが,中国はATCを全面的に支持している。

中国の繊維・縫製品の輸出は,全輸出の約20%強を占めて,最も重要な輸出産業である。ただし,次第にその比率は低下しており,また繊維中間製品よりは縫製品の比率が高まってきている(**表3-10**)。

世界の繊維製品(繊維単体を除く)と衣料の輸出総額に占める中国の輸出額は,1980年代は6～8%であったが,90年代に入ってからは急速に拡大し,98年には13%を超えて世界最大の輸出国の1つになった。輸出先は多角化の方向にあるが,依然として香港31.2%(さらに再輸出される),日本23.4%,米国8.4%,EU8.2%,韓国4.2%など(いずれも1995年),集中している。

中国のWTO加盟は,繊維製品と縫製品の輸出拡大に有利に働く。MFAの輸入割当制によって,先進国の繊維・縫製品産業は保護されて,競争力が低下しているからである。**表3-11**は1997年のDRCモデルの結果に基づいて,WTO加盟により繊維と縫製品

表 3-11 WTO 加盟による繊維・縫製品部門への影響（2005 年）

	産出		雇用		輸入		輸出	
	（10億元）	（％）	（1万人）	（％）	（10億元）	（％）	（10億元）	（％）
繊維	390.1	25.5	282.5	23.6	158.5	85.7	183.1	63.8
縫製品	522.3	74.0	261.0	52.3	6.3	124.4	491.6	214.1

出所：李善同他［2000］『WTO 中国与世界』中国発展出版社，52 ページ．

部門が大きく発展する状況を示している（ATC によれば，2005 年 1 月 1 日以前に，先進国輸入枠の 51％を一体化し，それ以降 49％を直ちに一体化することになっている）。

実際には，ATC がスムーズに実施されるとは考えられず，輸入枠が解消されても世界の市場は有限であって，中国からの輸出が急激に増えるとは考えられない，中国の繊維・縫製品産業の国際競争力は，さまざまな理由から徐々に低下している，といった理由で，WTO 加盟の影響をそれほど過大視しない見方もでている。

とくに繊維製品企業（紡織業）のなかに，非効率な赤字国有企業が多く，いったん繊維の生産の成長が低下すると，従業員を解雇しなければならない。概算では，年間 1 億ドルの輸出が減少すると，生産の成長率が 0.1％低下して 1 万人程度の労働者が職を失うとされる。1998 年から，非効率な綿紡績を中心にして，約 1,000 万錘の紡績機の廃棄と 120 万人の減員が計画されている。このための費用が莫大であるため，不要な従業員を雇用したまま旧式な機械を運転し，輸出できない不良品を生産し続ける可能性がある。一方で，外資系企業，集体企業，私営企業などでは，新鋭設備を導入し少数の従業員で効率生産を行ってきた。これらの企業は輸出をさらに拡大するだろう。このように，業界内に二重構造が出来上がっているので，WTO 加盟の影響は複雑である。

WTO 加盟による繊維・縫製品産業へのインパクトは，全体としてプラスでが，サブセクターや企業といった視点からみると，次の

ようなさまざまな対応が求められる：
① 国有紡織企業は多数の従業員を雇用し，質の低い製品をつくり続けて，赤字を計上しているので，できるだけ早期に改革しなければならない。国有企業同士の合併，私営企業への売却，廃業・業種転換など種々の方式が試みられているが，余剰人員と社会セーフティ・ネットの構築，といった問題が改革を妨げている。
② 中国の繊維商品・縫製品の品質は確実に向上しているが，国際市場では依然として低価格品の範疇に止まっている。中高価格品へ高度化する方策として，ISO9000 を取得して品質保証を得て自ら市場開拓すること，縫製品において自己ブランド（デザイン）を確立すること，日本がたどってきたように，新合繊のようなハイテク化，などがある。これら方策には，中国が感性やハイテクといった基礎分野を向上する必要がある。とくに知的所有権を厳重に保護しないと高度化は困難である。
③ 化繊サブセクターにおいては，原料部門を含め新規投資を行って規模の経済を達成し，コストを低下する必要がある。すでに一部企業が行っているが，外資（多国籍企業）の投資を誘致することも１つのやり方である。
④ 繊維・縫製セクターは，多数の雇用を吸収し，最大の輸出産業として外貨収入をもたらす点で重要である。しかし，産業の発展性からみると，一定成長（縫製）から低速成長（紡織）産業に位置づけられている[4]。繊維産業に対する新規投資は，政府主導から民間（私営企業）や外資系企業に移行して，市場メカニズムで産業調整をはかることになる。
⑤ 中国製品の市場は，現在 MFA 加盟の米国，カナダ，EU そして非加盟の日本などに集中している。市場は，輸出枠のない中東欧，ロシア，東南アジア，ラテンアメリカ，中東などに多角化しつつあるが，これらの多くは繊維・縫製品の生産国でもあり，相手国の事情を考慮しない集中豪雨的な輸出は，中国と途上国の間

で貿易摩擦問題を引き起こすことになる。日本，台湾，韓国が行ったように，中国の繊維産業がこれらの国に投資をして多国籍化することになるだろう。

　自　動　車

　中国の年間自動車生産台数が100万台を超えたのは1992年である。94年には「汽車（自動車）工業産業政策」が公布され，自動車産業は2010年までに支柱産業として育成される方針が提示された。具体的には，2000年までに2〜3社の大型企業集団を成立させ，10年までに3〜4社の国際競争力がある大型企業集団を育成するというものであった。その後公布されたガイドラインによれば，2000年の自動車生産台数が300万台（内乗用車150万台），10年は600万台（同400万台）となっていた。

　しかし，九五計画期間の経済成長率は低下し，自動車の消費も期待したほど伸びず，2000年の生産は200万台を少し超えた程度で，「汽車工業産業政策」のターゲットにはるかに及ばない（表3-12）。この理由として，本来ターゲットが過大すぎたこと，新規参入を中央政府の認可事項にして政治の駆け引きに使われたこと，個人向け需要拡大を目指したが失敗したこと，国内産業育成のための輸入コ

表3-12　中国の自動車生産と保有状況

	1992	1994	1996	1997	1998	1999	2000
生産台数（千台）	1,062	1,353	1,475	1,576	1,628	1,832	2,069
内乗用車（千台）*	163	250	391	483	507	566	605
同上比率（％）	15.3	18.5	26.5	30.6	31.1	31.0	29.2
保有台数（千台）	6,916	9,419	11,001	12,191	13,193	14,529	N.A.
個人保有（千台）	1,182	2,054	2,897	3,584	4,237	5,340	N.A.
同上比率（％）	17.1	21.8	26.3	29.4	32.1	36.7	N.A

*乗用車台数には，日本の軽自動車に相当するものを含む.
　出所：『中国汽車工業年鑑』，『汽車市場展望』各年度.

ントロールが失敗したこと，などが指摘されている．それでも，この産業政策は一定の効果があったといわれている．その理由の第 1 は，乗用車の比率が上昇し需要に近づいたこと，第 2 は，乗用車生産を中心とする一汽集団，東風汽車公司，上海汽車工業総公司など中核企業が発展したこと，第 3 は，自動車生産とその利用にかかわる社会的認知，法制度，インフラなどが形成されたこと，第 4 には，個人向け自動車生産の基礎ができたこと，である[5]．

中国自動車産業の構造的問題は，118 社 120 モデル（改装や専用モデルを入れると 750 モデル以上）といわれる組み立てメーカーの乱立である．このうち，上位 13 社の生産が 90% 以上を占めている．部品メーカーに至っては 1,540 社と推定され，自動車以外に二輪車の部品を製造するものもあり，零細なメーカーが乱立している．このような非効率的な状況に立ち至った理由は，それぞれ各地域が自らの需要を満たすための自動車産業を興したからである．WTO 加盟によって将来輸入関税が低下し，外国製自動車が大量に輸入されても，一挙に弱小メーカーが淘汰されるかどうかは疑わしい．これは，多くの組み立てメーカーが各省，自治区，市などの機械，交通，航空，兵器など 9 部門の異なった系統に属するので，一般的な競争基準（たとえば，コスト，製品の性能）で企業の存続が決定されるとは考えられないからである．

それでも，WTO 加盟は，保護されて非効率な自動車製造企業にマイナスのインパクトを与えると考えられている．この概況は以下のようである：

① DRC の 1997 年モデルによれば，WTO 加盟によって 2005 年の自動車部門の産出は，加盟しなかったときに比べて 812 億元のマイナス，雇用は約 50 万人のマイナスと見積もられている．小規模非効率な組み立てと部品企業が淘汰されるからである．ただし，地域あるいは特定の政府部門に密着した企業は，赤字を計上しながらもしばらく存続するだろう．

② 大型企業集団を含め，新規設備投資の資金調達を直接金融で行うために，企業の株式制転換，株式公開上場が必要になり，経営の合理化とともに透明化が求められる。
③ 2006年から輸入関税が大幅に引き下げられる予定である。世界の主要自動車メーカーは中国メーカーと提携しているので，大量の輸出を行って中国の国内生産に打撃を与えることは考えられない。しかし，各社とも生産車種やモデルの再検討が必要になり，中国マーケットに適した車種やモデルを選択し，規模の経済を追求することになる。部品産業もその方向に再編成される。
④ 乗用車製造技術は，ほぼ100％外資との提携に依存している。エンジン，ボディ，パワートレイン，サスペンションなどの自主設計能力や製造技術を確立する必要がある。ともすれば，大中型の公用に向いた乗用車開発を指向する傾向にあるが，それよりも将来の一般需要に適応したスモール・カーを設計して生産技術を確立することが，中国民族ブランド自動車工業の発展に役立つ。

電気通信

中国の電気通信産業は1990年代後半に大きく飛躍した。電話を主体とする売り上げは年平均30％近く増加し，2000年末で電話普及率20.1％，加入者数2億3,000万人，内携帯電話加入数が8,500万人，インターネット加入者数が2,250万人，長距離光ファイバー網の総延長は25万kmに達した。この90年代の急速な発展の背景には，政府が実施した規制緩和がある。

93年までは，電気通信は中央政府の郵電部が一手に所管していた。国家独占の典型的な弊害として，電話設置に長時間かかり，設置に当たって多額の手数料を支払わねばならなかった。94年に初めて非郵電部系の通信サービス会社，中国聯合通信有限公司（中国聯通）が設立され，郵電部の通信事業は中国電信総公司（旧中国電信）として分離して競争が始まった。98年の中央政府行政改革で

信息産業部（情報産業省）ができると，その下部機構として中国通信が存在することは，利益相反の問題が出てくるところから，2000年になって旧中国通信の事業を機能別に分割し，中国通信（固定電話），中国移動（移動電話），中国網通（データ通信），中国聯通，中国衛星（郵電部に所属していたが中国通信に参加していない）に加えて，中国吉通，鉄道通信が設立され，WTO加盟に備えた7社体制が一応整った。

1999年11月の米中WTO協議の結果として，① 中国がWTOの基本電気通信協定に参加，② 2003年以前に，半導体，コンピュータ，通信機器の輸入関税撤廃，③ 加盟後5年以内に，移動，固定電話サービスなどの地域制限撤廃，④ 加盟後4年以内に中外合弁通信会社の外資比率を，25%から49%に（基本的な通信業務）あるいは30%から50%に（データ通信など）増加可能，⑤ 移動通信ネットワークは加盟後5年で完全開放，光ケーブルを含む有線通信は加盟後3年に一部開放し6年間で開放，などを取り決めた。

2000年9月に中央政府は「電信条例」を公布した。これは，WTOに加盟し基本電信協定に参加することを前提に，市場競争の促進と市場管理，利用者と通信業者の利益の保護，通信における安全性の確保，など基本的事項について定めている。外国企業の参入については，米中合意の内容が盛り込まれている。これを受けて，2000年10月に，英国Vodaphoneが中国移動の香港上場会社に2%出資し，同年12月には，米国AT&Tが上海電信（中国電信の子会社）とデータ通信の合弁会社（AT&T出資比率25%）を設立した。

情報産業省は，情報産業の第10次5ヵ年計画と2010年までの長期計画をとりまとめ，ブロードバンド・ネットワークの建設，情報資源の開発，通信・放送・コンピュータの3つのネットワークを融合，一般通信サービスの質の向上，などを目標に設定している。情報産業省の前身である郵電部は自ら通信事業を行っていた経緯があるので，WTO加盟にはきわめて消極的であった。現在は，計画策

定と市場の監督を行う立場になったが，依然として旧「中国通信」グループへの実質的支援や介入がとり沙汰されている。加盟後には，この種の政府による市場介入は困難になるだろう。

　WTO加盟による電気通信業へのインパクトは，新規産業であるために外資が参入して先に市場を占拠するという機会損失である。中国は，1990年代後半から米国とのWTO加盟交渉を通じて状況を把握して，短期間に制度と組織をつくりあげてきた。その間に，移動体通信やインターネット利用などの急速な市場拡大があって，98年以降に設立された新興企業の経営基盤も強化されてきている。中国は，電気通信後発国の利を生かして，銅線よりも光ファイバー，有線よりも無線，といった戦略で，急速にキャッチアップしてきたのである。ただし，今後に問題がいくつか残されている：

① 中国で通信需要が多いのは東部沿海地域である。AT&Tの上海合弁にみるように，外資は沿海地域の事業に積極的に投資してくるが，収益性が低い内陸地域への投資は控えるはずである。規制緩和をして，積極的に外資を誘致する場合に地域格差の問題が出てくる。

② 電気通信業は国家の主要な戦略産業であるが，中国では基幹技術がほとんど外国に依存している。自ら技術開発を行っているが，資金と時間がかかるという問題がある。たとえば，移動体通信（携帯電話）の次第3世代（3G）のシステムとして，日欧主導のW-CDMAと米国主導のCDMA2000の他に，自主技術としてドイツのシーメンスと共同開発しているTD-S CDMA方式が国際電気通信連合（ITU）によって正式に承認されている。もし，三方式が共存することになれば，コストが高くなるだろう。電話交換機，搬送信，固定あるいは携帯電話などハードウエア生産では，技術の向上と生産コストの安さで，キャッチアップから世界の生産基地になりつつある。

③ 中国の電気通信業は，旧郵電部の他に鉄道部，旧電子工業部，

旧電力部，人民解放軍が行っていたものを再編成したものである（人民解放軍は除く）。現在でも，その影響が一部残っていて，円滑なサービスを妨げることがある。「電信条例」は，これらのセクショナリズムを取り除く役割を負っている。「電信条例」実施を徹底し，WTO加盟後に新たに「電信法」を制定してさらなる問題を解決する必要がある。

④ 中国においてもインターネットの普及は急速で，加入者は2,500万人に達しようとしている。したがって，総合的な通信サービスの需要が拡大している。たとえば，中国聯通のケースでは，有線と無線の電話，IP電話，データ通信とデータ・センター，関連する付加価値通信（Eコマース，WAPなど），などを想定している。電気通信企業は基本的なキャリヤー・サービスを行うのか，それとも多種の付加価値サービスも一緒に行うのか，という経営資源の配分問題が生じる。

⑤ 他の多くの産業セクターとは異なり，中国のWTO加盟とともに電気通信セクターには外資が初めて参入する。また，本産業セクターは国家安全保障が絡むので，中国はきわめて慎重に外資に対する市場開放を行うと思われる。基本電信協定を含めたWTOの各協定の遵守に関して，先進国と中国の対立が予見される。

金融サービス

金融分野の改革は，1990年代に入ってかなり進展した。96年12月にIMF8条国に移行し，経常取引の為替自由化を行ったが，97年に起こったアジア為替・金融危機もあって，資本取引の自由化（人民元の外貨転換性）は進展していない。したがって，WTO加盟は段階的な対外開放をもたらすにすぎないが，それでもインパクトは大きいだろう（表3-13）。対外開放の程度は，銀行，保険，証券の順番に小さくなるが，これはとりもなおさず市場化の程度を反映している。

表 3-13 中国金融サービス業の対外開放の現状と WTO 加盟後の変化

	現　　状	WTO 加盟後
銀行	・1982 年より外貨業務可能（外資系企業対象） ・1996 年以降上海など地域限定で人民元業務可能	・外貨業務の顧客制限撤廃 ・人民元業務可能（2 年後中国企業，5 年後中国人個人） ・5 年後に営業の地域制限撤廃
保険	・1992 年から上海，95 年から広州で開始，損保は外資系企業，生保は外国人と中国人個人 ・営業は所在都市に限定	・損保は加盟 2 年後に 100％出資が可能で，すべての損保商品可能 ・生保は，医療保険が加盟後 2 年後年金保険が 3 年後に可能（外資は 50％まで）
証券	・国外から中国の証券会社経由で B 株購入可能 ・国外で発行される外貨建て株式や債券購入可能	・外国証券会社支店に B 株取り扱いを認可（中国の証券会社経由） ・加盟 3 年後に 33％までの外資合弁会社設立可能 ・合弁形態の投資基金設立可能

出所：鮫島敬治他［2001］『中国 WTO の加盟の衝撃』日本経済新聞社，216〜219 ページ．および汪叔夜他［2000］『直面 WTO』経済管理出版社，105〜110 ページ．

　WTO ではサービス貿易総協定のなかの「金融サービス付則」と「金融サービス引き受け義務了解協議」に従って，市場開放を実施することになる．これらの基本は，市場参入の認可，内国民待遇の付与，法制度の透明度の確保，最恵国待遇の提供，途上国特別待遇の提供などである．中国の金融部門は，国内市場の整備が後れたこと，アジアの為替・金融危機の波及を恐れたこと，IT 技術の採用など技術革新が後れたこと，といった理由で，守勢は堅く米中交渉でも農業，通信などと並んで，もっとも紛糾した部門である．

　金融サービスは経済の根幹であり，これまではむしろ対外的に閉鎖することで国内経済の発展を支えてきた．対外経済が大きく発展するとともに，国内金融サービス業は孤立して活動することができなくなり，WTO 加盟は本格的な国際化の引き金になる．

① 中国では,金融サービスが市場別に提供されているので,WTO 加盟への対応は個別である。しかし,金利自由化や為替自由化は市場の壁を超えて進行するので,個別対応から金融サービス全体に対応するために,規制緩和に続いて業界の再編成が行われることになる。
② 金利の自由化は,外貨建て貸付と大口外貨預金で実施されたが,人民元の貸付と大口預金に波及し,最終的に一般の預金が自由化される。人民元の金融市場が整備され,外資系銀行が人民元取引に参入すれば,信用度や金額に応じた金利体系が出現し,信用度の低い金融機関はリストラや退出を迫られる。金利自由化は資本市場にも波及し,国債による金利裁定取引の拡大,株価の金利連動性などが発生し,金融サービス全体に影響が及ぶ。
③ 為替あるいは資本取引の自由化は段階的に進むことになる。まず,中長期の対外資本取引(直接投資,投資基金,長期貸付)を自由化して,いずれ短期資本取引も一定の枠の中で認可される[6]。その先で,人民元の交換性確保(為替レートのフロート制)を実現することになる。

(4) 構造調整への企業の対応

中国の WTO 加盟の結果として,現在の平均名目輸入関税率約 17% が 10% 程度に低下し,2005 年の輸入額は加盟しない場合に比べて 25% 以上増えると予測される。国内の市場化はさらに進展し,第 10 次 5 ヵ年計画(十五)期間中に,価格の市場化が 60% から 75% へ,生産物市場化が 55% から 75% へ,資金の自由化が 40% から 60% へ,労働力の自由化が 40% から 65% へ進むとされている[7]。そして,国内市場の自由化進展を期待して,外国直接投資は現状の年間 400 億〜500 億ドルからさらに増加すると期待されている。

このような外部環境条件の急変に対する中国企業の対応は,次の

ようである：
① WTO各組織の規則を十分理解し遵守する：WTO規則には，非区別原則，自由貿易原則，予見性原則，競争性原則，包括制原則がある。多くの中国企業は，実質的に国際取引から隔離され，このような国際ルール遵守に慣れていない。WTO規則とその運用・執行を理解して，加盟後の外国企業との交渉や紛争に備える。
② 現代企業制度への改革を促進する：とくに公有制企業，すなわち国有企業と集体企業は財産権が確定していないので，責任体制が不明確であることが多い。中国では，政府が企業活動に介入してきたが，WTO体制下では市場の調整が行われるにすぎない。したがって，独立した経営を行えるように公有企業制度を改革して，「公司法」に基づき有限責任公司や株式有限公司といった現代企業に転換する。
③ 経済成長のパタンを資源投入型から知識投入型へ転換する：中国の国際競争優位性は依然として労働集約型産業にあるが，技術開発能力を向上して，産業構造を次第に高付加価値型に移行して，高い経済成長を維持する。そのためには，企業のイノベーション能力を高めて国際競争力をつける必要がある。
④ 企業が経営を改革して利益を上げ規模を拡大する：企業が市場指向かつ利益指向の経営を行えるように，経営水準を向上する。このような企業経営には優れた人材が必要であるから，人材の育成，インセンティブの付与，労働市場の拡大，などを行う。外資との資本や技術提携が増加すると思われるので，経営の透明度を上げて，経営情報開示を積極的に行う必要が出てくる。
⑤ 国内外の資金調達が比較的容易になる：企業が資金面での経営の独立を果たすことで，伝統的な国内市場中心の考え方から脱却した，新しいタイプの企業が生まれる。これらは，将来中国多国籍企業の1つのカテゴリーを形成する[8]。

⑥ 貿易摩擦対策あるいは市場拡大のために海外直接投資を拡大する：家電，繊維，雑貨などの生産に従事して国際競争力がある企業は，WTO 加盟以前に海外市場に直接投資をして市場の確保を図っている。今後は，ハイテク産業などで，国内市場が未成熟の場合に，海外（とくに先進国）に市場を求めて投資するケースも出てくる。政府も積極的な海外直接投資を推奨し，資金面などで支援するとともに，企業による海外資本市場での資金調達を支援している。
⑦ 国内では企業間の提携や合併が広範囲に行われる：効率的な垂直分業や水平分業を求めて企業間提携・合併が行われ，将来はインターネット経由の電子商取引が市場取引コストを低下させて，ネットワーク水平分業が広く普及する。

(5) WTO 加盟への全体的対応

中国の WTO 加盟は，中国および世界経済にとって間違いなくプラス要因であるが，個別の産業分野の貿易や発展にとってマイナスのケースが出てくる。中国でも，WTO 体制は先進国の多国籍企業を利するばかりだとして，国内の低開発地域や幼稚産業では加盟反対意見が強い。政府は，長期的な果実を確実に入手するため，短中期的なマイナスのインパクトをできるだけ小さくしようと努力してきた。それらは，WTO 規則の説明，WTO 規則に準拠した法制度の整備，企業の整理・統合，マイナス影響を受ける産業への保護措置，などである。

それでも，中国 WTO 加盟後には，さまざまな問題が生じる可能性がある：
① 開発途上国としての立場を強調
　中国経済は開発途上国（内陸農村部）と中進国（沿海都市部）の二重構造をもっているが，WTO 加盟交渉においては開発途上国

の面を強く出していた。開発途上国は，GATT時代から先進国市場へのアクセスに最恵国待遇を要求して，WTO設立協議においても，アンチ・ダンピング，補填・反補填，貿易に関連する投資，サービス貿易，貿易に関する知的所有権，農業などの協議において，優遇を確保している。中国は，米中や欧中加盟交渉において，開発途上国と同一の優遇待遇を要求し，その一部が満たされた。

　今後行われるWTOの新ラウンドにおいて，中国は開発途上国の代表として先進国と交渉し，出来るだけ譲歩を勝ち取ろうとする一方で，MFAの撤廃など自国の比較優位性がある商品貿易では自由化を推進しようとする。いいかえると，途上国と中進国の2面を使い分けることで，国益を最大化しようとする傾向がある。

② 国際法規遵守概念の差

　中国では，国際規則にはソフト規則とハード規則があると考える。ソフト規則は，各国で話し合って決めるが，その遵守は各国の利益に基づいて判断するものである。たとえば，国際会計制度がその代表である。ハード規則は，遵守を半ば強制されるもので，WTO規則のように違反すれば制裁がある。中国では，ハード規則は強国が弱小国に対してしばしば適用を迫るものと考え，中国はそのような場合には反対し，不公平な規則を変更させるとしている[9]。WTO規則には先進国優位といった側面があるが，中国がこの種の異議申し立てを貫くと，WTO自体が機能しなくなる恐れがある。

　中国は，国内において人治国であって法治国ではないといわれる。WTO体制において，決められたルールをメンバーが遵守しない場合は，その体制に混乱を引き起こすので，多国間あるいは2国間で規則遵守の監視システムを構築する必要がある。

③ 地方における法規執行の不足

第3章　激変する中国経済——WTO加盟と北東アジア

　中国の行政と司法は基本的に地域密着型である。上部層のみが中央政府から任命され，中間層以下はすべて地方の任命である。この場合2つの問題が起きる：第1は，当該地方の政治，社会，経済発展だけが地方政府の目標になり，隣接地方あるいは中央との整合性はそれほど考慮されない（地方保護主義を「諸候経済」という）[10]。第2は，中央で制定した法規は，地域に都合が悪い場合は遵守・執行されないか，あるいは地方に十分伝達されないことがある。WTO規則も，地域の利益にならなければ無視され，諸規則違反の罰則は，司法が地域利益を保護するために，執行されない可能性がある。このような地方保護主義を排除し，国際的に見て統一的かつ公正に法規を執行できる司法体制の整備と人材育成が急がれる。この分野では，知的所有権の保護が一番深刻な問題になる。

④　WTO規則と国内諸法規との調整

　中国は，改革開放後20年以上にわたって法制度を整備してきた。その数は膨大で，相互に齟齬・矛盾しているものがある。そして，国内経済法規をWTO規則に調和させるために調整作業が必要になる。たとえば，基本法としての民法，各種企業法・破産法・民事訴訟法などの商事法体系，独占禁止法・アンチ・ダンピング法など市場規制法，外国投資管理法の整理統合，対外貿易法など外国貿易基本法，一連の非関税障壁と見なされる輸入諸規則，特許法などの知的所有権関連法規（最近改正された），などである[11]。

　最大の問題は，中国が途上国であるからWTO加盟後当然受けられると考えている優遇にある。加盟に際して，中国の経済二重構造から考えて，現在行われている農業の補助金，海外直接投資の優遇策など，通常の途上国と全く同じ条件を適用してよいのか，という疑問が出た。

⑤　WTO体制の限界

WTO の紛争プロセスは自動的ではなく，被害を受けた加盟国が中国を提訴しなければならない。おそらく，中国が提訴された場合，相手企業ならびに相手国に対して別な形の報復を行うことは，日本や韓国の事例が示すところである。中国は，提訴しかねない企業や国に対して種々の影響力を行使することで，結局は自国の利益になる方向に誘導できることを知っている。

　中国は，WTO メンバーに対する拘束力を検討して，自国の貿易権を失うことでなく，種々の例外条項を用いて拘束されないことや無理難題と考えれば拒絶できること，紛争において調停の履行を求められれば弾力的に対応することで長期的に市場を確保できること，WTO の各種の規則を活用して多辺貿易協議に持ち込むことで大国と対抗することが可能であると考えている[12]。

中国の WTO 加盟は，間違いなく中国とその貿易相手国双方に利益をもたらすが，同時に，中国が発展途上国と中進国の経済二重構造をもつ経済大国であること，そして社会主義市場経済という独自のシステムをもつことから，中国の加盟は「制度的矛盾」という見方もできる[13]。おそらく，中国の加盟は WTO の運営に大きな影響をもたらすであろう。このような懸念を反映して，対中特別セーフガード創設，反ダンピング措置の発動条件緩和，繊維セーフガードの発動期間延長，中国監視機構の設置を含めた「WTO 対中特別措置」が加盟条件として合意されている[14]。

［注］
1)　日本経済研究センター［2000］『アジア研究　最終報告書「アジア・日本の潜在競争力」』日本経済研究センター，167 ページ。
2)　総合研究開発機構が行った推計は，付注を参照。
3)　唐小波他［2000］『WTO 法律規則与中国紡績業』上海財経大学出版社。

4) 本章第1節「中国の開発戦略と三国協力の役割」参照。
5) 鮫島敬治他［2001］『中国WTO加盟の衝撃』日本経済新聞社，176〜177ページ。
6) 外国直接投資の利益送金は認可ベースだが自由化している。また，A株への投資基金を外国投資家に開放する計画が進んでいる。『日本経済新聞』2001年9月9日を参照。
7) 陸燕他［2000］『走進WTO』企業管理出版社，185ページ。
8) インドでは，ソフトウェア会社に多国籍企業が育ってきているが，中国では，まだこの種の企業は見かけない
9) 陸燕他［2000］『走進WTO』企業管理出版社，190〜191ページ。
10) 市場分割が起きたのは，行政の分権化，地方の発展目標の違い，地方政府の肥大化，計画経済時代の工業配置，が原因だとされている。銀温泉他「我国地方市場分割的成因和治理」『経済研究』2001年第6期，3〜12ページを参照。
11) 王海峰他［2000］『WTO法律規則与非関税壁塁約束機制』上海財経大学出版社，214〜220ページ。
12) 張琦［2000］「世界貿易組織対其成員的約束力分析」馬洪他『中国発展研究2000版』中国発展出版社，390〜398ページ。
13) 張琦，上掲書，395ページ。本書によれば，「西側の学者は，中国がWTO加盟後第2の日本になるだけでなく，その組織体制に大きな衝撃を与える，といっている」。
14) 『日本経済新聞』2001年8月18日。

第3節　中国の産業政策と日本・韓国

丸川　知雄

(1) 1990年代の中国の産業政策

最初の「産業政策」

1990年代は中国政府にとって，産業政策に対する強い期待が穏やかな失望へと変わっていった10年間であった。中国政府が初めて「産業政策」と銘打った政策文書を出したのが1989年の「目下の産業政策の要点に関する決定」（以下，「決定」）であった。この「決定」は国家計画委員会に「産業政策司」ができて以来，初めて作成した産業政策であり，80年代半ばから中国政府内で行われてきた産業政策に関する研究の最初の成果であった。

「決定」では次の4点が中国の産業構造が直面する問題点として挙げられている。

(1) 加工工業の生産能力が過大な一方，農業，エネルギー，素材産業，交通運輸など基礎的産業の生産能力が不足していること。
(2) 一般的な生産能力が過大な一方，高レベルの加工能力が不足していること。
(3) 産業立地が不合理で，各地域の優位性が十分に発揮されていないこと。
(4) 産業組織構造が分散的で，市場集中度が低く，生産の専門化が進んでおらず，企業間の生産の協力関係がうまく組織されていないこと。

以上の問題を解決するため，この「決定」では政府が支援する業

種と制限する業種を細かくリストアップし，それに基づいて投資プロジェクトの配分，銀行融資の配分，税の優遇，価格政策，外貨の配分などで差をつける，としたのである。この内容を見てもわかるように，税や価格を使って産業を誘導しようというところに多少市場経済的要素があるものの，政府が発展させるべき産業を決め，それに従って投資や融資を配分するという構想は計画経済の色彩が強い。

この「決定」は上記にあげた問題点の (1) を解決するのにはある程度成功したものの，他の問題点については効果はなかった（丸川 [2000a]）。

主導産業育成の構想──90 年代の国家産業政策綱要

計画経済色が強く，かつ産業構造のバランス回復という，いわば消極的な目的をもった 1989 年の「決定」については政府内で 90 年代に入って早くも見直しの気運が高まった。特に 92 年の鄧小平南巡講話によって高度成長と市場経済を目指す路線が鮮明になってからは，国家計画委員会は市場経済によりふさわしい産業政策を策定することを試みるようになった。すなわち，単なる産業構造のバランス回復ではなく，むしろ将来性のある産業や企業を選択してその成長を政府が支援することにより，前方・後方連関を通じて他の産業を牽引させることを目指す不均整成長論（ハーシュマン）の考え方が支持されるようになった。日本政府が高度成長期に実施した産業政策も同様の発想に基づくものだったが（篠原 [1976]），中国もそうした日本の産業政策に強く影響を受けている。

そうした方向性を体現するのが 1994 年に公布された「90 年代国家産業政策綱要」である。ここでは「機械・電子，石油化学，自動車製造，建築業の発展を加速し，国民経済の支柱産業とする」とされており，それまでの加工工業抑制方針とは一転した。

ただ，「90 年代国家産業政策綱要」では同時に農業，インフラ，

基礎産業も引き続き重点分野として掲げており，1989年の「決定」にみられたバランス回復政策の側面も依然として色濃く残している。産業政策がこのように総花的なものになりがちなのは，中国の政治システムに由来している。すなわち，中国の政府機構は省庁が各産業ごとにきわめて多数あるのが特徴であり，省庁の背後にはその産業の国有企業が利益集団として控えている。そのため，中国の経済政策，例えば5ヵ年計画は各省庁・利益集団に配慮して，どの産業に対しても恩恵を均霑するものになりがちである。「90年代国家産業政策綱要」はそうした5ヵ年計画の弊害を乗り越え，重点分野がよりはっきりとした資源配分を目指すものであったが，結果的には各省庁・利益集団に配慮して総花的なものになってしまった。

「90年代国家産業政策綱要」では，支柱産業など重点分野については，個別産業の産業政策を策定すると規定しており，そこにより踏み込んだ支援策が盛り込まれる可能性があった。同じ1994年には個別産業の産業政策の先陣を切って「自動車工業産業政策」が公布されたが，そこには大企業を中心として業界を集約していく方針や，有力企業の支援策，関税による保護，自動車消費の奨励策を通じた市場の拡大など，明確な支援と保護の方針が盛り込まれていた。続いて，機械産業，電子産業，建築業などの産業政策のドラフトが国家計画委員会産業政策司によって策定され，国務院からの公布を待つばかりの状況となった。だが，結局これらのドラフトはそのままお蔵入りし，代わりに全く予定されていなかった「水利産業政策」が97年に公布された。

機械産業の産業政策については，その基本的構想が明らかになっている（丸川 [2000a]）が，業界を集約化するために大企業を支援するべく投資認可や銀行融資，株式上場などの面で優遇政策を講ずること，国際競争力の弱い分野では輸入の数量制限により保護を行うなど，その基本的発想は「自動車工業産業政策」とよく似ている。

こうした産業政策がお蔵入りせざるを得なかったのは，多くの省庁から反対されたためである。まず財政部や税関総署，中国人民銀行などは，税制や融資における優遇策を提供することに反対した。中国の税制や銀行融資にはこれまできわめて多くの優遇政策が実施されてきたが，そのことによる不平等感や税収や利子収入の伸び悩みを税務当局や中央銀行は憂慮しており，優遇策はなるべく減らしたいとの意向が強いのである。また，産業別の優遇政策が事実上特定の省庁の傘下にある企業に対する優遇になることに対する他省庁からの反発がある。たとえば，機械産業の場合，産業政策のドラフトを策定した機械工業部は機械産業の一部しかカバーしておらず，繊維機械メーカーは中国紡織総会の傘下に，医療器械メーカーは衛生部の傘下にあるが，もし機械工業部主導で産業政策が策定されれば機械工業部系列が優遇政策を独り占めにする可能性があるので，他省庁は産業政策策定に反対した。

　自動車産業の産業政策は，政治指導者たちの関心が高かったことや主要な自動車メーカーがすべて単一の省庁の傘下にあったことなど有利な条件が重なって真っ先に公布された。しかし，ここには自動車とオートバイに関する政策は数多く盛り込まれているのに，生産台数だけをみれば自動車を上回る生産が行われ，農村では貨物と人の重要な輸送手段になっている農用車（田島 [2001]）が全く抜け落ちている。小型トラックや軽トラックと農用車とは代替性がきわめて高いので，本来ならば両者を1つの産業とみなして統一的な産業政策を作るべきであるが，農用車は自動車・オートバイとは管轄する部署が違ったため，産業政策の埒外となってしまったのである。

　支柱産業を競争力のある産業にするために政府が産業政策を通じて業界再編を主導するという「90年代国家産業政策綱要」の構想は，以上のような政府省庁間の利害対立のなかで挫折し，自動車産業以外は個別産業政策の策定という最初のステップで躓いた。首尾

よく「自動車工業産業政策」の公布に漕ぎつけた自動車産業の場合は世界の有力自動車メーカーの関心を中国に引きつけるという効果はあったものの、政策の主眼であった業界の集約化の構想はほとんど実現せず、政府が優遇するはずの大型企業の経営は悪化している（丸川［2000b］）。

「90年代国家産業政策綱要」は撤回されたことはないものの、90年代後半には余り省みられなくなった。98年に中国政府の機構再編があり、それまで産業政策策定の任に当たってきた国家計画委員会産業政策司が廃止され、産業政策策定の仕事が国家経済貿易委員会に移った[1]こと、さらには個別産業政策の策定を求める圧力団体でもあった各産業別の省庁（「部」）が国家経済貿易委員会の下の局に格下げとなったことなどにより、89年以来の産業政策策定の動きはほぼ消えた。

1990年代は中国のGATT/WTO加盟交渉が本格化し、特に98年以降はいよいよ加盟も間近になった感があったが、「自動車工業産業政策」に示されたような国産化規制や国内企業優遇、輸入規制などはWTOの精神に抵触するものであり、この種の産業政策を推進していくことはWTOに加盟してからは困難との認識も産業政策に対する熱意を失わせるものであった。

こうして今や産業政策に対して1990年代前半までのような強い期待は失われた。ただ、逆に「90年代国家産業政策綱要」の成果や問題点が総括されていないため、21世紀に入っても引き続き90年代同様の発想の産業政策を続けようとする勢力もあるようだ。

(2) 2000年以降の産業政策

「90年代国家産業政策綱要」が2000年を迎えて失効した後、それに代わる産業政策は今のところ制定されていない。新たに産業政策制定の任にあたった国家経済貿易委員会産業政策司では「2000

第3章　激変する中国経済——WTO加盟と北東アジア

～10年の産業政策」を制定する準備作業を進めていたが[2]，01年8月現在まで産業政策は公布されるに至っていない。これに代わって現在の中国政府の産業政策を体現するものとして第10次5ヵ年（十五と略す）計画（2001～05年）があげられる。1990年代には先に出た「90年代国家産業政策綱要」（94年）を後から出た「九五計画」（96年）が踏襲する形になっていた。一方，2000年以降は新たな産業政策がでないうちに十五計画が出たので，これをもとに現在の中国政府の産業政策を探ってみたい。

なお，本章第1節では十五計画について詳しく紹介されているので，ここでは産業に関連する範囲でごく簡単にその特徴にふれることにする。

第10次5ヵ年計画の特徴

十五計画は，「90年代国家産業政策綱要」や九五計画と異なって「支柱産業の育成」という項目がなくなり，主導産業を育成しようという方針は陰を潜めた。全部で26章からなる十五計画のうち，産業政策に関わる「第2篇　経済構造」の章別構成だけ示すと，

　　第3章　農業の基礎的地位を強化し，農村経済の全面発展を図る
　　第4章　工業構造を合理化し，国際競争力を高める
　　第5章　サービス業を発展させ，供給能力とレベルを高める
　　第6章　情報産業の発展を加速し，情報化を大いに進める
　　第7章　インフラ建設を強化し，地域配置と構造を改善する
　　第8章　西部大開発戦略を実施し，地域間の協調的発展を促進する
　　第9章　都市化戦略を実施し，都市と農村をともに進歩させる
となっており，工業全体が第4章に押し込められている。それも合理化（「優化」）という後ろ向きの表現が使われており，1990年代のような積極的育成策は見られない。

むしろ今中国政府が積極的に育成しようとしているのはサービ

産業,情報産業,農業,インフラ(エネルギー産業を含む)であることが上記の表現からわかる。このうち農業,インフラ,エネルギーについては冒頭で紹介した1989年の産業政策以来,常に重点項目にあげられており,特に新味はないが,サービス産業と情報産業は建国以来初めて重点分野にあげられたことは注目すべきであろう。

サービス産業・情報産業の振興策

中国政府の機構のなかでサービス産業を管轄する省庁はなく,サービス産業が重点分野にあげられたのは特定の省庁や利益集団の圧力によるものとは思えない。おそらく失業問題が深刻になるなかで,サービス産業の雇用吸収力が注目されたのであろう。具体的な振興分野としては,① 住宅改革による住宅の商品化と呼応して不動産業,不動産管理業,室内装飾業,② 観光産業,③ コミュニティ・サービス業(子守り,掃除,保育園など),④ 小売業と飲食業,⑤ 職業訓練産業,⑥ スポーツ・文化娯楽産業があげられている。いずれも都市住民の生活水準向上とともに需要が拡大すると考えられる分野である。また,流通,運輸,郵便,金融・保険,会計・法律サービスなど産業向けのサービス業も振興分野にあげられている。

中国における住民向けサービスはこれまでは企業や機関などのサービス担当部門が担ってきた。また産業向けサービスは特定の国有企業によって独占され,自由な参入が許されなかった。十五計画では,サービス産業の「市場化,産業化,社会化」を旗印としており,企業・機関のサービス担当部門の企業化,参入の自由化が提唱されている。

サービスの産業化と市場化を図るというアイディアはよいとしても,それをいかにして実現するかは明確ではない。独占的に供給されているサービスへの新規参入をどう開放するか,企業が抱え込ん

でいるサービスをどう社会化するか，今後具体的な政策が必要であろう。

一方，情報産業の方は，それを管轄する官庁（信息産業部）があるので，より具体的な政策の展開が期待できる反面，信息産業部は傘下に電気通信等の独占的企業を抱えているため規制緩和をかえって阻害する恐れもある。十五計画では，具体的な振興分野として，① 情報技術の応用拡大，特に行政，金融，貿易，放送，教育などにおける情報化や e コマース，② 情報インフラの建設，特にブロードバンドネットワークや第 3 世代移動通信網の建設など，③ IT 製品の製造業，特に IC とソフト，といった項目があげられている。

工業構造の調整

十五計画では，工業全体が第 4 章だけで片づけられ，しかも「市場に導き手とし，企業を主体とし」という文章が象徴するように，政府の関与は最小限に留め，市場と企業に任せようという姿勢が顕著である。ただ，工業については，計画経済時代から各分野別に設置された省庁や，国家発展計画委員会の各産業局があり，前者は 1998 年の政府機構改革によって国家経済貿易委員会に吸収され，後者も大幅に縮小されたとはいえ，なお命脈を保っている。こうした政府部門が産業に対して今後も引き続き介入を続けようとする可能性は高い。現に，十五計画の本文とは対照的に，各産業別の 5 ヵ年計画では政府介入色の強い政策が列挙されている。

十五計画の本文では，工業の課題として第 1 に生産要素の投入増加に頼った成長から技術進歩に依拠した成長への転換が掲げられており，具体的な発展分野は金属，化学，建材，軽工業，繊維，家電，機械，輸送機械，自動車など広範囲の産業について今後の発展が望まれる具体的な製品種類が記されている。「支柱産業」に的を絞っていた「90 年代国家産業政策綱要」や九五計画とは異なり，

むしろそれ以前の5ヵ年計画のスタイルに戻った。工業の課題の第2はハイテク産業の発展である。具合的には，情報ネットワーク，IC，バイオテクノロジー，航空機，ロケット，ディスプレイ，光電子材料，漢方薬，人工衛星の応用などがあげられているが，注目されるのはベンチャー型の中小企業を振興する方針が記されていることである。第3の課題は，産業組織の調整であり，競争力のある大企業の育成が提唱されている。その他に，東北部などの古い工業地帯の構造調整が課題として掲げられている。

産業別の5ヵ年計画

全国人民代表大会（国会）で採択された十五計画の本文の他に，より非公式な政策文書として2001年に入ってから工業の各産業別に詳細な5ヵ年計画が公表された。判明している範囲では次の各産業の5ヵ年計画がある。① 機械工業，② 化学工業，③ 製薬業，④ 軽工業，⑤ 建材工業，⑥ 自動車工業，⑦ 石油化学工業，⑧ 石炭工業，⑨ 石油工業，⑩ 電力工業，⑪ 繊維工業，⑫ 鉄鋼業，⑬ 非鉄金属工業。これらはいずれも国家経済貿易委員会の産業計画局（「行業規画司」）が作成したもので，十五計画の本文ほど公式のものではないが，気になるのはこれらが本文とは政策のトーンが大きく異なり，政府の介入色が強いことである。

表3-14では2001年に公表された産業別の5ヵ年計画のうち，繊維工業，機械工業，石油化学工業，鉄鋼業，軽工業のものをまとめてみた。これらの構成と内容はどれも非常に似通っている。冒頭ではまずそれぞれの産業の概況と九五計画期の政策の成果が示され，続いて各産業の問題点が列挙される。どの産業でも指摘される問題は似ており，産業組織の分散的構造，国際競争力のある企業の欠如，イノベーション能力の欠如や技術レベルの低さなどがあがっている（表3-14）。続いて，各産業の国際環境が分析されるが，ここでも各産業共通して，グローバルな企業再編が始まり，国際競争

表3-14 産業別の第10次5カ年計画の要旨

	繊維工業	機械工業	石油化学工業	鉄鋼業	軽工業
主な問題点	・イノベーション能力が弱い ・技術装備率、労働生産性が低い ・組織構造が不合理である ・綿花の流通体制、輸出体制はまだ市場経済の需要に応じて整えられない ・地域間補完メカニズムがまだ形成されていない	・重複投資、各地の産業の画一化 ・低い技術レベル、イノベーション能力が弱い ・大型国有企業が多くて、産業全体の競争力向上が鈍い	・企業の分散、小規模、低い技術・イノベーション能力の弱さ ・国内の石油資源不足、石油化学製品の供給能力不足 ・過剰人員と債務負担、低い利潤率	・鋼板、高付加価値鋼材の不足 ・旧式技術・設備が多く、高エネルギー消耗、環境汚染 ・低いイノベーション能力 ・企業の分散と重複 ・鉄鉱石資源の不足	・産業構造と企業組織構造の不合理 ・東部への集中 ・低いイノベーション能力 ・企業の国際競争力が弱く ・資源と環境問題
世界の情勢と市場環境	・繊維工業の直接投資を介したグローバル化の一方、ブロック化も進展	・基礎産業としての地位 ・製品の高技術化 ・サービスの個性化 ・経営の規模拡大	・中国経済の発展と西部開発による需要増大 ・グローバルな石油化学産業の再編 ・周辺国の石油化学工業の急速な発展 ・環境保護への要求	・大型多国籍企業の登場 ・生産の圧縮、高付加価値製品へのシフト ・国際競争の激化	・グローバル化と情報化 ・国内の消費水準向上と消費の多様化 ・世界の軽工業品貿易は2005年には1.5兆ドルに達し、中国に輸出機会
WTO加盟の影響	・国際競争の効果 ・貿易・投資の開放によって内外の資源を有効利用 ・多国間繊維貿易の枠	・自動車産業に大きな影響 ・自動車関連のサービスの開放も国内企業に大きな圧力	・製油業の輸入と国内販売の開放 ・ブランド力のある外国合成樹脂メーカーとの競争	・輸出拡大に有利 ・小型材、線材、中厚板では競争できるが、熱延・冷延薄板、石油鋼管などは打撃が大きい	・既に開放度が高い分野に有利 ・内需向けの農産品関連製品への影響大 ・製紙、製靴機械、製（つづく）

	繊維	機械	石油化学	鉄鋼	その他産業
	・組への参加による輸出拡大と多国籍化 ・MFAのもとで公平な待遇を受けられる	・大型設備と高技術製品に大きな影響	・合繊クォータ撤廃による競争激化		・椿産業に影響大
発展目標 （基準年2000年、目標年2005年）	・年成長率6.5% ・繊維加工量は1,210万→1,425万トン、繊維製品輸出は520億ドル→700~750億ドル ・労働生産性は40%増加 ・成長に対する技術進歩の貢献率が50%以上	・年成長率10%前後 ・機械工業がGDPの26%、GDPの6%以上 ・労働生産性を倍増。工業用設備を大部分国内で提供。国際機械のシェア50%。エコノミー型乗用車の発展。オートバイの輸出拡大	・CNPC、SINOPEC、海洋石油総公司など大型企業グループを育成、製油能力2.7億トン、エチレン900万トン	・上海宝鋼、鞍山鋼鉄、武漢鋼鉄、首都鋼鉄を世界レベルの企業に ・国産鋼材の市場占有率を90→95% ・世界レベルの品質の鋼材の比率を30→70%以上 ・10社占有率を50→80%	・年成長率8.5% ・製品の高度化、技術の成長寄与率50% ・20の有名ブランドと100の有力企業を育成 ・輸出を700億→1,000億ドル ・中西部での発展
構造調整の重点	・技術進歩の加速 ・化学繊維、繊維機械、産業用繊維を主な成長点 ・有力企業を強化 ・化繊メーカーのグループ化促進 ・西部地域の豊富な資源と市場を開発 ・情報技術を繊維生産全プロセスに浸透	・重要技術の研究と普及（FMS、メカトロニクス化、NC加工、代替燃料等） ・大型設備、自動車、NC工作機、農業設備の重点的発展 ・有力企業の育成 ・過剰製品の生産制限、旧式の設備と加工技術の淘汰	・製油企業の集中化 ・大型合弁エチレンプラントの推進 ・製油とエチレン分解装置は国家が支配、下流部門は多元的投資を導入 ・国内石化企業の多国籍化	・市場の大きい場所に鉄鋼業を移す ・輸入鉄鉱石の利用拡大 ・大型企業グループの形成	・製紙、食品、軽工業機械の強化 ・所有構造の調整 ・非国有企業の開鎖 ・WTOのもとでの産業保護 ・農業、商業との連携強化

出所：各産業の第10次5ヵ年計画を整理.

力をもつのには大規模であることが不可欠である一方,グローバル企業が中国市場への進出を虎視眈々と狙っていると指摘される。続いて,各産業別の発展目標が示されるが,産業全体の生産規模の目標や,技術進歩に依拠した成長方式への転換が課題として提示されるほか,産業の集中度の引き上げや国内企業の市場シェア拡大を目標とする産業もある。また,産業構造調整の課題として各産業ともほぼ例外なく有力企業を中心とする企業グループへの集約化や,非効率な小企業の閉鎖があげられている。

構造調整の内容のうち,やや異色なのは,鉄鋼業において輸入鉄鉱石利用を前提とした沿海地域立地へのシフトが必要だとしている点や,軽工業において国有企業の退出と,民間企業と国有企業の競争条件の平等化が必要だとしている点があげられる。

だが,軽工業のように国有企業の退出が提言される例はむしろ例外的であり,他の産業の5ヵ年計画では,既存国有大企業の支援が提案されることが多い。特に,鉄鋼業では鞍山鋼鉄公司,武漢鋼鉄公司,宝山鋼鉄公司,首鋼総公司の国有企業4社を国際的大企業に育成するとし,自動車産業でも同様に第一汽車,東風汽車,上海汽車の3社中心に業界を再編する,と企業の実名まで示されている。

しかし,こうした具体的企業名まで指定した大企業育成策はほぼ間違いなく失敗するであろう。中国政府は1991年に大企業グループ育成の方針を打ち出して,育成対象となる企業グループ120社を指定したが,上記の7社はいずれもそのリストに載っており,早くから中国政府の育成対象であった(丸川[2000c])。長年の育成策にも関わらず,これらの企業がいまだに育成対象となっている事実こそ,これまでの企業グループ育成策の失敗を示している。大企業に育成するとされた第一汽車,東風汽車,宝山鋼鉄公司,首鋼総公司は育成策の名のもとで経営状況の悪い同業企業を数多く救済合併させられ,かえって経営効率が悪くなった(丸川[2000c],杉本[2000])。

このような企業グループ育成策では国際競争力のある企業は決して誕生しないだろう。なぜ成果が乏しい政策を中国政府は繰り返そうとするのだろうか。それは，産業別の十五計画が，政府からの優遇政策を引き出そうとする国有企業の利害を反映するものであるからである。

実際，産業別の十五計画に示された現状認識は国有企業の立場に立っている。例えば，中国の繊維産業や軽工業を客観的にみると，技術革新も活発であり，非常に強い国際競争力を持っていることは万人が認めるところであろう。ところが，両者の十五計画では「イノベーション能力が弱い」などと指摘されている（**表3-14**）。このような現状認識がなされるのは，5ヵ年計画を策定した政府部門の視野には国有企業しか入っていないからであろう。

(3) 日本との経済関係

次に，日本との経済関係が中国政府の産業政策の目標実現にどのように関わっているかを検討する。**表3-15**は日本から中国に対する1991年から2000年までの毎年の輸出，**表3-16**は日本の中国からの輸入を示している。まず，目を引くのが，日本の中国に対する製品輸出は1991年から2000年の間に3.5倍，日本の中国からの製品輸入は5.6倍にも伸びていることである。日本が不況下にあったこの10年間にも日本は中国の工業に5.6倍の市場を提供し，逆に中国は日本に3.5倍の市場をもたらしたのである。

日本の対中輸出においてはこの10年間，電気機械，金属品，一般機械，化学，繊維の輸出が多く，主に機械設備と素材など資本財を中国に提供してきた。それに対して，自動車や家電製品など消費財の輸出は1994年までは多かったが，その後は中国での国産化の進展もあって落ち込んだ。

日本はまた中国製品に対する市場を提供している。製品貿易をと

表 3-15 日本から中国への輸出

(単位：100 万ドル)

	1991	1992	1993	1994	1995	1996	1997	1998	1999	2000
製品	8,317	11,479	16,567	17,936	20,985	21,043	20,599	19,448	22,777	29,523
食品	28	33	30	54	93	119	110	95	101	139
繊維品	927	1,223	1,384	1,804	2,369	2,600	2,545	2,145	2,585	2,958
非金属鉱物製品	189	172	174	247	259	363	338	356	383	602
紙類	101	146	51	60	67	154	222	230	301	315
プラスチック製品	-	-	-	-	-	125	128	118	162	207
化学	1,072	1,074	1,055	1,360	2,040	2,045	2,205	2,327	3,030	3,989
金属品	1,554	1,735	3,367	2,713	3,103	2,372	2,434	2,301	2,555	3,258
一般機械	1,497	2,865	4,590	4,677	6,066	6,349	5,201	4,723	4,967	5,924
電気機械	1,905	2,414	3,138	4,080	4,806	4,607	4,840	4,746	5,986	8,336
輸送機械	550	1,163	1,959	1,977	941	906	1,075	876	791	1,175
精密機械	132	162	238	286	416	512	632	675	814	1,222

出所：通商白書各論，各年版．

ってみた時に，1994 年を境に日本側の貿易黒字から日本側の貿易赤字に転じ，その後赤字幅が年々拡大している。日本は中国にとってアパレル（表 3-16 の衣類とニット製品）の最大の市場を提供している他，食料品や様々な軽工業製品を広く輸入している。さらに機械類（一般機械，電気機械，精密機械）の輸入が年々急ピッチに増加し，2000 年には電気機械の輸入が衣類を上回った。

1990 年代における日中貿易の拡大は本書第 1 章第 2 節で分析したように日本の直接投資と密接な関連をもっている。中国から日本へのアパレルや機械類の輸出のうちかなりの部分が中国に進出した日系企業や日本企業の委託加工先企業から日本への輸出である。

十五計画における重点分野である情報産業とサービス産業の発展に対しても，日本からの直接投資は大きな役割を果している。「電気電子産業」への直接投資は日本の対中製造業投資全体の 26%（推定）を占めているが，そのなかには情報産業に含まれる IT 機器産業に対する投資も数多く含まれる。また，サービス産業については，現地日系企業向け，日本人向けサービスに偏っているとはい

表 3-16 日本の中国からの輸入

(単位:100万ドル)

	1991	1992	1993	1994	1995	1996	1997	1998	1999	2000
製品	8,209	10,753	14,137	19,531	27,631	31,483	32,912	29,894	35,203	45,887
食料品	2,446	2,787	3,225	4,716	4,704	5,020	5,038	4,605	5,267	5,871
化学品	743	703	741	942	1,333	1,397	1,477	1,315	1,346	1,638
機械機器	824	1,112	−	−	−	−	−	−	−	−
一般機械	−	−	279	417	948	1,711	2,172	2,039	2,368	3,805
電気機械	574	790	1,232	1,897	3,294	4,329	4,977	5,153	6,277	8,350
精密機械	−	−	225	397	686	972	1,287	1,223	1,341	1,677
綿織物	259	240	241	321	312	348	319	231	232	221
衣類	1,812	2,808	3,723	4,989	5,948	6,674	5,714	4,820	6,028	7,412
ニット製品	1,189	1,721	2,145	3,032	3,874	4,250	4,146	4,124	4,758	6,169
金属品	757	566	628	1,037	2,198	1,483	1,899	1,490	1,564	2,207
非金属鉱物製品	200	260	358	509	769	839	928	819	908	1,091
家具	98	141	307	536	629	656	602	532	720	1,078
旅行用具,ハンドバック類	208	310	481	675	972	1,045	1,008	861	1,051	1,260
玩具及び遊戯用具	208	385	462	524	726	958	1,358	1,208	1,228	1,336
運動用具	−	−	−	−	−	237	265	247	311	432
履き物	313	506	669	942	1,278	1,555	1,632	1,314	1,613	1,803
プラスチック製品	−	−	−	−	−	442	504	499	631	−
わら,竹いぐさ等の製品	−	−	−	−	−	270	230	178	198	−
傘及び杖類	−	−	−	−	−	199	205	210	207	−

出所:通商白書各論,各年版.

え,すでに電気電子産業に次ぐ額の投資が行われている(**表3-17**)。

(4) 韓国との経済関係

次に韓国との経済関係と中国の産業政策との関わりについて検討する。中国と韓国の国交が結ばれたのが1992年で,貿易・直接投資の歴史は浅いが,92年から2000年の8年間に中国から韓国への輸出は4.6倍,中国の韓国からの輸入は8.8倍と急拡大した(**表3-18,表3-19**)。中国の対韓輸出は韓国が経済危機に陥った98年に急減しているものの,その後持ち直し,2000年に至って危機前の

表3-17 日本の対中直接投資・届出ベース

(単位：億円)

	1991	1992	1993	1994	1995	1996	1997	1998	1999	2000
食品	26	37	77	137	137	207	118	105	29	23
繊維	95	155	268	349	455	212	274	47	31	30
木材・パルプ	2	4	48	10	68	44	36	10	4	6
化学	15	25	110	106	138	98	161	153	100	66
鉄・非鉄	16	38	91	164	347	203	180	94	48	46
機械	39	65	264	137	463	319	232	114	44	95
電子電気	167	246	386	516	904	445	518	163	74	357
輸送機械	12	41	98	233	370	280	122	178	104	99
その他	48	226	244	289	485	224	216	163	171	119
製造業	420	838	1,587	1,942	3,368	2,032	1,857	1,027	603	840
農・林業	3	7	5	3	17	0	0	0	0	0
水産業	4	16	7	7	10	4	0	0	1	0
鉱業	2	2	–	–	7	6	1	–	–	–
建設業	0	9	7	80	86	67	80	81	2	3
商業	9	31	64	156	249	146	124	44	72	62
金融・保険	14	1	12	1	–	22	–	39	–	4
サービス業	255	283	143	215	173	287	179	97	102	167
運輸業	2	34	29	23	47	23	33	7	19	5
不動産業	22	85	47	146	261	195	131	45	3	15
その他	–	–	–	–	–	–	–	–	–	–
非製造業	311	467	315	632	851	749	549	313	198	256
支店	56	76	53	109	101	46	32	22	36	3
合計	787	1,381	1,954	2,683	4,319	2,828	2,438	1,363	838	1,099

出所：財務省統計.

97年を上回った．他方，中国の韓国からの輸入は98年も辛うじて減少を免れ，その後急速に増加しており，対中輸出が韓国経済の危機からの回復を助けた．

貿易収支では一貫して中国の入超であり，中国の赤字額は年々拡大している．中国の対韓輸出では繊維・繊維製品が一貫して第1位を占めるが，それを電気機械がまもなく抜き去る勢いである．また，対日輸出と違って鉄・非鉄，化学の対韓輸出が比較的多い．中国の対韓輸出も韓国の対中直接投資と深い関連をもっている．

韓国が中国に輸出している品目は化学品，プラスチック・ゴム，

表 3 - 18 中国から韓国への輸出

(単位：100万ドル)

	1992	1993	1994	1995	1996	1997	1998	1999	2000
総額	2437.5	2860.2	4402.3	6689.2	7511.2	9116.3	6269.0	7808.0	11292.5
食品	116.0	129.3	224.3	253.0	328.0	229.4	119.2	158.7	221.4
化学	141.1	187.1	302.6	571.8	529.5	550.8	439.0	562.3	709.2
プラスチック・ゴム	20.0	29.4	47.0	78.7	64.7	90.7	70.6	63.0	118.6
木材・パルプ	33.6	58.1	77.0	151.1	152.8	179.3	92.0	155.3	214.3
繊維・繊維製品	395.4	722.6	1221.8	1599.4	1618.6	1857.6	1360.4	1770.4	2382.9
非金属鉱物製品	17.3	22.1	35.4	112.4	84.0	104.3	37.3	95.0	147.6
鉄・非鉄	227.3	185.9	370.4	1413.6	1243.7	1691.2	733.2	924.6	1343.9
一般機械	41.6	53.3	88.6	132.7	204.9	264.3	177.0	354.3	606.4
電気機械	50.5	155.5	262.6	472.7	778.2	1003.6	961.8	1351.0	1941.6
輸送機械	8.4	5.3	29.4	91.7	218.2	241.1	395.7	303.7	452.9
精密機器・楽器など	9.5	20.9	29.7	52.1	76.8	82.1	66.7	108.5	155.5
その他製造品	24.0	45.0	85.2	99.0	109.2	161.2	95.5	125.9	173.7

出所：China Customs Statistics.

表 3 - 20 韓国の対中

	1990	1991	1992	1993	1994
飲食料品	4,262	6,221	9,430	17,252	43,221
繊維衣服	3,015	8,907	43,765	127,375	229,859
靴・革製品	1,839	10,405	22,224	44,389	74,707
木材家具	90	347	1,248	3,603	14,873
紙・印刷		0	2,270	2,910	9,595
石油・化学	3,014	6,100	8,307	20,940	50,495
非金属鉱物	1,953	2,595	7,840	14,950	92,262
一次金属		400	932	3,640	12,058
組立金属	0	37	9,301	16,157	34,304
機械	1,000	2,115	6,271	51,500	87,947
電子通信	2,120	7,157	23,087	47,802	190,982
輸送機械	49	3,636	9,316	19,193	47,430
その他	4,280	14,926	35,543	59,199	112,800
製造業全体	21,622	62,846	179,534	428,910	1,000,533

出所：韓国輸出入銀行ホームページより整理.

第3章 激変する中国経済——WTO加盟と北東アジア

表3-19 中国の韓国からの輸入

(単位:100万ドル)

	1992	1993	1994	1995	1996	1997	1998	1999	2000
総額	2623.2	5360.0	7318.3	10293.3	12481.5	14929.2	14995.4	17227.6	23207.3
食品	6.9	11.0	18.8	34.2	27.1	33.7	29.5	30.5	36.8
化学	187.7	338.1	546.9	968.5	919.1	1088.4	1267.9	1645.9	2650.3
プラスチック・ゴム	371.3	613.5	950.0	1524.9	1736.6	2323.7	2636.5	2407.6	2804.9
木材・パルプ	85.5	178.4	293.1	418.7	549.0	703.9	814.9	842.1	860.3
繊維・繊維製品	498.1	983.6	1631.1	2426.8	3018.7	3232.8	2639.6	2603.5	3110.7
非金属鉱物製品	8.9	13.5	18.0	39.0	50.6	57.7	111.0	146.0	170.9
鉄・非鉄	711.8	1254.4	1078.8	1046.3	1253.3	1534.7	1952.0	2329.6	2759.4
一般機械	220.4	510.4	711.7	1125.8	1602.6	1354.0	1027.7	1136.3	1989.2
電気機械	223.3	574.9	882.2	1102.7	1483.1	2022.7	2236.7	3395.7	5088.4
輸送機械	12.7	62.9	179.8	160.3	143.8	196.3	61.7	83.7	124.4
精密機器,楽器など	8.0	27.9	40.7	79.5	129.2	145.2	117.7	158.1	274.3
その他製造品	24.9	47.0	71.8	104.6	143.1	117.8	101.7	111.8	126.9

出所:China Customs Statistics.

直接投資(累計額)

(単位:1,000ドル)

1995	1996	1997	1998	1999	2000
96,663	135,620	152,959	159,735	165,061	171,258
350,545	448,225	497,170	519,437	532,605	548,870
109,116	142,281	153,328	161,097	171,218	188,664
27,049	40,399	47,072	48,718	52,547	55,930
13,383	36,398	52,552	57,681	58,937	60,912
111,811	193,337	247,453	297,235	322,438	380,592
183,166	194,316	203,113	206,635	222,118	226,146
33,763	50,525	150,816	169,863	177,898	175,566
47,425	64,689	73,244	77,639	84,072	93,761
144,987	195,259	246,446	265,385	277,376	299,450
329,446	471,385	497,278	770,519	795,969	839,072
96,415	139,888	162,935	271,338	282,156	286,611
139,466	183,637	199,164	208,386	218,759	240,868
1,683,235	2,295,959	2,683,530	3,213,668	3,361,154	3,567,700

繊維・繊維製品，鉄・非鉄，一般機械，電気機械と，生産財を中心に幅広く，韓国も機械設備と素材の面から中国の産業発展を支えた。また，繊維・繊維製品においては韓国の方が日本より中国への輸出が多い。化繊の原糸や化繊織物などにおいては韓国と中国は競争関係にある。特に韓国のウォンが大幅に下落した1998年には韓国の織物が中国に流入して中国の化繊織物業はかなりの打撃を受けた。今後は他でも競合する分野が数多く出てくるだろう。韓国の対中直接投資は（**表3-20**，142ページ）総額（ストック）が10年間に165倍にも拡大した。業種としては電子通信，繊維衣服，石油・化学が多く，中国の対韓輸出増大と韓国の直接投資とが密接な関連にあることが見て取れる。

ま と め

1990年代は日本経済にとってはバブル崩壊後の長期不況にあたっており，また韓国は経済危機を経験したが，その間も中国との貿易は往復ともに急ピッチに伸びており，中国との貿易が景気を下支えする役割を果たしたことがわかる。中国との貿易は日本と韓国からの直接投資によって媒介され，促進されている。日本・韓国と中国は相互補完性が強く，それが直接投資を媒介とする貿易の急増をもたらしたのである。

ただ，日本の対中直接投資は1995年をピークとして減少に転じており，また韓国の対中直接投資の新規増加額も同様に95年以降減少傾向にある。今後も92年からの中国の市場開放直後に見られたような対中投資ブームは再現されないだろう。ただ，直接投資によって中国に移植された輸出拠点からの日本・韓国に対する輸出は，今後技術進歩や集積効果，そして労働力における優位性を武器として，さらに拡大するだろう。中国からの輸出は日本・韓国において比較劣位化した品目が中心となろうが，日本，韓国の国内産業

と競合する局面も増えるだろう。2000年以来，農産品において起こっている日本，韓国でのセーフガード発動の動きはまさにそうした競合の時代に入ったことを示している。

だが，中国の産業別の十五計画に見るかぎり，中国政府自身は中国の産業の「強さ」に対する認識は薄い。日本政府と韓国政府の目に映る「強い中国」と，中国政府の認識する「弱い中国」はいずれも中国経済の一面の真実を反映するものであるが，相互の認識ギャップは貿易摩擦をもたらす恐れがある。たとえば，中国が外資系企業の輸出により多額の貿易黒字を稼ぐ一方で，中国政府が経営状況の悪い国有企業に事実上の輸出補助金を与えることもありうる。したがって，中国経済に対する日本・韓国と中国との認識ギャップを埋める不断の努力が望まれる。

［注］
1) 国家計画委員会産業政策司は10年間にわたってほぼ固定したメンバーで様々な産業政策の起草に当たってきたが，1998年に誕生した国家経済貿易委員会産業政策司のメンバーは国家計画委員会とは全く連続性がなく，これまでの経験は受け継がれなかったようである。
2) 「国家経貿委産業政策司2000年工作要点」(2000年6月26日)，中国国家経済貿易委員会ホームページ (www.setc.gov.cn) より。

[参考・引用文献]
篠原三代平［1976］『産業構造論』筑摩書房。
丸川知雄［2000a］「中国の産業政策——清朝末期から1990年代まで——」丸川知雄編『移行期中国の産業政策』アジア経済研究所。
丸川知雄［2000b］「自動車産業」同上書所収。
丸川知雄編［2000c］『中国産業ハンドブック』蒼蒼社。
杉本孝［2000］「鉄鋼業」(丸川知雄編［2000c］所収)。
田島俊雄［2001］「農用車市場の展開と北汽福田のM&A戦略」東京大学社会科学研究所 Discussion Paper Series, No.J‐106。

第 4 章　韓国からみた北東アジア地域協力
──開放小経済の戦略的イニシアチブ

深川　由起子

はじめに

　1990年代後半の通貨金融危機で構造改革を迫られた韓国は急速な規制緩和や市場開放を通じたグローバル化に経済再生の途を求めた。しかし他方で市場暴走の恐怖を自ら味わった経験や，不透明な北朝鮮情勢を抱え，グローバリズムを補完する地域協力にも強い政策的関心を示してきた。最近では政策面のみならず，実体経済面でもポスト構造改革の成長戦略を地域のハブ機能に求めるなど，域内市場志向が高まっている。政治の壁が依然として厚い北東アジアでは，「開放小経済」の新認識に立脚した韓国のイニシアチブは貴重な存在である。果たして韓国は本当に地域のつなぎ役となり得るのか，以下では韓国にとって地域協力がもつ意義を検討し，その建設的役割に向けた課題を指摘してみたい。なお，北朝鮮の体制見通しは不透明だが，近年では韓国でもその崩壊を望まない世論が大半を占めており，一連の議論は現体制が存続することを前提とする。

第1節　ポスト通貨金融危機の韓国経済と地域協力

(1) 開放経済体系の完成

　通貨金融危機後の韓国の構造改革は「成長」と共に「自立」を強調した伝統的開発戦略及び体制の抜本的転換を図るものであった。1998年以来，金大中政権の下で推進された改革は金融部門・企業部門・労働部門・公共部門の4部門にわたった。各部門とも市場開放や規制緩和を通じた競争環境整備を図り，グローバル経済への参画を強く指向しているのが特徴である。自由化への流れは90年代前半にもOECD加盟に向けて存在したが，中途半端なものに終わり，とりわけ金融・資本市場の開放では韓国はASEAN以上に慎重であった。対照的に危機後の自由化は金融・資本市場を中心に，4年でほぼ実質的な開放体系を完成させる速度で進み，韓国経済の基本与件は危機以前とは大きく異なるものとなった。

　表4-1でその骨格を確認してみよう。まず，金融部門では為替制度がドルとのクローリング・ペッグから変動相場制に移行し，証券投資に対する外国人枠が全廃され，敵対的なものを含めてM&A投資が許容された。非居住者によるウォン建て資産保有拡大・投機を恐れて規制されていた短期金融市場や不動産投資も全面的に自由化された。2000年には居住者による対外ポートフォリオ投資が自由化されたことで資本取引自由化はほぼ完成した。マネーセンター・バンクの一角だった第一銀行の外資売却を皮切りに，保険などのノンバンク部門を含めて外資機関の進出も急速に進んだ。

　企業・産業部門では直接投資やM&Aの促進を通じて外資誘致が図られた。外国人の株式所有は1997年の9.1％から2000年には13.8％に急上昇し，外国人機関投資家はコーポレート・ガバナンス

表4-1 構造調整による経済与件の変化

部門	構造調整以前	構造調整後	与件変化
金融・資本	外国人株式投資制限（10％以下）	全面自由化	資金流入／流出幅の急拡大
	M&A制限（敵対的M&A禁止）	〃	外国人投資家によるガバナンス強化
	債券投資規制	〃	投機的投資の可能性
	短期金融市場規制	〃	〃
	外国人の不動産投資禁止	〃	〃
	外国金融機関進出・子会社設立規制	抜本的自由化	企業金融／個人金融への外資進出
	ドル基軸のクローリング・ペッグ為替制度	変動相場制度への移行	為替の乱高下可能性
企業・産業	通信業など特定産業への直接投資規制	抜本的自由化	大型多国籍企業進出，競合激化
	輸入先多角化制度	廃止	対日輸入の増大，競合激化
	特定産業への輸出信用支援	WTO整合性に基づき縮小	競争力再強化の必要性
	不透明な輸入認証制度	WTO整合性に基づき透明化	輸入保護効果の低下
労働	整理解雇不可能な法制度	法制度整備	長期雇用慣行の変化
	民間職業斡旋・人材派遣業への制限	抜本的自由化	就業形態の多様化
公共	国公営企業に対する外国人投資制限	〃	外国人投資家によるガバナンス強化

出所：Zang and Won [1999] を参考に作成．

上も一定の発言権をもち始め，不良債権の証券化（ABS発行等）やM&Aなどの構造調整業務には外資系金融機関やコンサルティング企業，会計事務所などが大量参入した。また実質的に日本のみをターゲット[1]とした「輸入先多角化」制度の廃止でもともと対日輸入依存度の高い中間財，資本財はもちろん，最終財，特に自動車等の高級消費財でも韓国企業は日本との競合に晒され始めた。労働部門

では整理解雇制が導入されて多くの先進国と同様，柔軟な雇用調整が可能となり，パートなど人材派遣をめぐる規制見直しも進んだ。公共部門では国公営企業民営化が推進され，浦項製鉄株のNY市場上場など対外開放を意識した形で進められるようになった。

　一連の自由化に伴い，1999年以降の韓国では財以外にも資本や人的資本に至るまで[2]の国境を越えた移動が急激に増大し始めた。しかしながら，一方で市場の透明さや労働市場の柔軟性，素早い企業の破綻・再生処理など，グローバル経済の変化に柔軟に対応できる体制づくりにはまだまだ多くの時間が必要であり，当面の安定的経済管理は容易ではない。韓国はアジア通貨基金（AMF）構想から通貨金融後のサーベイランス，外貨融通に関する2ヵ国間取り決め，いわゆるASEAN+3の枠組み等，一連の地域金融協力に積極的な姿勢を示してきた。この背景には危機後に敢えて自由化を進めるなかで，開放小経済としての体系が完成し，グローバル経済の衝撃を緩衝する地域協力が不可欠，といった判断が働いてきたと考えられる。

　(2)　自由貿易戦略と地域主義

　実体経済面での韓国は危機以前には日本と同様，WTOを中心とした多国間主義をとっていた。90年代中盤，金泳三政権下で始まった規制緩和は「世界化」（グローバル化）を標榜し，地域協定などに積極的な姿勢を見せることはほとんどなかった。例えば危機直前の韓国は自らの賃金上昇に加え，日本の高付加価値化と直接投資をエンジンとしたASEANのキャッチアップによる挟撃で主要先進国でのシェアを落としていた。しかし特定地域や国との自由貿易協定などによる市場の安定確保や直接投資誘致には目が向かなかった。やがて「財閥」保護を残したまま段階的であれ資本の自由化が始まると，海外資本の国内持ち込みに規制があったこともあり，

「財閥」は「世界化」のスローガンの下,資金調達の容易さをバックに,高コスト化した国内生産を世界の新興市場における現地生産に切り替えていった。このため危機が新興市場全体に拡散すると,ドル負債に大きく依存した海外事業の大半は流動性危機と実体危機の双方に直面した[3]。

　金大中政権は自由化を目指す構造改革の方向を固定すると共に,世界に改革をアピールする意味でも世界的潮流となりつつあった地域協定に関心を示した。当初は自由貿易の経験をもつ開放小経済との間で協定を結んでその経験に学び,これを日米欧といった先進市場に広げる戦略が推進された。チリが最初の交渉相手として選定され[4],その延長上で米韓自由貿易協定構想も検討された[5]。しかしながら,4年を経てもチリとの交渉は妥結に至らず,米国の関心は韓国などアジアより2005年の拡大NAFTA成立に集中した。一方,日本との間では日韓自由貿易(日本側は当初から「経済緊密化」として貿易以外の協力も念頭に置いてきた点に注意)に関する共同研究の後,財界・実務者を含めたラウンド・テーブルが継続され,投資協定締結も01年には合意をみた。しかしながら,日本との自由貿易協定には貿易赤字の拡大を理由とした政治的反対[6]が国内に一貫して存在している。そこで韓国ではWTO加盟が決定し,しかも韓国が貿易黒字を続けていることから抵抗の少ない中国を取り込み,日韓中の枠組みによる北東アジア協力を強く主張するに至った。実体面に先行して金融面でASEAN+3の協力体制を整ったことや,WTO加盟後の中国がASEANとの自由貿易協定締結など地域協力への積極姿勢に転じたことも追い風となり,韓国の自由貿易戦略は次第に地域主義の色彩を帯びるようになった。

(3)　「太陽政策」と地域主義

　地域主義への傾斜を決定的なものとしたのは北朝鮮の存在であっ

た。金大中政権は発足以来北朝鮮の経済再建を支援し，経済格差を解消しながら長期的に対話を図る「太陽政策」を推進してきた。2000年には大統領が北朝鮮を訪問して歴史的南北頂上会談さえ実現し，南北経済交流も一段と本格化した。図4-1をみると，南北間の貿易は件数・金額とも急激な伸びをみせたのは1995年だが，韓国の構造調整が始まった98年からさらに伸び，2000年には4億2,500万ドルと過去最高を記録した。韓国企業による北朝鮮事業は91年から01年8月までで72件・43事業（うち社会文化活動ではない経済活動は42件・20事業）が政府承認された。初期には衣料・家電・食品など小規模な労働集約型製造業に止まっていた事業範囲は政権の強いイニシアチブで人的交流を伴う観光や文化交流，食糧増産等より戦略性のあるものにシフトし，同時に大型化傾向をたどっている。

　外交的側面が注目されがちな「太陽政策」だが，開放経済体系への移行が必然的に北朝鮮の安定を要請している点に注意しておく必要がある。既に構造調整後の韓国経済は資本の流出入に左右されるところが極めて大きな経済となった。図4-2は株式市場に対する資本流入・流出の動きを示すが，99年以前はその規模は共に小さく，動きも株価とそれほど連動していない。しかし資本規制の緩和が進んだ99年年初からは一転して，株価の上昇は増大した資本流入の増大とほぼ並行し，流出する資本もまた増大した。株式市場をめぐる資本移動規模は98年には月に10億～20億ドル程度から99年には平均68億ドル，2000年に93億ドルへと急激に増大した。流入規模だけをみると1997年の規模は125.5億ドルで名目GDPのわずか2.6%程度にすぎなかったが，2000年には627.7億ドルで13.8%，97年当時の銀行借款の約2.8倍という規模に達した。外国人投資はこの他にも債券や不動産などさまざまな形で浸透している。さらに2000年からは居住者による対外投資も資本流出に加わることとなった。依然として構造調整が続くなかで，企業の資金調達は

154

図 4-1 増大する南北貿易

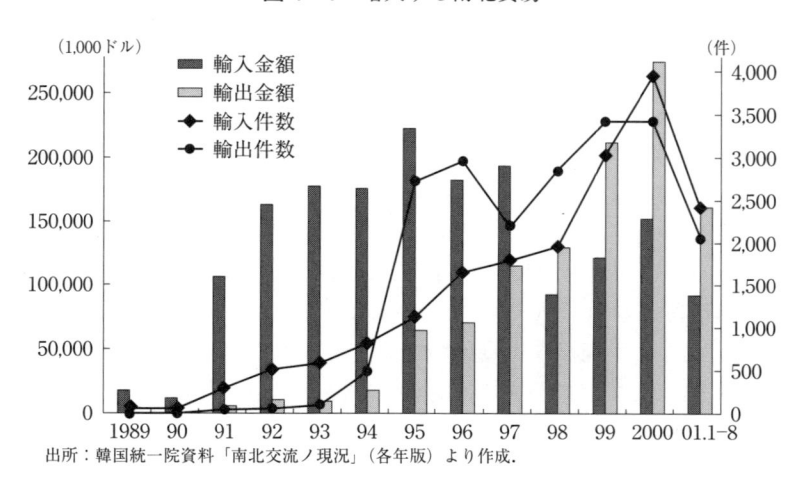

(1,000ドル) / (件)

凡例:
- 輸入金額
- 輸出金額
- 輸入件数
- 輸出件数

出所:韓国統一院資料「南北交流ノ現況」(各年版) より作成.

図 4-2 資本移動の増大と株価変化

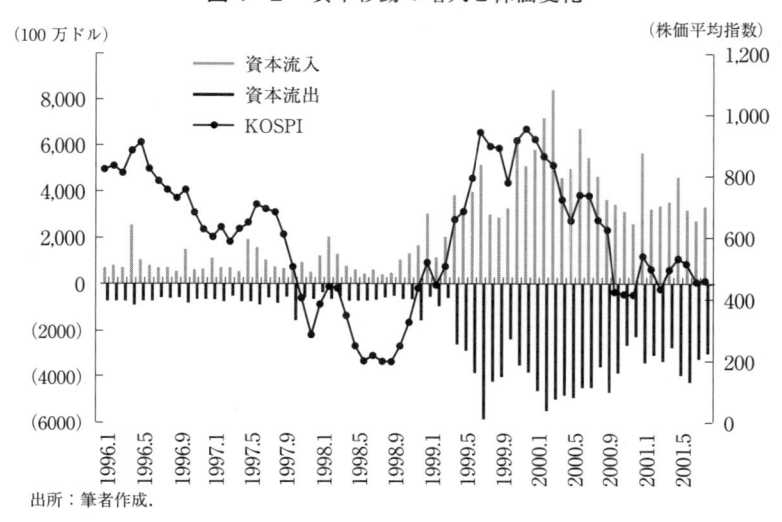

(100万ドル) / (株価平均指数)

凡例:
- 資本流入
- 資本流出
- KOSPI

出所:筆者作成.

株式・債券発行と対外借入への依存度が高まっている。北朝鮮情勢の緊迫による市場の混乱や資本流出がかつての危機時に比べてさえ格段に大きな打撃を韓国経済に与える可能性は技術的には大きく高まった。不透明な北朝鮮の安定化を望む切実さにおいて，韓国の立場は長年安全保障を依存してきた米国より，国境を接して200万の朝鮮族を抱える中国や賠償金問題を抱える日本に近い。経済的必然性から太陽政策を推進せざるを得ない韓国がグローバルな安保より地域の平和維持に共通の関心をもつ北東アジアに傾斜するのは自然でもあった。

[注]
1) 「輸入先多角化」制度とは過去5年に遡って最大の貿易赤字幅を計上した国（常に日本）からの輸入に当たっては競合国内産業の団体からの推薦状が必要となるなど，輸入制限効果を狙って実施されていた行政指導を指す。
2) 構造改革の過程では大量の失業や，IT化に対応して英語教育熱の社会現象化などにより，年間3万名以上もの移民が生み出されることになった。
3) 家電や自動車の海外生産を進めた大宇グループはその典型的な例であった。韓国政府は大宇を含めた上位5「財閥」の事業交換（「いわゆるビッグディール」）を推進したが，海外の事業規模が大きかった大宇は新興市場の落ち込みが激しくなると，国内とは別途，海外での負債急増に耐え切れなくなった。
4) チリの他にはニュージーランド，シンガポール，タイ，メキシコ等が取り沙汰された。
5) 主要な結果についてはCheong and Wang [1999]を参照のこと。
6) 日韓自由貿易に対する韓国内の世論についてはKim [2001] が整理を行っているが，貿易赤字問題の本質は経済的厚生の阻害でも，国際収支の悪化でもなく，日本産業（企業）に韓国が「席捲される」というガバナンス上の感情論であることが多い。

第2節　韓国の構造転換と北東アジア市場

(1) IT産業と北東アジア市場

　地域協力への政策的関心は近年，次第に実体経済面における北東アジア市場への期待と一体化してきた。通貨金融危機後，既存産業が膨大な過剰設備を抱えて構造調整に直面するなかで，韓国はIT産業を中心に成長回帰への道を探ってきた。実際，1998年後半から米国の店頭市場調整が本格化した2000年上半期まで続いた高成長に対するIT産業の寄与は無視できないものであった。

　韓国統計庁はIT産業の範囲を ① 情報通信機器製造（コンピュータ及び周辺機器，計算・事務用機器，半導体，電子管などの電子部品，ラジオ・TV等の映像音響機器・通信装備，測定試験機器など），② 情報通信サービス，③ ソフト・ウェア及びコンピュータ関連サービス，④ 情報通信機器流通，⑤ 情報通信工事といったように，ほぼOECD基準に沿った形で定義している。

　この定義により韓国銀行が推定したところによると（**表4-2**），IT産業の成長率は1991～99年では23.9%と実質経済成長率5.9%に比べて極めて高く，とりわけ99～2000年上半期には40%を超える成長をみせた。経済成長寄与率も急激に構造調整が進んだ98年を除いては40%内外と米国をも上回った。名目GDPに占めるIT産業のシェアは97年の5.6%から99年には7.6%に上昇し，輸出でも同23.1%から27.8%へ，2000年上半期では30%を突破した。IT産業の中身は半導体と携帯電話を中心とした ① の製造業が50%内外を占め，② の情報通信サービスが40%程度であり，ソフトウェアなどのシェアはそれほど大きくない。しかし，② はADSL普及率が世界最高水準に達するなかでポータル・サービスや，電子取引

表4-2　IT産業の成長寄与

(単位：%)

	1991	1994	1997	1998	1999	2000上	91〜99平均
実質GDP成長率	9.2	8.3	5.0	−6.7	10.7	11.1	5.9
IT産業成長率	10.7	26.4	30.5	20.7	41.1	41.2	23.9
情報通信機器製造	2.2	32.6	39.0	27.1	50.6	−	28.1
情報通信サービス	18.5	21.0	21.8	13.8	28.0	−	19.7
ソフト・コンピュータ関連サービス	23.0	20.3	13.2	1.6	17.1	−	14.7
IT産業の実質成長寄与率	3.6	12.1	37.6	−23.8	38.3	45.9	−
(米国)	−	19.0	28.0	27.0	32.0	−	−
IT産業の対名目GDPシェア	3.7	4.7	5.6	6.3	7.6	−	−
	〈100.0〉	〈100.0〉	〈100.0〉	〈100.0〉	〈100.0〉	−	−
情報通信機器製造	1.4	2.3	2.7	3.3	4.2	−	−
	〈37.8〉	〈48.9〉	〈48.2〉	〈52.4〉	〈55.3〉	−	−
情報通信サービス	2.1	2.1	2.4	2.5	2.8	−	−
	〈56.8〉	〈44.7〉	〈42.9〉	〈39.7〉	〈36.8〉	−	−
ソフト・コンピュータ関連サービス	0.2	0.3	0.5	0.5	0.6	−	−
	〈5.4〉	〈6.4〉	〈8.9〉	〈7.9〉	〈7.9〉	−	−
IT産業の輸出額(億ドル)	108.8	202.3	312.5	305.2	399.5	301.5	−
輸出全体のシェア	15.9	21.1	23.0	23.1	27.8	31.0	−

出所：韓国銀行［2000］．

(BtoCを中心)・電子金融・インターネット中継・インターネット電話等の関連産業を可能とした。

　言うまでもなく，IT産業の急激な成長に大きく寄与したのは当初はハードからソフトまであらゆる意味で米国との結びつきであった。表4-3が示すように，製品の輸出で米国のシェアが比較的小さいのは液晶機器程度であり，半導体・コンピュータではいずれも30％以上，携帯電話では40％以上が米国市場に依存している。ま

表 4-3 IT 関連輸出の主要市場

(単位：100 万ドル，%)

	金額				シェア			
(半導体)	1993	1995	1999	2000	1993	1995	1999	2000
世界	7,026	22,115	17,010	26,015	100.0	100.0	100.0	100.0
米国	2,774	8,272	5,634	7,910	39.5	37.4	33.1	30.4
日本	888	2,980	1,877	3,170	12.6	13.5	11.0	12.2
中国	13	43	242	576	0.2	0.2	1.4	2.2
香港	656	1,470	1,414	1,884	9.3	6.6	8.3	7.2
台湾	450	1,148	1,310	2,358	6.4	5.2	7.7	9.1
(中・香・台計)	1,119	2,661	2,966	4,818	15.9	12.0	17.4	18.5
(液晶)	1993	1995	1999	2000	1993	1995	1999	2000
世界	63	141	2,380	261	100.0	100.0	100.0	100.0
米国	20	21	284	38	31.7	14.9	11.9	14.6
日本	2	14	545	26	3.2	9.9	22.9	10.0
中国	3	4	19	2	4.8	2.8	0.8	0.8
香港	18	18	58	37	28.6	12.8	2.4	14.2
台湾	5	52	1,049	9	7.9	36.9	44.1	3.4
(中・香・台計)	26	74	1,126	48	41.3	52.5	47.3	18.4
(コンピュータ)	1993	1995	1999	2000	1993	1995	1999	2000
世界	3,097	4,432	10,306	14,525	100.0	100.0	100.0	100.0
米国	1,627	1,901	4,062	5,016	52.5	42.9	39.4	34.5
日本	55	214	1,352	2,319	1.8	4.8	13.1	16.0
中国	46	67	270	725	1.5	1.5	2.6	5.0
香港	81	100	152	278	2.6	2.3	1.5	1.9
(中・香・台計)	127	167	422	1,003	4.1	3.8	4.1	6.9
(携帯電話)	1993	1995	1999	2000	1993	1995	1999	2000
世界	201	508	3,678	5,565	100.0	100.0	100.0	100.0
米国	105	323	1,409	2,364	52.2	63.6	38.3	42.5
日本					0.0	0.0	0.0	0.0
中国	0	0	41	14	0.0	0.0	1.1	0.3
香港	32	54	488	629	15.9	10.6	13.3	11.3
(中・香・台計)	32	54	529	643	15.9	10.6	14.4	11.6

注：品目分類は韓国独自の MIT 分類による．
出所：韓国貿易協会『貿易年鑑』各年版より作成．

た，情報通信サービスの多くは店頭市場（KOSDAQ）を資金調達の場として急激に台頭したベンチャー企業によるものが多く，KOSDAQの動静は米国店頭市場と直結して推移してきた。ただし，同表でも示されているように，コンピュータ産業の集積が大きかった台湾が急速に中国への生産移管を図った影響から，既に液晶機器では中国・台湾・香港の合計シェアが最大となり，半導体でも韓国にとって，このグループの市場が既に日本を上回った。コンピュータでは市場としても中国のプレゼンスが増大してきている。さらに携帯電話は第一世代では標準の違いなどから日本向け輸出はほぼ皆無だが，香港が比較的大きなシェアを占め，中国への輸出も開始された。

　2000年後半になると，IT産業では米国の景気鈍化や半導体の劇的な市況悪化の影響を直接的に受けて輸出が急減し，またサービスにおいてもKOSDAQの市況下落によってベンチャー企業の多くが資金調達難に直面した。他方，対照的に中国のWTO加盟を契機として北東アジア市場は比較的堅調が続き，次世代携帯電話やIT関連ハードの現地生産，またインターネット関連サービスや映画・音楽に至る市場[1]としても韓国の関心はますます中国市場に向けられるようになった。

（2）既存製造業の再構築と北東アジア

　IT産業は韓国経済・V字型回復への大きな立役者とはなったが，2000年以降は調整の本格化と共に過大な期待が修正されざるを得なかった。前表4-2の調査で韓国銀行はIT産業の生産性への影響についても併せて分析しているが，金フィソク［2000］によれば，表4-4が示すように，確かにIT企業そのものの総要素生産性は1994〜97年以降大きく高まり，98年から99年にかけて波に乗った。しかしながら，IT以外の既存産業でIT技術利用の高い産業

表 4-4　IT 産業と総要素生産性の変化

	1990～93	1994～97	1998	1999
全産業	2.4	2.5	−13.8	10
製造業	4.5	6	−9.2	17.8
情報通信産業	9.8	14.3	14.6	32.2
電子機器	9.2	13.2	11.4	36.1
通信	10.1	17.1	25.4*	16.3
IT 技術高利用産業	2.3	1.4	−15.3	8.6
衣類・皮革・履物	−1	1.9	−32.5	11.7
石油精製	8.8	4	−19.8	−5.6
金属	3.6	3.2	−16.8	5.2
機械	−0.2	14	−26.8	23.5
精密・科学機器	13	7.4	−58.9	8.7
運輸装備	12.4	0.7	−5.2	31.9
飲食・ホテル等	4.5	4.3	−48.9	13.5
電気・ガス・水道	3.6	1.3	−1.2	8.4
金融・保険・不動産	−4.4	−2.5	−12.6	6.2
社会・個人サービス	3	0.7	−24.6	1.8
IT 技術低利用産業	1.5	2.2	−18.1	4.9
石炭	1.6	−2.4	12.7	15.8
食品	−0.4	−0.2	−9.1	2.2
繊維	−0.4	1.1	−10.7	2.2
木材・木製品	−0.1	2	−33	27.6
パルプ・紙製品	−1.8	3.6	−19	8.1
印刷	0.9	3.3	−7.7	2.6
化学	0.7	5.4	−15.7	7.7
ゴム・プラスチック	7.4	1.9	−14.6	15.6
非金属鉱物	−0.7	4.6	−13.8	14.2
組み立て金属製品	7	5.6	−25.8	−2.4
その他製造業	0.4	−3	−22	30.2
建設	−7.9	3.4	−19.6	−0.2
流通	−5.2	−1.3	−33.9	13.9
運輸・保管・倉庫業	−1.2	1	−8	6.2

注：*は 1992～93 年 のデータによる．
出所：金フィソク［2000］より作成．

と低い産業を比較した場合，まだ成長が持続していた94～97年ではむしろ後者の方が前者より伸びは高い。98～99年は後者が急激な構造調整の過程にあった特殊要因や，韓国の主要産業は輸出依存度が高く，市況変化の波をかぶりやすいことなどを考慮すれば必ずしも正確に推定できているとはいえないが，少なくとも90年代後半のIT化拡散が既存産業に幅広い生産性向上をもたらしているとは言い難かった。さらにIT関連サービスの多くは独自のビジネス・モデルによる海外進出やノウハウ輸出にまで進まず，大量企業の参入・競争激化後は国内市場の限界が意識されるようになった。

　一方，日本では98年くらいから製造業における中国の台頭が意識されてきが，IT産業に関心が集中していた韓国では既存産業における中国との競合が強く認識されるようになったのはやや遅れ，2000年に入ってからに過ぎなかった。もともと韓国の製造業は，① 集中度の高い輸出（分散が進まず，6大産業〈電子電気・自動車・石油化学・鉄鋼・一般機械・造船〉の特定品目〈電子であればメモリー半導体等〉に輸出の50％以上が集中），② 輸入誘発的な構造（中間財の17％を輸入に依存等），③ 中間技術を中心とした付加価値率の低さ（日本の37.3％に対し，29％程度），④ 次世代技術における技術基盤の脆弱性，などさまざまな構造的脆弱性を指摘されてきた[2]。これらが抜本的には改善されないまま，90年代には一時，日本企業によるASEANへの低付加価値部門移管の影響が現れたが，韓国は大規模な設備投資や積極的な海外進出によってこれを振り切る戦略[3]を展開した。この際に上昇した負債比率はやがて通貨金融危機の引き金となったが，同時にASEAN経済の混乱・投資調整も続いたため，キャッチアップはどうにか免れた[4]。

　しかしながら，危機後はその影響が軽微だった中国が低廉豊富な労働力とASEANに比べて高度な技術人材を揃って擁し，広大な国内市場による規模の経済実現を強力な直接投資誘致インセンティブとして台頭した。この結果，IT産業への過剰期待が修正される

表 4-5 韓国の対中国輸出入上位 10 大品目

(単位:億ドル,%)

順位	輸出			輸入		
	品目名	金額	比重	品目名	金額	比重
1	石油化学	33.9	18.4	電子部品	19.4	15.2
2	電子部品	23.8	12.9	農産物	13.7	10.7
3	石油製品	18.3	9.9	繊維製品	9.8	7.7
4	織物	16.1	8.7	鉄鋼	8.8	6.9
5	鉄鋼	13.7	7.4	石炭	7.2	5.6
6	機械類	11.2	6.1	織物	7.2	5.6
7	革製品	7.6	4.1	コンピューター周辺機器	5.8	4.5
8	コンピュータ周辺機器	6.9	3.7	生活用品	5.2	4.1
9	家電製品	4.5	2.4	水産物	4.9	3.8
10	紙類	3.9	2.1	家電製品	3.8	3.0
	10 大品目 計	139.9	75.8	10 大品目 計	85.8	67.0
	総輸出	184.6	100.0	総輸入	128.0	100.0

注:2000 年基準.
出所:韓国貿易協会データベースより作成.

と,韓国の伝統製造業では輸出基盤の多様化,資本財・中間財の国産化,高付加価値化,直接投資や生産移管を通じた技術移転などの面で中国との競争に晒される,とする見方が広まった。

　中国のキャッチアップに対する対応は現在までのところ,2つの方向が考えられている。1つは競合のみならず市場としての中国に期待をかけつつ伝統製造業の中国進出を加速させると共に,国内生産はデジタル化を通じた高付加価値化・生産性向上で競争力を再強化し,水平分業化に向かうことである。**表 4-5** は韓国の中国向け貿易品目の上位 10 品目(2000 年)を示すが,うち 5 品目(電子部品・コンピュータ周辺機器・鉄鋼・織物・家電)は既に共通しており,産業内分業が開始されている。他方,前述のように石油化学や紙製

第4章 韓国からみた北東アジア地域協力――開放小経済の戦略的イニシアチブ 163

表 4-6 韓国の産業高度化展望

グループ	分野	具体的検討産業	市場性	成長性	開発力	収益性
①	情報通信	携帯データ通信・電話サービス，通信機器，システム LSI	○	○	○	○
①	電子部品	TFT-LCD，CPU	○	○	○	○
②	環境・エネルギー	新素材・燃料電池・汚染防止機器	○	△	△	○
②	生物工学	遺伝子工学，クローン家畜等	○	△	△	○
②	光産業	光通信	○	○	△	○
③	家電	映像機器，TV 等	△	○	○	△
③	コンピュータ	PC 周辺機器	△	○	○	△
④	医療機器	家庭用医療機器・システム	△	△	△	△
④	ヒューマン・インターフェイス	知能ロボット，ITS	△	△	△	△

注：○は有望，△は何とか期待できる水準であることを示す．
出所：金ジョンホ［2001］より引用．

品，機械などでは韓国は資本財・中間財の供給者でもある．中国がいわゆるフルセット型の産業構造で発展を図った場合，韓国にとっての影響はこれら産業内分業の変質と，資本財・中間財市場の縮小といった両面から顕在化する．

　しかしながら，依然として多額の負債を抱える伝統製造業にとってかつてのように設備更新・拡大による競争力強化は難しい．そこで IT 化・デジタル化による競争力強化に関心が向くこととなった．産業のデジタル化による高付加価値化を展望した金ジョンホ［2001］は開発能力と収益性，市場性と成長性を検討したうえで，産業群を表 4-6 のように 4 つに分けた．① は市場性・成長性・収益性のいずれもが高く，かつ韓国の技術水準が先進国とそれほど遜

色ない分野で，IT関連機器と情報通信サービス，液晶や半導体などのデバイス，それにやや技術力では遅れが見られるものの，光産業などがこれに続く。② は成長性や収益性は高いものの，個別の市場規模がそれほど大きくなく，したがって韓国にとっては開発リスクが大きく，先進国との格差が大きいグループで，生物工学や環境・エネルギー関連産業，新素材などがこれに当たる。③ は逆に市場性はあり，韓国の開発力もあるが，技術体系の変化で新市場が創造されないかぎり，収益性があまり期待できない分野で，コンピュータ周辺機器や家電などが含まれる。④ は関連技術に大規模投資が必要であるなど市場性・収益性の展望に乏しく，さらに技術間の組み合わせ・擦り合わせなどが重要な分野で開発が難しい分野で，医療機器やヒューマン・インターフェイスなどが挙げられた。

　先進国間の競争によって技術体系の変化が急速な現在，韓国の選択を予想することもまた容易ではないが，繊維に続くアジアの競争分野と考えられている電子電気は比較的産業内分業への展望が明確になりつつある。まず，③ のグループでは日本の後を追って情報家電への進出が始まり，双方向デジタルTV，インターネット電子レンジ，IMT‐2000端末機（次世代携帯電話）などに中心が移りつつある。ハードの技術面で相変わらず対外依存が続くが，韓国はインターネットの幅広く速い拡散という意味ではむしろ日本・中国に先行した経験をもつ。既存のアナログ家電やPC周辺機器では産業集積に引き寄せられる形で中国への移管が急ピッチだが，韓国にとっては情報家電では中国が当面，日本との競合市場になると考えられる。

　中国との競合が始まっているもう1つの分野は，① に属する電子部品である。中国は家電用の労働集約部品や半導体に留まらず，携帯電話や事務機器などでも生産国として急速に台頭している。価格競争力のみならず，富裕層の消費水準変化を受けて，最終需要の多様化がデバイス全般の多様化を促していることは見逃せない。た

だし，製造装置や原料では依然として対外依存度が高くても，設計や開発は自前となっていることから，後工程部門で後発国のキャッチアップがあっても簡単に韓国の生産が「空洞化」することは考えにくい。

中国との競合を展望した場合，むしろ電気電子以上に展望が欠けているのは繊維，鉄鋼，石油化学といった素材産業と，自動車や重機械などの機械産業である。素材産業ではコンピュータ・ネットワークを多用した生産・在庫管理のシステム化と，電子取引の推進によるマーケティング・流通部門の強化が推進されている。しかし鉄鋼のように高炉メーカー同士の提携が進んだ産業を除くと，他産業では中国メーカーの設備投資動向が需給を左右するところがやはり大きく，他方，狭い自国市場では前述のように，②のグループの環境・エネルギーや，新素材産業への転換も容易ではない。

韓国では機械産業はもともと「財閥」が支配的な産業組織の中で裾野基盤の厚みを欠き，比較的強い電子電気産業をもちながらも同業・異業種間の協力関係がなかなか成立しなかった。重機械工業，自動車産業とも構造調整が続くなかで，電子取引もB2Cの拡散に比べてB2Bの発展は遅れている。このため，需要の急激な変化に柔軟に対応することを目指した部品のモジュール化・標準化，電子化による取引のリアル・タイム化，研究開発から経営・財務面までの情報処理を通じたIMS（Intelligent Manufacturing System）化などでは急激なIT化を生かすことができなかった。自動車産業ではこれに加えて環境技術への対応が，重機械や造船業ではシステム・インテグレーションへの対応が大きな課題だ。技術革新が速く，標準化が進み，後発国からのキャッチアップにも早くから晒されてきた電気電子産業ではそれなりに比較優位分野への絞込みができつつあるが，比較的強い技術基盤をもつ中国の登場で，韓国の機械工業は初めて本格的な競合に直面している。先進国企業の直接投資や提携などによってデジタル化を加速しないかぎり，伝統製造部門，と

表4-7 サービス業の付加価値生産とそ

	生　産　額　・　シ　ェ　ア				
	1980	1990	シェア	2000	シェア
小売業	9,953	26,951	20.2	46,563	19.1
飲食宿泊	3,098	6,626	5.0	11,907	4.9
運輸倉庫	6,694	13,435	10.1	21,927	9.0
通信	863	3,190	2.4	19,349	8.0
金融保険	3,012	12,512	9.4	30,924	12.7
不動産賃貸	10,055	21,770	16.3	37,664	15.5
事業サービス	1,803	6,604	5.0	15,272	6.3
広告	93	558	0.4	918	0.4
ビジネス・サービス	1,710	6,047	4.5	14,354	5.9
公共行政	10,946	13,956	10.5	16,754	6.9
教育	9,334	15,454	11.6	19,700	8.1
保健福祉	1,105	5,030	3.8	7,594	3.1
文化娯楽	928	3,280	2.5	3,858	1.6
映画・芸能	142	207	0.2	455	0.2
放送	364	714	0.5	2,093	0.9
娯楽スポーツ	310	1,933	1.5	5,218	2.1
その他公共サービス	1,927	3,955	3.0	6,502	2.7
個人サービス	1,179	2,420	1.8	3,991	1.6
家事サービス	326	409	0.3	840	0.3
サービス合計	60,047	133,213	100.0	243,174	100.0
GDP	114,978	263,430	−	473,174	−
サービス業比率	52.2	50.6	−	51.1	−

出所：表4-4に同じ．

くに機械工業危機後もさらなる挑戦に直面することとなろう。

(3) センター機能強化構想と北東アジア

　製造業競争力の回復と並ぶもう1つの方向はサービス化の推進である。**表4-7**は産業研究院（KIET）がサービス業の生産額変化と

の展望（95年基準実質）

（単位：10億ウォン，％）

		平均成長率			
2010	シェア	1981-90	91-00	01-05	06-10
70,592	17.0	10.5	5.6	4.7	3.8
16,713	4.0	7.9	6.0	3.9	3.0
31,833	7.7	7.2	5.0	4.4	3.2
55,142	13.3	14.0	19.8	12.5	9.6
47,795	11.5	15.3	9.5	4.6	4.3
54,905	13.2	8.0	5.6	4.4	3.3
48,126	11.69	13.9	8.7	13.3	11.0
1,954	0.5	19.6	5.1	8.7	7.0
46,712	11.2	13.5	9.0	13.6	11.2
18,242	4.4	2.5	1.7	1.1	0.8
24,019	5.8	5.2	2.5	2.2	1.8
10,738	2.6	16.4	4.2	3.9	3.2
26,879	6.5	13.5	9.8	13.8	11.0
1,537	0.4	3.8	8.2	14.4	11.5
6,235	1.5	7.0	11.4	13.5	9.6
17,937	4.3	20.1	10.4	14.5	11.8
9,792	2.4	7.6	5.0	4.4	4.0
6,257	1.5	7.5	5.1	4.8	4.4
1,220	0.3	2.3	7.5	4.0	3.6
415,995	100.0	8.3	6.2	5.8	5.2
761,086	－	8.6	6.1	5.2	4.4
54.7	－	－	－	－	－

展望を予想したものであるが，サービス業がGDPに占めるシェアは90年の50.6％から2000年には51.1％へと緩やかな上昇を見せ，10年にはこれが54.7％に上昇するとみられている。サービス業の内容も2000年時点で最も高いシェアのサービス業は小売業（19.1％）で不動産賃貸（15.5％）がこれに次ぐ点では90年と大きく変わらないが，金融保険（12.7％）と通信（8.0％）が公共行政や教育などに代

わって躍進した。2000年代には引き続き通信の高い成長が続くと共に，IT関連のビジネス・サービスや文化娯楽部門へその影響が拡散し，10年にはこの2部門が比較的大きなシェアを占めるとみられている。

ただし，10年のサービス業シェアはそれでも1999年の米国（77.3%）はもちろん，日本（62.1%）やフランスなどと比べても依然として低い。サービス分野では先進多国籍企業が強い競争力をもつ。他方，韓国では製造業への依存度が大きかったため，無形資産の蓄積に乏しく，サービス業に対する金融環境，専門人材の不足といった供給条件に加えて複雑な規制や政策要因などもある。最も大きな障害はビジネス・サービスや文化娯楽部門も国内市場の規模には限界があり，かといってサービス貿易の自由化は財ほどには進んでおらず，かつてのような輸出中心の産業育成が容易ではないことである。金融保険やホテルなどの分野を除けば，サービス業への直接投資誘致もそれほど進んではいない。

こうしたなかで新たに構想されているのが，北東アジアの中心に位置する地勢的特性を生かし，交通・物流，ビジネス・サービスなどのハブ機能を強化する「北東アジア・センター構想」である。東アジアのハブ機能はこれまでシンガポールや香港などが担ってきたが，韓国の構想は日本・中国の巨大市場に隣接すること，韓国自身も世界11位のGDPをもつ国であることから，これらの都市型を超えた規模で欧州におけるオランダのような物流センターを構築し，世界の多国籍企業誘致を図ろうとするものである。

こうした構想まで至っていたわけではないが，物流の非効率は金泳三政権以来の課題であり[5]，韓国は1990年代に入って釜山港の拡張と仁川国際空港の建設など急ピッチで大規模なインフラ整備を進めてきた。国土が狭小なことからこうしたハブ機能を期待される海運港や空港はこれらに集約されている。このため**表4-8**が示すように，釜山港は施設面では福岡を大きく上回り，神戸に匹敵する内

第4章　韓国からみた北東アジア地域協力——開放小経済の戦略的イニシアチブ

表4-8　北東アジアの物流インフラ

空港

現状	単位	国際空港の規模・施設能力				
		仁　川	成　田	関　西	香　港	浦　東
面積	ha	1,098	700	510	1,248	2,000
滑走路	km	3.75×2	4.0×1	3.5×1	3.8×1	4.0×1
			2.5×1			
年間旅客受入能力	万名	2,700	2,200	2,500	3,500	2,000
完工	年	2001	1999	1994	1998	2000
着陸料	1,000W	3,410	8,869	8,525	4,193	（北京）4,852
拡張計画						
面積	ha	4,700	1,065	1,363	1,248	8,000
滑走路	km	4.2×2	3.5×1	3.5×1	3.8×1	4.0×3
				4.0×2		
年間旅客受入能力	万名	10,000	3,800	4,000	8,700	7,000
完工		2020	長期	長期	2040	2010

港湾

	主要コンテナ港湾の規模・施設能力と開発計画			
	1998		2000～2005	2006～10
	300m以下	300m以上	開発計画（300m以上，5万トン級）	
香港	18		12	9
台湾　高雄	8	16	3（第5 terminal）	5（第6 terminal）
基隆	6	1	10	
日本　神戸	18	19	6＋4（portisland）	
横浜	13	8	本牧2，大国2	南本牧4
中国　上海	7		外高橋第2期3	5号構2期—4期20
			5号構1期	
韓国　釜山	2	16	11（1995-2007）	14（2007-2014）
光陽	0	4	4（1999-2007）	8（2005-2011）

出所：韓国交通建設研究院資料.

容を備えるようになった。神戸震災という偶然もあったが，日韓中物流の増大や，深水港の少ない中国向けの積み替え荷が増えるなどの要因から，積採量・コンテナー処理などの物流面においても釜山港は既に神戸と鎬を削る規模に成長した。2011年までにはさらに荷役能力ベースで810万TEUの増設が，光陽港の932万TEUの増設も予定されている。また，1992年に着工し，01年に開港したばかりの仁川空港は収容人員規模では既に成田空港を上回り，02年には3本目の滑走路着工が決定した。20年に4本目が完工すると，その規模は旅客処理1万名，貨物処理450万トン（年）で成

田・関西を併せたよりも大きく,香港や浦東を抜いてアジア最大,世界でも第3位の空港となる予定である。港湾・空港とも物流情報網・データベースの構築,物流の標準化などソフト面からも整備が進められ,釜山・光陽港,仁川港－仁川国際空港周辺の関税自由地域化が推進されている。

　今後のインフラ建設継続をめぐる財源の確保や,他の国内物流(高速/普通鉄道・道路の建設など)との優先順位と連結方法の検討など,ハブ機能強化への戦略にはまだ検討課題も少なくない。しかしながら,韓国のハブ建設は規制緩和の遅さや建設期間・コストのハンディが大きい日本,深水条件に劣り,国内開発の優先順位調節がやはり必要な中国との間で身軽な小国の優位に立脚したものであり,明確なIT部門の戦略化と相まって1つの選択肢となりつつある。当然のことながら,ハブ機能が韓国に利益をもたらすためには周辺国,特に日本・中国間の貿易拡大＝物流拡大が必須条件である。構造改革において思い切った自由化を選択した以上,その自由化から最大の利益を引き出す他に選択肢があるわけでもない。韓国が日韓中自由貿易協定に最も強い熱意を示す背景には,最も果断な構造改革を推進してきたが故に,産業構造転換の青写真が日中よりも明確なものとなり,自らの成長戦略が協定と大きく関わってくるからに他ならない。

(4) 中国のWTO加盟と韓国 ① ——貿易の拡大

　最後に地域協力が韓国にとって決定的な魅力をもつ理由は言うまでもなく中国のWTO加盟とこれによる市場の拡大がある。韓国が中国のWTO加盟によって受ける影響は主として関税引き下げによる貿易,規制緩和によるサービス貿易(特に観光自由化)への影響と,直接投資を通じた国際分業の変化・産業調整への影響に分けられる。韓国が常に問題視する貿易収支が対中では黒字であるこ

とから，その影響は日本の見方に比べればかなり楽観的なのが特徴である。例えば典型的なシナリオは次のようなものである。加盟に伴う開放によって中国も競争力の脆弱な部門での調整が大きく必要となるが，五輪需要の拡大であって全体の成長は持続。これに伴って韓国の対中輸出増加はキャッチアップによる輸入増加を上回って増大するため，中国との貿易収支は黒字が増大し，さらに中国からの観光客増大によってサービス収支も改善するため経常収支全体にプラス。一方，中国の直接投資制度整備は韓国に対する第3国からの直接投資縮小要因となるが，多国籍企業による中国経済の成長・機会の拡大は韓国自身の対中投資にプラスとなり，大きなマイナス要因にはならない，というものである。

一般均衡モデル（CGE）を使用して韓国の対外経済研究院（KIEP）が予想した結果によると，WTO体制下の関税引き下げによる利益を最も大きく享受するのは中国自身で，その厚生水準は216億ドルも改善し，GDPは0.87%押し上げられ，物価も0.52%程度下落する。輸出が4.77%（123億ドル）増大する一方，輸入も7.09%（117億ドル）増大する。貿易収支は16.4億ドル程度の減少となり，交易条件も0.96%程度悪化するがそれほど大きなものではない。これに次ぐ域内の利益享受者は日本で，29.1億ドルの厚生水準向上となるが，GDPへの影響はごくわずか（0.002%）で，輸出も0.4%程度，輸入も0.38%程度増大するにすぎない。これに対し，韓国の厚生水準は16.8億ドルの増加と米国（18.8億ドル）に近い規模であり，GDPへの影響も0.008%と日米欧などに比べて相対的に大きい。輸出は0.27%のプラス，輸入は0.28%のプラスで輸出入とも増大するパターンは日本と同様となっている。中国の輸出増加分の20.3%（25億ドル），輸入増加分の26.5%（31億ドル）は日本が占め，韓国にとっての影響はそれぞれ2.4%（3億ドル），11.1%（13億ドル）にすぎないが，韓国にとって関心の強い貿易収支改善という意味では中国の韓国に対する赤字の増大（9.6億ドル）が日本（6.6億ドル）

よりも大きいものとなっている点が注目された(宋・鄭 [2001])。

WTO 加盟に五輪効果を加えた韓国銀行の経常収支展望はさらに楽観的で,中国の成長加速[6]により,韓国の輸出(通関ベース)は 2002 年から 08 年にかけて年平均 19.8 億ドル,輸入は 8.6 億ドルの伸びとなって貿易収支で 11.2 億ドル,観光客増大によるサービス収支で 1.7 億ドル改善し,経常収支は 12.9 億ドルの黒字(期間中 91 億ドル)の効果が持続するとされた(金・ウン・イム [2001])。韓国銀行によれば五輪需要による PDP,TV,DVD などの消費拡大が半導体や携帯電話などにも広がり,関税引き下げ効果は中国内の増設が追いつかない 05 年までは石油化学製品や建設需要の増大を見込む鉄鋼製品,引き下げ幅が比較的大きい繊維原料,糸,織物などの増大が韓国の対中輸出を牽引する。他方,原材料・中間財の輸入価格下落は中国の競争力強化にもつながり,繊維製品,コンピュータ周辺機器,音響機器などの家電,履物・玩具などでは韓国の輸入はさらに急増すると見られる。WTO 加盟は中国の市場開放のみならず,成長効果や中国の輸出や直接投資増大による間接需要の点では原材料・中間財及び資本財輸出国として韓国の利益が予想される。ただし,表 4-9 が示すように,中国企業の台頭と共に競争の激化(自動車や通信機器,化繊など),輸入代替の進行(石油化学,鉄鋼,電子電気など),さらには輸入制限措置の発動(紙製品,電子製品など)さえ可能性がある。全体として製造業を中心に水平分業への動きが加速するが,韓国の予想するように輸出の伸びが輸入を上回る勢いで継続するか否かは何とも言えない情勢にある。

(5) 中国の WTO 加盟と韓国 ②――直接投資交流の増大と多国籍企業誘致競争

地理上の近さや,韓国自身の推進するセンター機能の強化などを考えると,今後はむしろ貿易よりも直接投資やこれに伴う技術,人

表4-9 中国のWTO加盟による韓国への影響（貿易）

	主たる分野	競争条件
機会要因		
市場開放	半導体，CDMA，通信機器，パソコン	IT関連製品の関税ゼロ化
経済成長	建設，重装備，鉄鋼 プラント 耐久消費財（AV機器，自動車）	社会建設投資拡大 国営企業の設備更新 消費水準向上
中国の輸出増大	原資材（合繊，繊維，織物） 電子部品（半導体等） 外資系企業の輸出用原材料	対米繊維製品輸出の自由化 中国の価格競争力強化 原材料使用義務の緩和
外国人投資	通信・サービス関連設備	内国民待遇，サービス・通信拡大
リスク要因		
競争の激化	自動車，通信機器，化学繊維	中国企業の台頭
対中投資萎縮	産業機械，原資材	設備投資の鈍化
輸入代替	石油化学，プラスチック，鉄鋼，電子電気	現在の設備投資完工，増設
輸入規制強化	紙製品，STS，鉄鋼製品，化学品，電子製品，機械類	アンチ・ダンピングの乱発，標準基準の強化

出所：揚平燮［2000］から作成．

的往来の増大が中韓間の経済交流をダイナミックに変換させていくものとみられる。韓国の対中投資は90年代に入って急速に増大し，95～96年には平均8.3億ドルで全体の20％程度を占めていたが，その後の99～2000年は韓国の危機の影響で大きく落ち込んだ（図4-3参照）。しかしながら，2001年上半期に入ると再び増加に転じ，シェアも30％を超えるに至った。2001年上半期までの投資は48億3,100万ドルで，全体の281.5億ドルの16.8％を占めている。当然のことながら産業別に特徴があり，電子電気では中国投資のシ

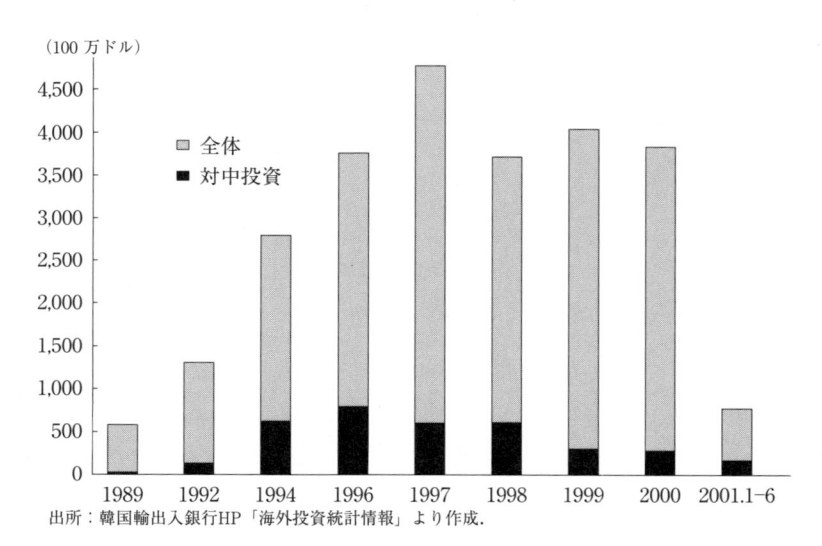

図 4-3 韓国の対中投資動向

(100万ドル)

凡例: 全体／対中投資

横軸: 1989, 1992, 1994, 1996, 1997, 1998, 1999, 2000, 2001.1-6

出所:韓国輸出入銀行HP「海外投資統計情報」より作成.

ェアは 21.2%と高く,次いで繊維 (16.4%),機械装備 (12.5%) などであり,対中投資は製造業が 81.8%を占めて圧倒的である。案件の内容も比較的労働集約型の中小企業を中心としたものが多かったが,次第に携帯電話などの通信機器などに大型化・高度化しつつある。今後はサービス部門の拡大,とりわけ韓国にとって大きな関心は CDMA 標準による次世代携帯通信サービスへの参入であり,この他にも建設,流通などが有望視されている。

反面,中国の投資環境が大きく整備されることはようやく多国籍企業の積極誘致に転じた韓国へのハンディキャップになる面は否めない。UNCTAD の投資白書によれば,1996 年から 2000 年にかけてアジア (日本を除く) に流入した直接投資は 963 億ドルであったが,うち,43.5%が中国に集中し (419 億ドル),韓国はわずか 6.5%を得たにすぎなかった。韓国の企業自身が対中投資への内容を変えつつある以上に多国籍企業の対中投資は労働集約型からハイテク,

サービスまで多様化が急激に進んでおり，とりわけ01年に入って次々と発表された日本企業による電子電気機器での大量中国シフトは韓国にとっては脅威の1つになりつつある。

しかしながら，外資系企業の需要が中間財供給者としての韓国を利する面もまだ存在する。ニッチとしての韓国市場は狭いが，直接投資を通じてダイナミックに転換する日中間の産業構造転換に合わせて韓国もまた直接投資誘致の機会を見出すほかはない。中国との棲み分け実現と共に，韓国の相対的な強味であるインフラの活用（国際都市の継続推進など），電子取引の強化，日中との規格・認証共通化，標準戦略での協力推進，規制緩和のスピードなどによって有力多国籍企業を誘致し，企業内貿易のネットワークにかかわって行くことが北東アジア市場での生き残りに重要な要素となっている。

［注］
1) 2000年から始まった中国における韓国発の映像・音楽の流行（「韓流」）は韓国に大きな自信を与えるものとなった。
2) 最近の包括的な資料として金ジンホ［2001］など。
3) 1990年代前半，東アジアに対する楽観から韓国の対外資金調達条件は大きく改善し，金利も低下した。政府は低利の海外資金流入が不動産や株式市場に流入することを恐れて実需原則と不動産投機規制を行い，この結果，大量の資金は製造業を中心とする基幹産業に集中することとなった。
4) 典型的な事例としてはエチレン分解からの石油化学一貫生産がある。韓国にも三星・現代など「財閥」による過剰設備があるものの，タイなどの投資調整等の恩恵を受けて98年以降も稼動率の大幅低下は免れてきた。
5) 交通・物流インフラの不足・体系の非効率により，外航費を除いた韓国の物流コストは対GDP比12.9％と，日本の9.6％，米国の9.9％に比べてもかなり高い水準となっている（建設交通部2001年11月発表）。

6) 韓国銀行の推計はWTO加入効果で1〜3%,オリンピック開催効果で0.1〜0.4%とされる大多数の研究機関の予測を勘案し,中国の成長率上昇を2%程度と推定している。同推定は関税引き下げによる輸入品価格の下落で追加需要が発生(2005年まで年平均2.4億ドル)することを折り込んでいる。

第3節 域内協力の推進と韓国イニシアチブへの課題

　経済的にも，政治的にもさまざまな意味で日中以上に北東アジア協力を必要とする韓国が実際にこの推進者となり，その利益を享受するためには韓国自身のコンセンサスを固めると同時に，域内協力を具体的で一貫性ある長期戦略として推進する姿勢が必要である。
　当面，最も基本的な問題は金大中政権下で進められてきたグローバル化戦略を政権の交代に関係なく，継続性ある政策としていま一度確認することである。政権発足当初掲げられた自由貿易体制づくりは結局，テスト・ケースとして本交渉に入ったチリさえも4年を経てまとめ切れていない。任期5年の大統領のリーダーシップには時間的限界があり，最も政治的にセンシティブな農業問題や，多国籍企業進出をめぐる労組の姿勢などが整頓できない限り，外国に対して一貫した通商交渉を維持するのは難しい。
　また日本の政治的プレゼンスが韓国にとっては常に特殊とはいえ，経済論理を欠いたまま，特定国に対する貿易バランスが政治化されるかぎり，自由貿易協定をめぐる交渉姿勢は短期的経済情勢と内政に翻弄され，その長期的ゲインを実現できない。通貨危機からの改革圧力が失われた今後は，韓国にとって何故自由貿易，特に地域をベースにした協力体制が必要であるのか，政策的評価を金大中政権の評価とは切り離して検討し，コンセンサスを再確認する必要がある。
　第2に，これまでさまざまな形で報道されてきた自由貿易戦略をその内容（substance），相手国（counterpart），制度化（institution）のレベル，時間軸（time span），実現順序（sequence），基軸国との関係などと共に一度，総合的に整理する必要もある。例えば日韓の

例をとると，日本は当初からシンガポールと結んだように，貿易の自由化のみならず，金融やIT産業などのサービス部門，共同のASEAN投資促進といった第3国関係を含めた比較的幅の広い「経済緊密化協定」のようなものを想定してきた。これは農業部門の自由化にハンディキャップをもつ日本がその他の部門でメリットを拡大させようとした反映でもあるかもしれないが，サービス化の進む日本経済の実体や日系企業の多いASEANへのコミットの必要性を考えれば自然なものであった。

これに対し，韓国では対日貿易赤字がどうなるか，だけの1点に関心が集中し，赤字の規模予想（シュミレーション）が往々にして議論の中心となってきた。このため共同研究に従事した対外経済研究院（KIEP）［2000］，産業研究院（KIET）［2000］，韓国経済研究院（KERI）［2000］などあらゆる研究は貿易赤字問題への対処，あるいはミクロ・レベルでの産業政策などに終始し，直接投資や提携を通じた産業構造調整の促進，技術協力の深化などといった動態的効果は触れられはしたが，実際にはほとんど関心が払われなかった。しかしながら2001年に入り，財界ベースでのラウンド・テーブルが開始されると今度は急にIT協力に焦点が当たる等，自由貿易協定の内容は混沌とし始めている。

相手国や地域に関する情報も当初はチリからNAFTAグループ入りを目指すとされたり，日本から急に中国を入れた北東アジアを主張したり，あるいはASEAN＋3を主張したり，マスコミ主導の情報が錯綜しており，明確な韓国の意図が正確に関心国に伝えられているとはとても言えない。北東アジアについてでさえ，2ヵ国間の積み上げを目指すのか，地域全体一括を目指すのかも曖昧なままにすぎない。とりわけ北東アジアは北朝鮮の存在があるだけに，日米韓の安全保障の枠組みと分離して中国と結びつくリージョナリズムが望ましいか，また実際に現実的であるかどうかにも明確な説明がなされてきたとも言えず，リージョナリズムとしての性格が不

第4章　韓国からみた北東アジア地域協力——開放小経済の戦略的イニシアチブ　179

確かな最大要因となっている。

　相手国及び地域の選択は制度化のレベルとも大きく関わる。先進国である日本が加わる場合，地域協定は途上国間の地域協定とは異なり，かなり厳密なレベルでWTO24条（その協定から外れるWTO加盟国への影響審査を規定）との整合性を問われる可能性が大きい。WTO体制下では途上国扱いとなっている韓国でもOECD加盟国ではあることから，日韓の協定も同様であろう。これに対し，中国－ASEANのような途上国間の協定はせいぜい中南米のメルコスールなどのレベルでしか内容が問われない可能性がある。韓国がIT立国を目指すのであれば，知的所有権などTRIPSなどの範囲でも途上国とは扱いの違う協定が現実的となろうが，その方向性と制度化との矛盾もほとんど指摘されておらず，相手と制度化のレベルについても明確な青写真が必要である。

　さらに相手と制度化レベルの選択は時間軸を大きく左右する。韓国が中国を入れた北東アジアに執着しつつ，制度化のレベルに無頓着である以上，時間軸は極めて長期にならざるを得ない。中—韓間の関係を韓国がどう考えるかはともかく，日本が日中韓協力の枠組みをAPEC型のボランタリーなやり方から一歩進んだ自由化推進，或いは政治交渉よりもWTOルールに整合的な交渉枠組みの早期実現に基礎を置いて考えられるかぎり，WTO体制の遵守がまだ証明されない中国の取り込み（日-中）は少なくとも日本にとっては時間のかかる課題にしかならない。この間の空白時間が北朝鮮情勢の不透明性を考慮に入れた場合，韓国にとって有利な体制づくりにつながるかどうか，についても議論が十分なされてきたとは言えないであろう。

　ただし，EUの統合が中級国家グループの切実な平和希求からスタートしたことを想起すれば，中級国家であり，通貨危機を通して開放小経済を自認するようになった韓国が朝鮮半島の平和維持を目的に協力のイニシアチブをとることは大国の利害が錯綜する地域に

とっては望ましいスタートでといえるかもしれない。ただし，東アジアの大半はまだ発展途上国であり，韓国自身を含めて欧州が捨てた「ナショナリズム」が依然として各国を動かしていることは無視できない。通貨金融危機を契機にしばしば聞かれるようになった対欧米としての「アジア民族主義」は所詮，各国の強いナショナリズムを超えて地域協力の理念になることはできないし，また欧米からもかつての EAEC に向けられた謗りを招く危険性がある。韓国が真の意味で地域協力の推進者となるためには周辺国と交流を続けながらナショナリズムを超えて普遍化できる理念の追求を自ら続けることもまた大きな知的貢献であり，課題であるといえよう。

[参考・引用文献]

石原亨一編［1997］『中国経済の国際化と東アジア』アジア経済研究所。
国分良成他編［2000］『グローバル化した中国はどうなるか』新書館。
鮫島敬治・日本経済研究センター編［2001］『中国 WTO 加盟の衝撃』日本経済新聞社。
――――［2000］『2020 年の中国』日本経済新聞社。
渡辺利夫・向山英彦編［2001］『中国に向かうアジア，アジアに向かう中国』東洋経済新報社。
アジア経済研究所［2000］『21 世紀日韓経済関係研究会報告書』アジア経済研究所。
国際開発センター［1999.3］『北東アジア及び日本海地域の総合開発に関する調査』（経済企画庁委託）。
Inkyo Cheon, [2000] Economic Effect of Korea-Japan FTA and Pollcy Implications on Korea, Policy Analysis 01-04, Korea Institute for International Economic Policy (KIEP), Seoul.
――――, Korea's FTA Policy Consistent with APEC Goals, Korea Institute for International Economic Policy (KIEP), Seoul.
Yanghee Kim, Jong-Gul Kim, The Effects of Korea-Japan FTA on inward FDI and the implications, Policy Analysis 01-05, Korea's FTA Policy Consistent with APEC Goals, Korea Institute for

International Economic Policy (KIEP), Seoul.

Kim Chungsoo, [2001] Perception on Free Trade: The Korean Debate over the Japan-Korea Free Trade Agreement, CNAPS working paper, Brookings Institute, Washington.

Munakata, Naoko, [2001] Evolution of Japan's Policy Toward Economic Integration, CNAPS Working Paper, Brookings Institute, Washington.

Sang-Yirl Nam, [2000] Competition and Complementarity in Northeast Asian Trade: Korea's Perspective, Korea Institute for International Economic Policy (KIEP), Seoul.

Wook Chae, Hongyul Han, [2001] Impact of China's Accession to the WTO and Policy Implications for Asia-Pacific Development Economies, Korea Institute for International Economic Policy (KIEP), Seoul.

Yungjong Wang, [2001] Financial Cooperation in East Asia, Korea Institute for International Economic Policy (KIEP), Seoul.

Hyoungsoo Zong, Yong kul Won [1998] Assessmont of IMF Emergency Financial Support Programs in East Asia and Prospects for Strengthening the International Financial Architecture, Policy Analisis 98-15, Korea Institute for International Economic Policy (KIEP), Seoul.

金昌男・千寅鎬［2000.12］「東北亜地域海洋都市間経済ノ経済協力モデル構想」対外経済政策研究院。

金フィソク［2001］「サービス業発展ノタメノ新シイ政策体系模索」産業研究院。

——――［2000］「韓国製造業ノ部門間生産性波及効果」韓国銀行季刊『経済分析』第2巻。

金ジンホ［2001］「digital 経済ト韓国ノ産業」三星経済研究所（Korea Vision 2011 資料）。

宋有哲・鄭仁教［2001.10］「中国ノ WTO 加入ガ韓国経済ニ与エル影響及ビ対応方案」，対外経済政策研究院『世界経済』。

ソン・ユチョル「東北亜経済協力ノ深化」対外経済政策研究院（Korea

Vision 2011 資料)。

辛イルスン [2001]「デジタル経済ニオケル経済構造変化ト政策方向:デジタル経済効果, 何故微弱ナノカ」情報通信政策研究院。

安ビョンミン・金ヨンギュ [2000. 4]「韓・中・日間間交通・物流協力体系構築ノタメノ戦略樹立」交通開発研究院研究報告書。

田一秀・李汰炯 [1998. 9]「Sea&Air 連携輸送基地トシテノ仁川国際空港ノ展望ト課題」, 交通開発研究院研究叢書。

李昌在 [2001]「東北アジアビジネス中心地化構想:新パラダイムノ選択」, 対外経済政策研究院。

楊平燮 [2000]「中国ノWTO加入以後産業別開放計画トソノ影響」対外経済政策研究院。

ウン・ホソング, イム・ユンサング, 金ジニョン [2001. 9]「中国ノWTO加入及ビオリンピック開催ガワガクニ経済ニ与エル影響ト対応方向」韓国銀行調査局。

鄭ジョンイン・李ハンニャン・韓ヒジュン「ワガクニト中国ノ輸出入構造比較分析ト中国ノWTO加入ガワガクニ輸出入ニオヨボス影響」韓銀調査研究 2000-4, 2000-3。

─── [2000. 5]「ワガクニト日本ノ輸出入構造比較分析」韓銀調査研究 2000-9。

洪ソンウク・権オギョン・辛ドンソン [1998. 3]「21世紀物流立国ノタメノ物流体制改善方案」建設交通部。

韓国銀行産業分析チーム [2000.10]「情報通信産業発展ガ生産性ニ与エル影響」『調査月報』。

─── 国際貿易チーム [2001. 2]「品目別輸出入行態分析ト示唆点」『調査月報』。

─── 国際貿易チーム [2001. 6]「ワガクニト中国オヨビ日本ノ輸出入構造比較分析ト今後課題」『調査月報』。

韓国開発研究院 (KDI) Vision Korea 2011 資料。

産業資源部 [2001]「サービス産業活性化対策」。

第 5 章　加速する日本企業の中国進出

第1節　自動車産業の中国・韓国との貿易・投資

福田　篤

(1) 世界自動車市場に占めるアジア市場の位置づけ

　世界の自動車市場は欧米先進国を中心に発展してきた，2000年時点では世界の自動車生産台数約5,700万台のうち米州・欧州地域がそれぞれ約2,000万台，残る1,700万台がアジア地域で生産されている。アジア地域で生産されている1,700万台のうち日本が1,000万台，韓国が300万台，中国は200万台を占めている。

　各地域の自動車に対する安全・排気・燃費規制の違い，嗜好の差もあり，自動車各社の地域別商品展開も多様化しているが，90年代初より活発化してきた地域経済圏設立の動きが，各地域の特性を際立たせてきている。日系自動車各社も80年代から90年代にかけての貿易摩擦と完成車輸入制限・船積みモニタリング措置，円高に対応する形で拡大させてきた欧米諸国での現地生産規模が，米州のNAFTA，メルコスールの実現，さらにはFTAAへの流れ，また欧州におけるEUの成立，東欧諸国への拡大を契機に更に拡大してきている。

　一方，アジア地域における地域経済圏形成は1992年から始まったAFTAへの取り組みを除き，いまだ緒に就いたばかり。詳細については(4)項でふれたい。

　アジアにおける自動車産業の発展形態を見ていくと，東南アジア地域と中国，韓国の状況は趣を異にする。東南アジア諸国の自動車産業の発展は日系自動車各社の東南アジア地区への進出を契機とし

ており，その歴史は古く，1960年代に溯る。東南アジア地区への進出は，国産化政策へ協力し自動車産業の育成に貢献するのであれば市場への参入を許し，一方域外からの障壁を高くするといった国内産業保護政策に対応したもの。現在に至るまで一部を除きTRIMsが残存し，輸入完成自動車に対する関税もおしなべて高い。結果的に現地生産を進めた日系自動車各社製品の市場シェアが非常に高くなっている。

98年の経済危機により大幅に縮小した東南アジア諸国の自動車市場も2005年頃には経済危機前の水準である150万台規模へ回復する見込みであり，日系自動車各社はAFTAによる市場統合をにらみ，AICOスキームを活用した域内部品補完の拡充と域内調達率向上を進めるとともに，日本政府の資金援助のもと裾野産業の強化に取り組んでいる。

一方，中国は国家が，韓国は現地資本の財閥が中心となり欧米日のメーカーとの技術提携をてことした産業育成が進められてきた。政策的な制約があり，日中，日韓間の自動車貿易も現時点に至るまで非常に少なく，日系自動車各社の現地生産台数も，その市場規模に占める割合はごく小さい水準にとどまっている。

(2) 韓国の自動車産業と貿易・投資上の課題

韓国自動車産業の概要

隣国韓国における自動車産業の発展は1980年代に韓国メーカーが日本メーカーとの資本提携を進め，かつ85年のプラザ合意が追い風となり対米輸出を急拡大させたことで大きな発展を遂げた。米国市場で品質トラブルが相次ぎ，対米輸出台数は88年をピークに減少するが，90年代後半以降，内需拡大と欧州，アジア，中南米などの新たな輸出市場を開拓することで，その後も生産台数を拡大していき，97年には280万台生産規模を達成。98年の金融危機に

表 5-1 韓国生産

(単位：台)

	1996	1997	1998	1999	2000
合　計	2,812,714	2,818,275	1,954,494	2,843,114	3,114,998
乗用車	2,264,709	2,308,476	1,625,125	2,361,735	2,602,008
バス	236,516	242,871	159,687	228,282	246,288
トラック	284,993	248,200	161,594	242,234	256,370
SPVs	26,496	18,728	8,088	10,863	10,332
現代	1,281,762	1,239,032	770,558	1,220,243	1,525,167
起亜	703,116	613,920	362,947	680,953	803,394
大宇	447,581	607,559	383,802	698,919	624,534
亜細亜	53,657	45,952	26,549	19,280	-
双竜	76,940	79,907	44,194	98,194	116,879
現代精工	60,228	71,326	74,938	49,498	-
大宇重工業	185,093	156,698	248,529	59,664	-
三星商用車	2,804	2,981	994	9,901	15,943
三星	-	-	41,593	6,362	28,787
その他	1,533	900	398	10	294

出典：韓国自動車工業会.

より経営が不安定となり外資の資本参加を軸とする産業再編を招いているが，比較的短期間に内需，輸出が回復してきており，2000年には生産台数で300万台超えを達成している（**表 5-1**）。

韓国の自動車市場は年間143万台（2000年：**表 5-2**）と東アジアで3番目の規模であるが，完成自動車輸入が自由化されたのは1988年であり，輸入車市場は総市場の0.3%（2000年実績：**表 5-3**）にすぎない。さらに日本車にかぎっては，「輸入先多角化品目制度」により99年6月まで輸入制限が課されていた。市場が開放された現在に至っても，日系自動車各社は後述する関税障壁，認証コスト負担のハンディもあり，本格的な量販モデル市場への参入については慎重な姿勢を崩しておらず，トヨタが2001年より高級車ブランドであるレクサスブランド車で韓国への完成車輸入，販売を手がけ

表 5-2　韓国市場

(単位：台)

	1996	1997	1998	1999	2000
合計	1,654,447	1,521,073	781,980	1,275,430	1,434,874
国産車	1,644,132	1,512,935	779,905	1,273,029	1,430,460
現代	740,341	645,597	307,976	547,989	646,670
起亜	458,400	354,016	155,035	337,451	408,338
大宇	179,452	293,592	86,925	237,578	242,123
亜細亜	29,738	20,579	11,723	11,133	－
双竜	55,489	57,619	30,913	82,499	94,480
現代精	55,592	64,519	27,444	22,522	－
大宇重	121,039	73,172	117,338	20,031	－
ルノー三星	－	－	41,593	6,362	26,862
その他	4,081	3,841	958	7,464	11,987
輸入車	10,315	8,138	2,075	2,401	4,414
Chrysler	2,139	1,650	619	510	704
Ford	1,175	1,810	598	161	358
GM	580	403	1	68	182
Audi	696	409	87	12	56
BMW	1,447	1,219	351	1,001	1,779
M.Benz	1,227	732	101	343	665
Saab	777	302	67	141	207
VW	315	189	115	2	86
Volvo	1,070	485	82	115	307
トヨタ	－	－	－	－	－
その他	889	939	54	48	70

出典：韓国自動車工業会.

ているにとどまっている。

日韓自動車貿易の現状と課題

　自動車・自動車部品貿易の障壁として，乗用車で8％，商用車で10％の関税がまず指摘される（**表5-4**）。乗用車を例にとると，8％の関税によるベース価格の差は，排気量が大きい自動車ほど高率と

表 5-3　韓国における輸入車販売台数推移

(単位：左肩・シェア%, 台)

	1996	1997	1998	1999	2000
合　　計	1,654,447	1,521,073	781,980	1,275,430	1,434,874
輸入車	0.6	0.5	0.3	0.2	0.3
	10,315	8,138	2,075	2,401	4,414
Chrysler	2,139	1,650	619	510	704
Ford	1,175	1,810	598	161	358
GM	580	403	1	68	182
Audi	696	409	87	12	56
BMW	1,447	1,219	351	1,001	1,779
M.Benz	1,227	732	101	343	665
Saab	777	302	67	141	207
VW	315	189	115	2	86
Volvo	1,070	485	82	115	307
Lexus	−	−	−	−	−
その他	889	939	54	48	70

出典：「Automotive Trade Policy Council」ホームページ.

なる特別消費税，地下鉄債権税がかかるに連れ拡大し，2,000cc を超えるモデルについては，国産の同クラスのモデルに比べ 17%以上割高となる。

　また，韓国独自の車両法規が貿易障壁となっている側面がある。韓国の法規は**表 5-5** のとおり国際法規が組み合わされている他，韓国独自の変更・修正・追加がされている。結果として，韓国向け輸出車両に不可欠な独自の仕様変更，設計変更コストの大きさが輸出阻害要因となっている面がある。

　上記に加え，韓国国民の極度の国産品愛好傾向が輸入品販売不振の原因との見方もある。1 例として米国政府が韓国政府との間で結んだ，韓国市場における外国車のアクセス改善のための覚え書き (1998 年 MOU) のなかに，高排気量モデルの税負担の軽減，認証制度の簡素化，国際的認証基準の受け入れ，車両抵当権制度の導入に

表5-4 8%関税による輸入車販売価格のアップ率(車両価格を100とした場合)

(税率は%)

	~1,500cc			1,500~2,000cc			2,000cc~		
	税率	国産車	輸入車	税率	国産車	輸入車	税率	国産車	輸入車
①車両価格		100.00	100.00		100.00	100.00		100.00	100.00
②関税 ①×税率	8	―	8.00	8	―	8.00	8	―	8.00
③特別消費税 (①+②)×税率	7	7.00	7.56	10.5	7.00	11.34	14	7.00	15.12
④教育税 ③×税率	30	2.10	2.27	30	2.10	3.40	30	2.10	4.54
⑤卸売価格 ①+②+③+④		109.10	117.83		109.10	122.74		109.10	127.66
⑥付加価値税 ⑤×税率	10	10.91	11.78	10	10.91	12.27	10	10.91	12.77
⑦小売価格 ⑤+⑥		120.01	129.61		120.01	135.02		120.01	140.42
⑧取得税 ⑦×税率	2	2.40	2.59	2	2.40	2.70	2	2.40	2.81
⑨登録税 ⑦×税率	5	6.00	6.48	5	6.00	6.75	5	6.00	7.02
⑩地下鉄債権 ⑦×税率	9	10.80	11.66	12	14.40	16.20	20	24.00	28.08
ユーザー負担額 ⑦+⑧+⑨+⑩		139.21	150.35		142.81	160.67		152.41	178.34
		輸入車8%高			輸入車13%高			輸入車17%高	

出典:韓国自動車輸入組合ホームページ.

加え,「韓国国民の外国車に対する否定的なイメージ払拭のための韓国政府による積極的働きかけ」が盛り込まれており,両国政府間で合意されていることを指摘しておきたい。

日本市場における韓国車の販売台数も極めて少なく(**表5-6**),2000年の韓国車販売台数は839台,シェアは0.01%にとどまってい

表5-5 車両法規の概要

項　目	概　　要	米国仕様車の適合可否	欧州仕様車の適合可否
排気ガス規制	米国法規をベースにしているが，一部に韓国独自の変更あり ・蒸気基準に特別要件追加 ・試験法の変更	一部変更要だが，基本的には適合可	適合不可
車外騒音	欧州法規	車種により適合不可	適合可
電波障害 ①車両	欧州法規	車種により適合不可	適合可
②単体	日本法規	適合不可 変更要	適合不可 変更要
安全法規	基本的に韓国独自法規 (等価法規として欧米法規も受け入れるが，特殊要件が一部混在)	ほぼ適合可 一部変更要	ほぼ適合可 一部変更要

資料：トヨタ調べ．

る。01年1月より韓国最大手の現代自動車が日本市場に本格進出を果たし，9月時点で22店舗を展開している。現代自動車幹部は，韓国車の日本市場における不振の理由として，自動車輸入関税は0％であるが，非関税障壁が数多く存在し，特に流通の閉鎖性が問題であるとたびたび指摘している。

裾野産業の競争力

韓国には輸出，国内販売含め300万台規模の自動車生産ベースがあり，ひととおりの自動車部品産業が形成されている。また，韓国車の国際市場における価格競合力の強さに照らしてみても，韓国製部品の価格競争力の強さが大きく貢献しているといえる。

しかしながら，世界最適調達を謳う日系自動車メーカーへの納入実績は99年実績で約20億円程度とそれほど多くはない。近年デル

表 5-6 日本における輸入車販売台数推移

(単位:左肩・シェア%, 台(含軽))

	1996	1997	1998	1999	2000	2001/1-6
合計	7,078,717	6,726,729	5,881,377	5,861,660	5,964,550	3,106,979
輸入車	6.0	5.4	4.7	4.7	4.6	4.5
	427,525	364,882	275,869	278,225	275,452	139,849
VW	50,491	49,535	41,652	47,254	58,585	32,213
M.Benz	41,128	42,133	42,556	53,474	51,613	26,904
BMW	36,196	36,298	33,309	35,281	36,079	17,912
Volvo	24,055	19,943	16,392	14,299	15,689	8,438
Opel	38,339	34,397	24,223	19,433	15,318	7,156
Peugeot	4,750	5,760	6,341	7,145	10,767	5,871
Ford	23,273	15,385	7,886	6,036	8,451	3,813
Chrysler	17,404	15,366	8,823	7,083	8,342	4,745
Hyundai	−	−	−	−	−	310
Daewoo	−	−	−	25	813	333
Ssangyoun	78	91	52	37	22	6
Kia	−	14	30	16	4	1
その他	191,811	145,960	94,605	88,142	69,769	32,147

出典:日本自動車輸入組合調べ.

ファイやビステオン等主要なグローバルサプライヤーが進出しており,さらに現代に出資したダイムラー・クライスラー,大字への出資を検討している GM のアジア戦略が本格化するにつれて,韓国国内向けとともに海外市場への供給を増やしてくるものと考えられる。対日輸出については,今後,韓国自動車部品メーカーによる日系自動車メーカーの要求品質水準への習熟が進み,また為替レート水準が好転した場合には日本に対する部品輸出の流れが太くなってくることは充分想定できる。

(3) 中国の自動車産業と貿易・投資上の課題

中国自動車産業の概要

2001年6月に中国国家経済貿易委員会が発表した中国自動車産業第10次5ヵ年計画には，自動車産業の現状として「1999年末時点で中国には118社の完成自動メーカー，51社のエンジン会社，1,540社の部品メーカーがあるが，2000年時点でトップ13社の基幹企業の自動車生産集中度は90%を超え，うち第一汽車，東風，上海汽車の3社だけで44%を占める」と指摘している。10数社の大企業の他に小規模で技術レベルの低い中小企業が100数十社あり，投資分散による低生産効率及び低品質という課題がみられる。従って，完成車の輸入を制限し，企業の再編と生産の集約化を推進することで，国内自動車産業の育成を図ろうとしてきた。

中国政府は1987年に乗用車生産を「三大」プロジェクトに限定するとし，その後「三小」と「二微」を追加，乗用車の「三大三小二微」体制が唱導された。94年には，「自動車工業産業政策」を発表，2000年目標として乗用車生産を自動車総生産の50%以上に引き上げるとする一方，一定の国産化率を達成する車種に対し特恵税率を適用，新規合弁認可に対する種々の制限を課すことで国産化の進展，生産の集約化を促そうと試みた。しかし，「自動車工業産業政策」は地方政府まで徹底されず，企業再編及び生産集約化を通じた産業育成策はこれまでのところ所期の成果を上げていない。実際，GMと上海汽車の合弁会社設立が認められるなど，中国の自動車産業政策は一貫性を欠いている。

中国の自動車市場規模は210万台（2000年，**表5-7**）あり，東アジアでは日本に次いで2番目の規模である。しかし，完成自動車輸入を輸入割当及び許可制度により制限しているため，年間でわずか4万台程度の実績にとどまっている（総市場の約2%；**表5-7**）。

表5-7 中国市場

(単位:台)

	1997	1998	1999	2000
総市場	1,615,941	1,642,769	1,866,845	2,130,520
国産車	1,567,474	1,603,054	1,832,470	2,088,626
乗用車	474,203	508,284	570,410	612,737
第一汽車	19,808	17,284	16,352	15,345
上海VW	230,186	235,020	230,836	222,432
上海GM	–	–	19,826	30,543
一汽VW	444,487	66,037	83,279	111,269
広州本田	–	318	10,003	32,233
天津汽車	96,672	99,668	105,653	90,028
長安汽車	27,759	36,239	43,735	47,001
北京Jeep	19,390	9,222	9,139	4,628
神龍汽車	28,028	33,364	43,850	52,036
日系	96,672	99,986	115,656	122,261
欧系	702,701	334,421	357,965	385,737
米系	19,390	9,222	28,965	35,171
商用車	1,093,271	1,094,770	1,262,060	1,475,889
トラック	676,536	658,051	750,769	774,901
バス	416,735	436,719	511,291	700,988
輸入車	48,467	39,715	34,375	41,894
日本車	21,389	31,369	24,435	25,879

出典:中国汽車工業総合分析.

　海外メーカーの中国進出においては，ドイツのVW社が大きく先行している（表5-7，5-8）。日系自動車各社に対しては，中国政府が合弁事業認可に，部品産業の導入，育成，輸出入均衡，国産化，技術移転など厳しい要件を課していたこともあり，欧米メーカーに比べ出遅れた感がある。

日中自動車貿易の現状と課題

　中国の輸入関税は2001年初めの時点で，80〜100％と非常に高

表5-8　中国での生産車数

(単位：台)

	1997	1998	1999	2000
115社合計	1,577,898	1,627,829	1,830,323	2,069,069
乗用車	481,611	507,103	565,366	604,677
第一汽車	21,824	14,951	15,731	15,365
上海VW	230,443	235,000	230,946	221,524
上海GM	-	-	23,290	30,024
一汽VW	46,405	66,100	81,464	110,005
広州本田		344	10,008	32,228
天津汽車	95,155	100,021	101,828	81,951
北京Jeep	19,377	8,344	9,294	4,867
神龍汽車	30,035	36,240	40,200	53,900
日系	95,155	100,365	111,836	114,179
欧系	306,883	337,340	352,610	385,429
米系	19,377	8,344	32,584	34,891
商用車	1,096,287	1,120,726	1,264,957	1,464,392
トラック	664,455	661,701	756,277	764,005
バス	429,832	459,025	508,680	700,387

出典：中国汽車工業総合分析.

く，非常に大きな障壁となっている。また，完成自動車は輸入割当制度下にあり，貿易権をもつ一部国有貿易会社にのみ配分されるうえに，その配分の原産国別，商品別の内訳にも政府意向が強く反映されてきた。

2001年6月22日，中国対外貿易経済合作部（対貿部）により発動された日本製自動車，空調機，携帯電話に対する100%の追加特別関税措置に先立ち，対貿部は実際に輸入をとりまわす輸入車トレーダーに対し，日本車の輸入割り当て台数を減少する旨伝え，また既に配額証明書を入手している業者に対する輸入許可書の発行手続きを遅延させるなどの貿易制限措置がとられた。

中国政府によってとられた特別関税措置により，日本車の中国販

第5章　加速する日本企業の中国進出

表 5-9　これまでの中国輸入車市場の推移

（単位：左肩・輸入車市場内シェア，台）

	1997		1998		1999		2000	
中国総市場		1,615,941		1,642,769		1,866,845		2,130,520
国産車市場（販売）		1,567,474		1,603,054		1,832,470		2,088,626
輸入車市場		48,467		39,715		34,375		41,894
日本	44	21,389	79	31,369	71	24,435	62	25,879
ドイツ	2	787	3	1,332	5	1,673	10	4,284
アメリカ	3	1,494	6	2,304	3	1,005	4	1,714
韓国	7	3,397	5	2,158	6	2,112	8	3,507
その他	44	21,400	6	2,552	15	5,150	16	6,510

出典：中国汽車工業総合分析．

売業者向け卸価格は約1.6倍に上昇するため，欧米車との価格競合力を一気に失った。結果として，中国の特別関税措置発動以降，中国への日本車の輸入はほぼストップしている。当措置は，自国の輸出品が差別的な関税措置を受けた場合，報復として任意の品目に対する輸入関税を引き上げることができるとする中国国内関税法に基づく措置であり，またWTOに加盟していないがために日本の暫定セーフガード措置をWTOの紛争処理手続きに基づき協議，解決することができないという事情に即したものとの説明も成り立つ。一方，日本のセーフガード措置についてはWTO上認められており，暫定セーフガード措置に対しては報復できないことと決められている。したがって，中国の日本製自動車等のみを対象とする特別関税措置は最恵国待遇違反との指摘も正しい。

最速ケースで2001年末と予定されている中国のWTO加盟実現に伴い、日中間の貿易量がさらに拡大することは確実であり、日中間には今後多くの通商問題が生じることが予想される。問題への対処にあたり、自由貿易体制の恩恵を大いに享受している日本、中国両国がいたずらに保護主義的措置をとることは両国の国益上、また自由貿易体制の維持、拡大にとって望ましいことではない。

WTO加盟に伴う貿易・投資関連措置の是正

　中国政府はWTO加盟に必要な議定書のなかで、これまで問題であった多くの貿易・投資に関わる規制や制約、地方保護主義措置、高関税を改善するとの約束をしている。自動車分野について特筆すべき点は下記5点（以下、加盟議定書Rev.8による）。

① 輸入割当制度の段階的廃止——**表5−10**に掲載された自動車関連部品、完成自動車について、加盟初年度に60億ドルの輸入金額枠を設定。輸入金額枠は年率15％の割合で拡大され、2005年に撤廃される。割り当て対象となる自動車部品の輸入実績（2000年）は、約1.5億ドルであることから、残りの58.5億ドルは計算上完成車輸入に充てることができる。1台約250万円の出荷価格の自動車（1USドル＝120円）で約28万台分に相当するが、これは2000年の中国への完成自動車輸入実績の7倍以上にのぼる。04年の輸入金額枠は91.3億ドルであり、単純にほとんど全てが完成車に振り当てられるとすると、同様の計算で43万台強の一大輸入車市場が出現する。

　ただし、輸入金額枠の拡大に伴う輸入車の希少価値（プレミアム）の低下、関税引き下げ期待のもとでの価格引き下げ圧力、外資企業に段階的に認められる自前販売網の構築（販売権の獲得）時期、現地生産車両販売とのすみわけを考慮すると加盟後すぐに輸入完成車がなだれをうって中国に流入するという事態は想定しにくい。

② 貿易権の段階的自由化——加盟1年経過後すぐ、外資マイノリ

表 5-10 自動車関連の対象品目と輸入枠撤廃期限
（2001年7月31日付 Rev. 8 ANNEX3 ベース）

品　　　目	HS コード	輸入枠及び輸入許可制撤廃期限
ロータリーエンジン等その他ガソリンエンジン（注1）	84079000	2003年
ディーゼルエンジン	84002010/84082090	03
コンプレッサー（注2）	84143090	加盟時
エアコン	84152000	2002年
トラクター	87012000	04
大型バス（30席以上）	8702****	04
中小型バス（10席以上30席未満）	8702****	05
乗用車（9席以下）	8703****	05
貨物用自動車（ディーゼル）	87042***	04
貨物用自動車（5トン以下のガソリン車）	870431**	04
貨物用自動車（5トン超のガソリン車）	87043230/87043240	02
特殊用途車両	8705****	02
乗用車用の車体	87071000	04
KD車両（部品価額として，最終製品価額の60％以上のもの）	ANNEX3では，KD部品のHSコードは無し　ただし，00年12月末の日中間の非公式協議で，中国政府は左記条件のKD車両は完成車として扱うとコメント	05

注：1) 自動車用の一般ガソリンエンジンは含まず．
　　2) 英語表記は Compressors driven by a non-motor.

ティ（50％以下）の合弁に貿易権を付与。加盟2年経過後すぐ，外資マジョリティの合弁に貿易権を付与。加盟後3年以内に，外資100％を含むあらゆる企業に貿易権を付与。上記輸入金額枠の配分にあたっては，加盟2年目に外資マイノリティに，3～4年目には外資100％を含む外資マジョリティに対し，年毎の輸入金

額拡大分（前年金額枠の15%）及び前年金額枠の未消化分を原資とした優先配分が行われる。
③ 関税の段階的引き下げ―― 2001年時点で80～100%の譲許関税率が2006年7月には25.0%まで段階的に引き下げられる。
④ 投資制約の緩和－加盟時，トラック，バスを除く製造許可に関し，車両分類，型式，モデルの制限を撤廃。また自動車エンジン製造については，外資出資制限が撤廃される。
⑤ TRIMの撤廃－加盟時までに，輸入，投資の許可・割り当ての運用にあたり，国産化義務づけ，輸出入均衡要求，輸出要求等のパフォーマンス要件が課されなくなる。

さらに，中国に対してはWTO加盟後に同国のWTO加盟議定書に盛られた約束の遵守を監視する「移行期審査機構（TRM）」が設けられた。TRMはWTO加盟国に対し，加盟後8年間にわたり，毎年中国からの議定書遵守状況に関わる情報を求め，進捗を監視するもので，加盟後10年目までに最終審査を行うよう求めている。もとより当措置は罰則を伴う強制措置ではないが，米国などWTOの主要メンバー国による監視が，中国政府の議定書遵守にあたり，強力な圧力となることが想定されている。

自動車10次5ヵ年計画

WTO加盟を控え，中国政府は自動車生産の集約を政府主導で進めるのではなく，市場競争を通じた企業再編によって達成するとの方向性を打ち出している。中国政府は2001年6月「中国自動車産業10次5ヵ年計画」を発表，「中国の自動車産業が開放競争と自主発展を両立させる道を歩むべく，産業構造の調整に尽力し，優良大手企業の発展を促し，国際競争力を強化することによって10年に国民経済の支柱産業になるよう努力する」旨宣言している。

自動車10次5ヵ年計画の発展目標と構造調整の主な内容として，下記3点が注目される。

① 2005年,自動車生産量は320万台前後で,うち乗用車の生産量は110万台前後。
② 2005年には国際競争力のある大手企業集団が2～3社形成され,その製品の国内シェアは70%に達し,一部の製品は輸出に向けられる。大手企業集団の育成にあたっては,第一汽車,東風汽車,上海汽車集団をベースに戦略的な統廃合を強化し,大手企業どうしの連合を推進,資源配分の最適化を図る。
③ 乗用車は排気量1.3リットル以下,100km当り燃費が国内先端レベルに達し,市販価格は8万元前後,国家の安全,省エネ,排気基準及び個人ユーザーの要求を満足する経済型乗用車を重点的に発展させる。経済型乗用車の販売促進に資するため購入税上の優遇措置を設ける。

当計画の実現性については,意見の分かれるところである。特に,これら3大企業集団における乗用車生産で協力関係にあるのは,VW,GMに限られていることから,中国政府の期待する外資の活用に足枷がかかりかねない点,WTO加盟国として特定の企業集団だけが享受できる優遇策が,WTOの規定する内国民待遇原則に触れる可能性が高い点は指摘しておきたい。

裾野産業の競争力

中国には,鉄鋼,石油化学,繊維等,いわゆる素材産業といわれる分野は国内にほぼ揃っており(一部特殊鋼を除く),二輪車の模造部品の例を引くまでもなく,中国で製造が完結できる部品については非常に安い。また,労働集約的な部品,例えば繊維製品(シートカバー等),ワイヤーハーネス等は強い競争力を有しており,日米市場向けにも輸出されている。ただし,素材産業は典型的な国有企業であり,国内での供給が可能な製品の輸入を制限しているため,自動車メーカー独自の要求品質,仕様に合わせた木目細やかな対応は望むべくもない。特別な仕様で注文を入れておいたとしても,他

企業からの普及品の注文が増えると納期に影響がでる。価格についても国際価格をベースとしているなど下方硬直性が高い。

一方で,部品製造にあたり大きな設備投資を必要とするものは,減価償却コスト負担が重く,なかなか安くならない。もちろん競争力は労働コストの差を反映した価格だけで決められるものではなく,日系自動車各社の場合で言えばコストは要求品質との見合いであり,また必要な耐久性,信頼性との見合いでもある。

中国部品産業の開発能力は,現時点では欧米仕様の部品を中国仕様に変更するなどの適合技術のレベルにとどまっているが,近年急速に技術力が伸長してきている。生産技術面では,海外から輸入された設備を用いていること,学習効果も高いことからレベルアップが著しい。

自動車本体での競合にはいましばらくの時間がかかるかもしれないが,自動車部品では近い将来中国製品との競合が日系自動車部品メーカーにとって大きな課題となるだろう。日系自動車部品メーカーの中には,完成車メーカーの中国における生産規模が小さい現状であっても,今のうちに中国に出ておかないと,将来中国製品が日本に集中豪雨的に輸出されてしまうと太刀打ちできなくなる,それならむしろ,中国に出ていって中国でつくるのが企業存続には必要と考えるところが出始めている。

その場合,欧米にある拠点,日本にある拠点の生産能力は調整されることとなる。中国に安いものがあれば引いてくる,あるいは海外市場への輸出を中国拠点からの輸出におき替えていくことで現在の大競争時代を勝ち残ろうとする部品メーカーが今後増加していくものと思われる。

(4) アジア広域自由貿易圏へのシナリオ

日中韓の3ヵ国を除く東南アジア自動車市場は経済危機の影響が

色濃く残り，2000 年時点のタイ，インドネシア，フィリピン，マレーシア市場をあわせても 100 万台と小規模にとどまっている（過去最高は経済危機前の 1996 年で，4 ヵ国計約 145 万台）。

表 5-11 AICO 件数（2001 年 7 月時点）

AICO 申請件数	125
AICO 認可件数 （推定貿易額）	77 （9.66 億ドル）
うち自動車関連	66

出典：ASEAN 事務局.

経済回復，発展に向け，ASEAN では AICO などの産業協力スキームをはじめとする自由貿易施策を推し進めており，これらは域内貿易拡大，競争力強化に大きく貢献，自動車メーカー各社の活用も進んでいる（**表 5-11**）。（なお，ASEAN Industrial Co-Ooperation；AICO とは，2003 年に開始される AFTA の先駆けとして ASEAN 各国により実施されている産業協力スキーム。ASEAN 域内で生産分業を行う場合，一定条件を満たし，AICO として認定を受けることができれば，AFTA の 03 年の共通関税率〈0～5%〉を享受できる。）

2003 年には，ASEAN 当初加盟国（タイ，インドネシア，フィリピン，シンガポール，ブルネイ）間で CEPT（共通特恵関税制度）協定が発効し，域内関税 0～5% の ASEAN 自由貿易圏（AFTA）が実現する。自動車・同部品は従来，CEPT の一時適用除外品目リスト（Temporary Exclusion List；TEL）に掲載されていたが，2000 年初には全品目が CEPT の適用を受ける対象品目リスト（Inclusion List；IL）に掲載されている。しかしながらマレーシアのみ，一部の自動車・同部品を TEL に残し，05 年までの CEPT 適用延期を決定しており，今後の貿易自由化への影響が懸念される。

中国の WTO 加盟を契機とした競争力強化・インドの台頭を考えると，ASEAN の域内市場自由化，特に自動車分野の自由化は一刻を争う。そのためには，まず予定されている 2003 年（マレーシアは 2005 年）には自動車分野の 0～5% 域内関税適用を確実に開始させなければならない。

周辺アジア諸国，なかでも今後急速に市場拡大が見込まれる中国，インドとの貿易関係の強化は，AFTAの次に重要なステップと考えられており，2000年に提唱されたASEAN＋3（日中韓）の自由貿易圏設立に向けた動きが地域内の2国間をベースに進められている。しかし，日中韓についてはそれぞれASEANとの自由貿易協定を検討しているものの，合意には時間がかかると見込まれている。2001年8月開催のASEAN政府高官会合（SEOM）では，日ASEAN関係の目標を「自由貿易協定締結」ではなく「経済連携」と定めている。日本は，現時点でシンガポールとの経済連携協定交渉以外にASEAN諸国と協定を締結する動きはなく，当面，日ASEAN協定締結に向けた進展は考え難い状況。また，中国ASEANについては，先述のSEOMで自由貿易協定締結を目指すことが提案されたが，その期限は10年後とされている。

　ASEAN及び日中韓が将来的な自由貿易圏の設立に向けた方向性に合意しているなか，同じアジアであるASEANが採用している，自由貿易圏の先駆けとなる産業協力スキーム（AICO）が参考となる。また，91年末の連合協定締結以来最も早い国でも2004年以降といわれる中東欧諸国のEU加盟の枠組み，かけられている時間軸から考えても，ASEAN＋3自由貿易圏については，WTOへの整合性に留意しながらも，比較的長い移行期間をかけ，できる分野，参加できる国から新しいAICOスキームという線をつないでゆき，線（AICO）を太くし，面（FTA）にしていくことができるのではないだろうか。

　ASEANが成立して以来，地域内の国家間の紛争が生じていないこと，EU成立後の独仏関係の改善に鑑みても，日中韓及びASEANによる地域経済圏設立はアジアの安定に関わる重要な政治課題であり，日本政府の積極的な関与が必要であると考える。

第 2 節　電機産業における日中韓協力をさぐる

須藤　真

(1) 世界の電機産業における日中韓の位置づけ

　競争と分業の進展を通してグローバルレベルでアジアへの生産シフトが進んでいる。「世界の工場」アジアは電機産業においても例外ではない。

　すでに映像音響（AV）製品，情報技術（IT）製品および部品・デバイスの約6割がアジアで生産されている。品目別にみると，ポータブルCD，DVDプレーヤー，HDD（ハードディスクドライブ：固定磁気ディスク装置），FDD（フロッピーディスクドライブ）など全世界生産の9割以上がアジアという製品も少なくない。

　このようなアジアにおいて，日中韓3ヵ国はアジア全体のエレクトロニクス生産の7～8割を占め中心的な役割を担っている。

分野別（民生，産業，部品・デバイス）の日中韓シェア
① 民生（冷蔵庫，洗濯機などの白物家電品を除く）
　映像・音響（AV）製品をはじめとする民生用エレクトロニクス製品の世界生産規模は約900億ドル。生産シェアは，日本20％，中国17％，韓国5％と推定される。3ヵ国で約4割，ASEAN諸国を含めるとアジアが全世界の約6割を占める。
② 産業
　情報通信機器など産業分野では，7,000億ドルの世界生産のうち日本が17％，中国が4％，韓国が2％を占める。アジア全体の生産

シェアの合計は約3割になる。

③ 部品・デバイス

約3,000億ドルの世界生産の内訳は、日本27%、韓国8%、中国5%。ここでもアジア全体の生産シェアは50%を大きく超えている（**図5-1**）。

図5-1　世界のエレクトロニクス産業（1998年）

(単位：億ドル)

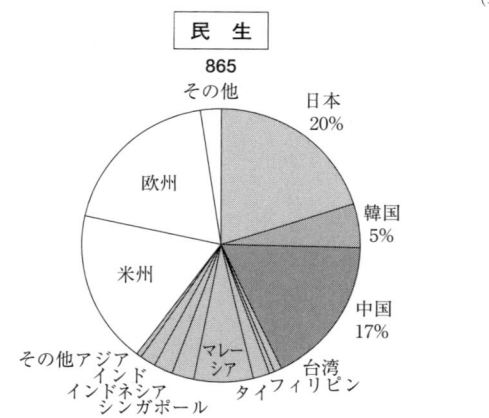

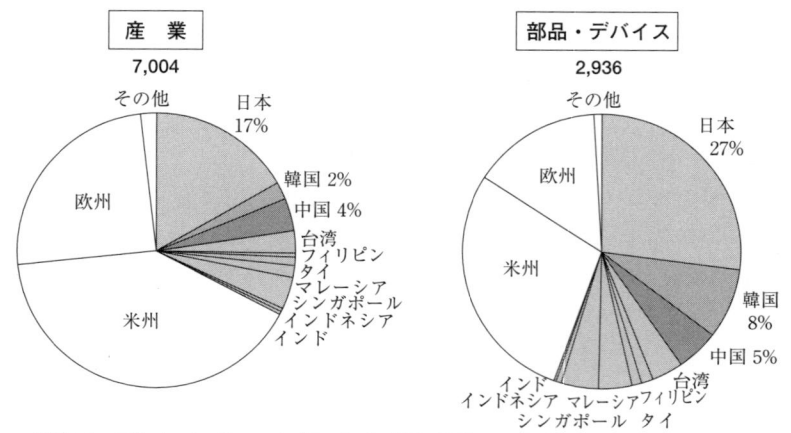

民　生
865
その他／日本 20%／韓国 5%／中国 17%／台湾／タイ／フィリピン／マレーシア／シンガポール／インドネシア／インド／その他アジア／米州／欧州

産　業
7,004
その他／日本 17%／韓国 2%／中国 4%／台湾／フィリピン／タイ／マレーシア／シンガポール／インドネシア／インド／米州／欧州

部品・デバイス
2,936
その他／日本 27%／韓国 8%／中国 5%／台湾／フィリピン／タイ／マレーシア／シンガポール／インドネシア／インド／米州／欧州

出所：Reed Electronics Research「Yearbook of World Electronics Data」

AV機器における日中韓の位置づけ

製品分野ごとに各国の生産シェアをみると,カラーTVでは中国が約3割と世界最大の生産国である。中国はポータブルCDでも1位を占めているほか,VTR,DVDプレーヤでも世界有数の生産国になっている。70年代の貿易摩擦により,消費地生産を余儀なくされたカラーTV(米,欧),VTR(欧)を除くと,アジアへの生産集中が加速していることがわかる。

家電製品における日中韓の位置づけ

電子レンジの生産では,韓国と中国がそれぞれ世界生産の4分の1を占めており拮抗。中国はエアコンでも,巨大な国内市場に加

表5-12 主要AV製品の国別生産動向(2000年)

(単位:万台,%)

	世界生産	日本	韓国	中国	3ヵ国合計	その他アジア	アジア合計
カラーTV	16,400	2	7	28	37	25	62
VTR	6,600	7	6	23	36	45	81
ビデオカメラ	1,600	74	8	1	83	16	99
ポータブルCD	2,400	17	-	42	59	30	89
DVDプレーヤ	1,700	25	10	29	64	30	94

出所:JEITA,富士キメラ総研.

表5-13 主要家電製品の国別生産動向(2000年)

(単位:万台,%)

	世界生産	日本	韓国	中国	3ヵ国合計	その他アジア	アジア合計
電子レンジ	4,500	5	25	28	58	12	70
エアコン	4,100	18	6	33	57	17	74
冷蔵庫	5,300	9	9	16	33	15	48
洗濯機	5,400	10	7	29	46	4	50
掃除機	5,600	12	5	4	21	9	30

出所:表5-12に同じ.

え，日系企業が中国を輸出拠点として活用し始めていることもあり，全世界の3分の1を生産している。

冷蔵庫，洗濯機，掃除機では日中韓合計でそれぞれ2割から4割。各国・地域の生活習慣に密接に結びついているという製品特性上，欧米ではローカルメーカーによる生産比率が高く，AV製品のような極端なアジア集中は見られない。

IT関連機器における日中韓の位置づけ

デスクトップPC（パーソナルコンピュータ），携帯電話を除くとアジアへの生産集中が進んでいる。日中韓の合計シェアは，PCで3割，ファクシミリ，プリンター，携帯電話で約4割となっている。

なお，台湾はデスクトップタイプの2割，ポータブルの5割以上を占める最大のPC生産国だが，近年では，競争力強化のため台湾企業が，生産工程の一部を華南や上海にシフトするなど中国との分業体制が進みつつある。

部品・デバイスにおける日中韓の位置づけ

HDD，FDDはほぼ全数がアジアで生産されている。これは，日米欧企業によるASEAN，中国への生産シフトが進んでいるためで

表5-14 主要IT関連機器の国別生産動向（2000年）

(単位：万台，%)

	世界生産	日本	韓国	中国	3ヵ国合計	その他アジア	アジア合計
デスクトップPC	11,300	3	5	21	29	25	54
ノートブックPC	2,400	24	4	n.a.	28	60	88
ファクシミリ	2,100	16	12	14	42	45	87
プリンター	13,400	11	5	25	41	30	71
携帯電話	41,000	12	13	16	41	5	46

出所：表5-12に同じ．

表5-15 主要ユニット製品・デバイスの国別生産動向（2000年）

(単位：万台, %)

	世界生産	日本	韓国	中国	3ヵ国合計	その他アジア	アジア合計
CRT	26,200	6	9	23	38	35	73
HDD	20,900	9	5	6	20	75	95
FDD	13,700	2	2	36	40	60	100
フラッシュメモリ	143,800	41	2	n.a.	43	12	55

出所：表5-12に同じ．

ある。

(2) アジアにおける日中韓等の主要企業動向

　アジアにおける競争環境はこれまで以上に厳しくなっている。日本を先頭に，NIEs，ASEAN，中国が後に続くという，アジアの「雁行型」発展形態は，電機産業においても崩れつつある。

　競争激化の第1の要因は，情報通信分野で90年代半ば以降，欧米企業が中国を中心にアジア進出を本格化させたことである。

　第2に，韓国企業，台湾企業が特定の製品分野に特化する戦略で急速に力をつけたこと。

　第3に，中国をはじめアジア地場企業の成長があげられる。

　特に中国企業の台頭が目覚ましい。テレビでは40本の生産ライン，1,000万台の生産能力をもつ長虹，800万台の康佳，TCL，また電子レンジでは1,200万台の生産能力をもつギャランツなどいずれも世界最大級のレベルにある。また，90年代後半以降，多くの主要中国企業が，中国企業同士による吸収，合併等をとおし，単品メーカーから複品メーカーへと変貌を遂げている（**表5-16**）。

　サムスン（三星電子）をはじめとする韓国企業も，通貨危機以降のウォン安を追い風に輸出を拡大，2000年度決算ではいずれも好業績を上げた。半導体，情報通信など重点事業戦略で急速に力をつ

表 5-16　主要中国メーカーと生産品目

企業	ブランド	テレビ	DVD	冷蔵庫	エアコン	洗濯機	携帯電話	パソコン
長虹	CHANGHONG	○	○		○	○		
康佳	KONKA	○	○	○	○	○	○	○
TCL	TCL	○	○	○	○	○	○	○
海尔	HAIER	○	○	○	○	○	○	○
海信	HISENSE	○	○		○		○	○
創維	SKYWORTH	○	○					
熊猫	PANDA	○	○			○	○	○

表 5-17　サムスンの世界マーケットシェア

（単位：％）

製品名	マーケットシェア	順位
CDMA 携帯電話	28.5	1
電子レンジ	20.0	1
DRAM	18.8	1
TFT-LCD	20.1	1
SRAM	14.7	1
カラーモニター	14.0	1
カラー TV	7.6	5
HDD	5.5	7

出所：サムスンホームページ（2001. 7）より．

けている（表 5-17）。

　アジアはかつて，日本企業の独壇場と言ってよい状況だった。しかし今や世界中の企業が，アジアを舞台にしのぎをけずり合う時代に突入した（表 5-18，5-19）。

表5-18 アジアにおける主要企業動向——日中韓

	最近の動き（2000年〜2001年前半）
日本企業	● 中国に積極投資，ASEAN では国毎に分野を棲み分けて展開 ・中国（華南，華中中心）で民生機器，携帯電話，半導体，液晶などの生産拡大を図る．半導体は現地人材を活用し設計段階から実施（富士通，東芝，NEC）．携帯電話の生産拡大に伴い，ソニー，三洋がリチウム電池の生産拠点を設立． ・台湾の半導体専門メーカーに生産委託，または台湾企業から半導体を購入（日立，三菱，ソニー，NEC）． ・ASEAN では分野別・国別に生産強化をめざす．日立，東芝はタイを洗濯機，冷蔵庫等の輸出拠点として活用．また多くの企業がマレーシアを AV，フィリピンを情報機器の拠点として活用． ・ブラウン管方式のカラーテレビ生産を中国やタイにシフト．三菱は中国，韓国メーカーに生産委託．日立はシンガポール，ビクターはタイに工場を移管．NEC は中国に合弁でブラウン管工場を設立． ・インドをソフトウェア開発拠点，ベトナムを生産拠点として活用する動きが広がっている．シャープがインドのバンガロールに R&D センターを設立．東芝はベトナムで白物家電生産を開始．
韓国企業	● 民生機器，携帯電話で日本企業と競合 ・ASEAN に白物拠点を設置．サムスン，LG 共にマレーシアを電子レンジの戦略拠点に．また LG はタイをエアコンの中心拠点に位置づけ． ・中国，インド事業を強化．中国では現地 R&D 人材を有効活用．LG は中国で AV，白物生産を急拡大． ・インドではサムスン，LG 2 社ともソフト開発投資を計画． ・北朝鮮を生産拠点化する動きがみられる．
中国企業	● 事業再編・多角化および需要確保へ向け海外拠点を設置 ・事業再編およびシフト（AV→情報通信，電子レンジ→エアコン）．従来の単品事業から中国企業同士による数多くの再編を経て複品（総合）電機メーカーに成長する企業が出始めている．白物（冷蔵庫）からスタートしたハイアールはテレビ，PC，携帯電話事業に進出．テレビメーカーも白物や PC，携帯電話に参入． ・一部民生機器の国内需要飽和から，海外市場開拓へ最終組み立て拠点を設立（米国，メキシコ，ブラジル，ロシア，トルコ，南ア等）．

表 5-19 アジアにおける主要企業動向——米国,欧州,台湾

	最近の動き (2000年〜2001年前半)
米国企業	● EMS (Electronics Manufacturing Service) の積極活用と中国への集中投資 ・対 ASEAN 投資は激減. ・対中投資は半導体,通信機器の2分野（モトローラ,インテル,ルーセント等）. ・インドを R&D,ソフトウェア拠点として活用（モトローラ）. ・台湾,日本でのネットワーク,ソリューション開発を強化（IBM,ヒューレット・パッカード）.
欧州企業	● 中国に携帯電話の大型投資 ・ノキア,エリクソン,シーメンスが中国に大型投資.投資先は沿岸大都市に集中.R&D は北京が多い. ・エリクソンは中国以外での携帯電話生産を EMS に移管.これによりマレーシアでの生産を中止. ・フィリップスはローエンド商品の生産を中国に集約.また LCD,CRT を韓国で LG と合弁で生産. ・シンガポールへの投資が活発.半導体製造,携帯電話 R&D など.マレーシアへの投資は減少. ・台湾を R&D 拠点化.
台湾企業	● 中国・華中,華南への生産シフト加速で競争力を強化 ・従来のコンピュータ周辺機器に加え,ノートパソコン,半導体の生産拠点新設計画が急増. ・ただし,コンピュータ市場の最近の低迷で,拠点数を大幅に削減する企業も出てきている（エイサーなど）.

(3) 日本の電機産業

アジアとの相互依存の進展

日本のエレクトロニクス産業は,空洞化が懸念されているものの,国内における生産額はここ 10 年間,毎年約 30 兆円で推移している.民生品分野が減少する一方で,部品・デバイスの生産が増

加。全生産の約3割を占める。輸出では6割が部品・デバイスである。輸入は，10年間で2.5倍に拡大したが，製品輸入及び部品・デバイスの大幅な増加が要因。輸入の約半分を部品・デバイスが占める。

こうした中間財貿易の増加は，東アジアへの技術移転が進み生産基盤が強化されたことを物語っている。日本のIT関連材貿易の推移を見ると，部品輸出が東アジア向けを中心に顕著に増加しており，5割を占める。また，輸入においても東アジアからの製品，部品が大幅に増加。日本の拠点とアジア拠点との相互依存関係は，すでに不可分と言ってよいほど強いものになっている（**図5-2**，**5-3**，**5-4**，**5-5**）。

日本の電気製品市場でもアジア製商品が存在感を増している。国内需要に占める輸入品の割合は，民生品分野における国内生産の減少とアジアを中心とする海外生産の拡大を背景に増加傾向にある。輸入品比率は，冷蔵庫，洗濯機では1割程度だが，カラーテレビで8割を超えているほか，VTRでも7割近い。

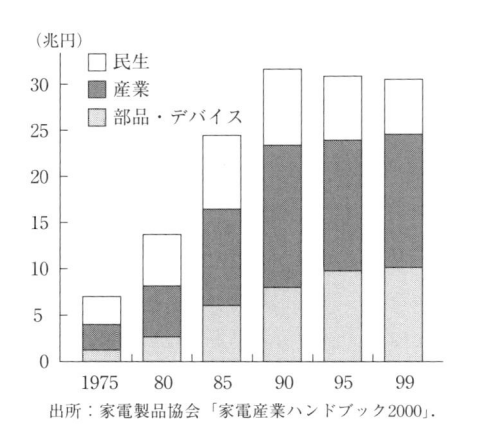

図5-2　日本のエレクトロニクス生産額の推移

出所：家電製品協会「家電産業ハンドブック2000」．

図5-3　日本のエレクトロニクス輸出額の推移

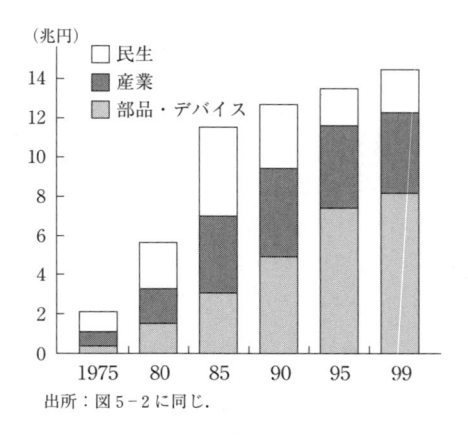

(兆円)
民生
産業
部品・デバイス

出所：図5-2に同じ．

図5-4　日本のエレクトロニクス輸入額の推移

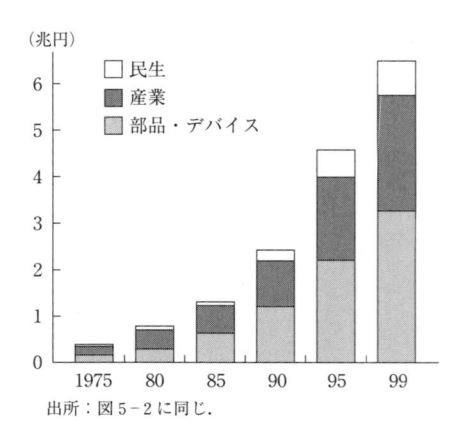

(兆円)
民生
産業
部品・デバイス

出所：図5-2に同じ．

　また，日本製品からアジア製輸入品にラインアップの一部が切り替わるまでの期間は，新しく登場する製品になるほど短くなる傾向が顕著である．

　1960年に日本で生産販売が開始されたカラーテレビは，90年に

第5章 加速する日本企業の中国進出

図5-5 日本のIT関連財貿易の推移

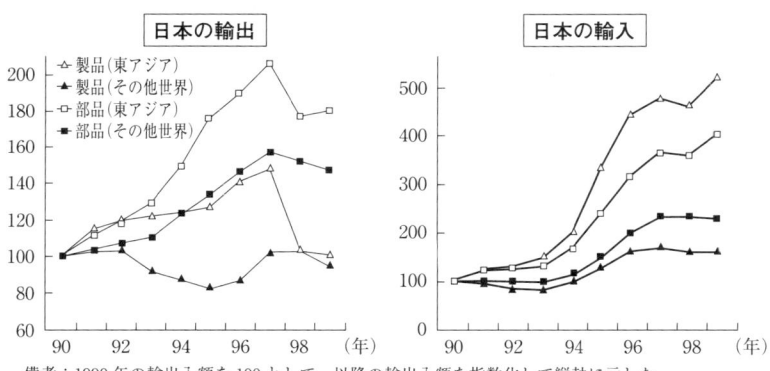

日本の輸出
- △ 製品（東アジア）
- ▲ 製品（その他世界）
- □ 部品（東アジア）
- ■ 部品（その他世界）

日本の輸入

備考：1990年の輸出入額を100として，以降の輸出入額を指数化して縦軸に示した．
資料：大蔵省『貿易統計』より作成．
出所：2001年版『通商白書』．

表5-20 日本の需要に占める輸入ウェイト

(単位：%)

品　目	1995	1996	1997	1998	1999
カラーテレビ	67.8	65.8	63.8	65.9	80.6
VTR	45.8	62.5	58.0	56.2	67.3
ヘッドホンステレオ	53.9	28.8	29.6	43.2	74.5
カーステレオ	39.5	43.3	43.8	51.2	65.9

品　目	1995	1996	1997	1998
冷蔵庫	15.3	12.9	11.2	13.9
洗濯機	8.2	10.4	11.5	12.0
電子レンジ	29.3	31.7	23.3	25.9
掃除機	22.5	28.3	31.5	25.9

出所：財団法人家電製品協会．

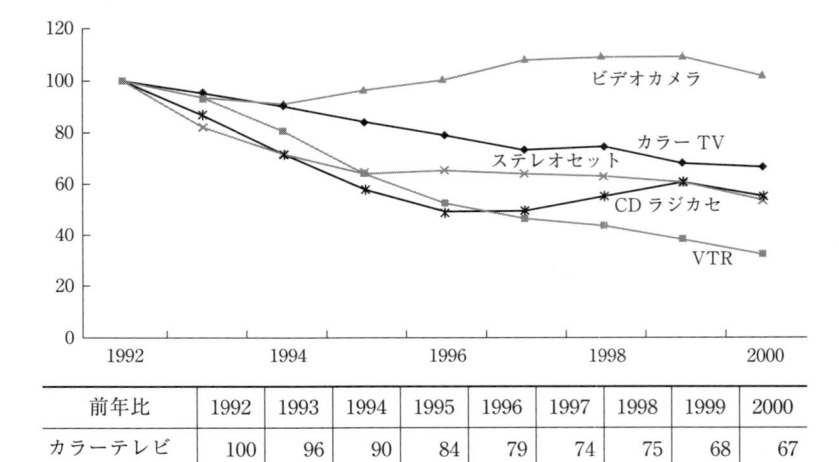

図 5-6 92 年を 100 とした場合の価格推移（業界・AV）

前年比	1992	1993	1994	1995	1996	1997	1998	1999	2000
カラーテレビ	100	96	90	84	79	74	75	68	67
VTR	100	93	81	65	53	47	44	39	33
ビデオカメラ	100	93	91	97	100	108	109	109	102
ステレオセット	100	82	72	64	66	64	63	61	54
CD ラジカセ	100	87	71	58	49	49	56	61	55

出所：JEITA.

マレーシア製品が日本で販売されるようになるまでに 30 年が経過した。その後，VTR（日本で生産開始，75 年）では 17 年，CD プレーヤ（同 82 年）では 10 年と大幅に短縮。97 年に登場した DVD プレーヤはわずか 1 年で，メード・イン・アジア製品が日本の店頭に登場している。

　国内市場の価格競争激化が，生産のいっそうのアジアシフトを促す要因となっている（図 5-6）。

日本の電機産業が直面する変化

　日本企業は，いま新たな変化に直面している。それは，外的な要因による変化というより，むしろエレクトロニクス産業そのものの

① 製品のグローバルな同期化・同質化と価格の平準化

　AV，IT関連製品の市場はグローバルに同期化・同質化している。地域特性に合わせたデザインやスペックの差が少なくなり，加えて，製品情報が全世界同時に出回るため，かつてのような先進国から途上国へという商品展開では市場に受け入れられにくくなっている。また，同一製品の地域毎の価格差が縮小し，グローバルに最低レベルへと収斂する傾向が強まっている。このようななかで多くの企業が，1ヵ所での集中生産によるスケールメリットを狙いアジアへの生産シフトを加速させている。

② 製品のデジタル化と組立のアウトソーシング化

　日本の電機産業の成功は，アセンブルに重点を置く規格大量生産型を追求することで実現した。すなわち回路と機構の量産設計と量産組立てで，高機能，高品質の商品をつくり，他社と差別化をはかることにより付加価値を生み出していく方法だ。エレクトロニクス技術と精密機械技術の融合する「メカトロニクス」分野は，日本メーカーの最大の強みであり，VTRやオーディオ製品など数多くの製品群で世界市場を席巻してきた。製品開発力に加えて，安定した品質で大量に安くつくる量産技術等，日本メーカーがその総合力をいかんなく発揮した。たび重なる円高，貿易摩擦も，開発・生産・販売が一体となった「ものづくり」の強みを背景に，生産の海外シフト等により克服している。

　AV，IT関連製品におけるデジタル化の進展は，アナログ時代のように組み立てで差別化することを困難にしつつある。商品の機能や性能の多くが，半導体とソフトウェアによって決まるためである。また，付加価値も組立てからデバイス，ソフトウェアへとシフトする。

　パソコン関連製品が典型的な例だろう。部品・材料が標準化され

表 5-21 主要な EMS 企業

(単位:100万ドル,%)

企業名	売上高(決算期)	純利益	地域別売上構成
ソレクトロン (米)	14,138 (2000. 8)	497	米国 69, 欧州 20, アジア他 11
SCI システムズ (米)	8,343 (2000. 6)	197	米国 50, 海外 50
セレスティカ (加)	5,297 (1999.12)	67	カナダ 41, 米国 26, 欧州 25 ほか
フレクトロニクス(シンガポール)	4,307 (2000. 3)	121	アジア 16, 米州 40, 西欧 25 ほか
ジャビルサーキット (米)	3,558 (2000. 8)	146	米国 67, 海外 33
サンミナ (米)	1,215 (1999.10)	94	n.a.

出所:国際協力銀行開発金融研究所.

モジュール化されているため,だれがどこでつくっても同じという状況が生まれている。開発と製造は,もはや不可分のものではなくなり,組立て工程のアウトソーシングが容易になる。

　欧米エレクトロニクス企業の間に,製品開発や販売・サービスなどに特化し,加工・組立て工程をアウトソーシング化する動きがいち早く広がった。

　EMS(Electronics Manufacturing Service)と呼ばれる製造受託ビジネスが急成長を遂げている。EMS 企業は,自らのブランドはもたず,複数の企業からの製品組立てを請け負う。徹底したローコストオペレーションと部材の大量調達によるコストダウンを活かし2000 年は好業績を上げた(**表 5-21**)。

日本企業の課題

　以上のような経営環境の変化に対応するために,日本企業はグローバルな事業再編に取り組んでいる。収益力向上のためには,日本とアジア各拠点間の R&D を含めた分業の高度化が課題である。

　東アジア諸国は,製品分野ごとに各国が強みを発揮しており,それぞれ強固な生産基盤と分業のネットワークができあがっている。高コスト構造の日本でアッセンブル事業を維持するのは容易ではない。日本企業にはアジアで長い事業の歴史がある。各国で培った人

表 5-22　日本の内外価格差

(単位：倍)

	対中国	対韓国	対シンガポール
総　　合	6.15	3.62	3.29
工業製品	2.49	1.95	1.86
素材	1.86	1.84	1.25
加工・組立	3.15	2.48	1.08
エネルギー	3.75	1.68	4.04
産業向けサービス	9.62	5.96	4.33

出所：経済産業省「産業の中間投入にかかる内外価格調査」．

材，技術，ノウハウを最大限に活用し，国際競争力の強化を図ることがますます重要になる。また，中国企業や韓国企業への生産委託，R＆D協力などアジア企業との連携をさらに強めていくべきだろう。

日中韓協力のあり方

すでに，日中韓企業の間には，部材・製品の供給，技術提携など相互補完の動きが広がっている。

① 日—韓：企業提携

　　NEC—サムスン：プサンに携帯電話用ディスプレイ合弁会社設立（2000.2）

　　日立—LG：光ディスクドライブの合弁会社設立（2000.10）

　　松下—LG：エアコン，コンプレッサーを相互供給（2001.1）

② 日—中，韓—中：企業提携

中国企業への委託生産が進んでいるほか，日韓の主要メーカーがR＆D拠点を次々と中国に設立。今後，中国での事業の拡大・深化に伴い，現地企業との提携，研究機関との共同開発など関係強化がさらに進んでいくものと思われる。

特許・知財戦略が世界的にますます重要性を増すなか，将来的に

は「アジア発スタンダード」をどれだけ実現できるかが，より大きな付加価値を生む「世界の工場」へと発展するためのカギとなるのではないだろうか。
③ 貿易投資環境の整備
　　a）ITA の拡大

　前述したとおり，アジアへの生産シフトは特に，IT 関連製品で顕著である。これには，97 年に発効した ITA（情報技術協定）が大きな要因になっているものと思われる。ITA は，96 年にシンガポールで開催された WTO 閣僚会議で決定したもので，PC，携帯電話，半導体など情報技術関連製品・部品の関税を，2000 年までに加盟国間で相互に撤廃するという内容。産業界の強い要請を受けた米国政府が交渉を主導した。

　日米欧の他，NIEs，ASEAN，中東欧諸国も加わり，加盟国だけで全世界生産と消費の 9 割以上を占める（表 5 − 23）。

　NAFTA，EU などの対域外関税も取り払われ，対象製品の単一市場が生まれたことにより，米国企業を中心に比較優位を得られる国への生産シフトが進展している。中国も WTO 加盟と同時に ITA に加わり，2005 年までに段階的に関税を撤廃する。また，将来的に ITA 対象品目の拡大が実現し，AV 関連製品等が対象に含まれるようになれば，アジア諸国はさらに大きな恩恵を受けることになるだろう。

　　b）2 国間 FTA

　日中韓を中心にアジア域内の生産ネットワークをさらに拡充していくうえで，人，モノ，カネなど経営資源の円滑な移動を確保することが欠かせない。各国政府の協力による貿易投資障壁のさらなる削減が期待される。

　日本はシンガポールとの経済連携協定をてこに，韓国との 2 国間 FTA（自由貿易協定）を目指すべきだ。関税の撤廃とともに，貿易手続きの円滑化や基準認証の統一など，日韓双方の企業が提携・補

表5-23 ITA加盟国

米州	欧州	アジア，大洋州	中近東，アフリカ，CIS
米国 カナダ パナマ コスタリカ エルサルバドル	欧州共同体 （15ヵ国） ノルウェー，スイス アイスランド リヒテンシュタイン ポーランド チェコ スロバキア ルーマニア アルバニア クロアチア エストニア ラトビア リトアニア	日本 韓国 台湾 シンガポール インドネシア マレーシア フィリピン タイ インド マカオ オーストラリア ニュージーランド 香港 中国（*）	トルコ イスラエル ヨルダン グルジア キルギス モーリシャス

* 中国は2002年から2005年までに段階的に関税を撤廃．
出所：ジェトロ．

表5-24 中国の貿易・投資上の問題点

主な障壁	WTO加盟による 是正・緩和・撤廃
・流通サービス分野への参入制限	3年以内
・国産化率・現地調達率要請	即時
・輸入許可，割当制（VTR，カラーTV，ラジカセ等）	5年以内
・外資製造企業への貿易権利制約	3年以内
・高関税，VTR45%，同部品10%，カムコーダー部品40%，ラジカセ27%，カラーTV35～45%等	大幅に引下げの方向
・知財権保護が不十分	法制度整備と模造品取締り強化
・二重製品安全認証制度	一元化の方向

出所：日本機械輸出組合．

完を拡大していくうえで重要である。

　c)　中国のWTO加盟

　中国のWTO加盟により，関税・非関税障壁の削減，外資規制の緩和・撤廃が進展すれば，企業の経営環境は大きく改善する。また，先進国企業にとって頭の痛い中国製模造品問題も着実に解決の方向に向かうに違いない。

　貿易紛争の防止という観点では，日中韓の間に，アンチダンピングやセーフガードなど保護措置の安易な発動を抑制する仕組みを構築すべきだろう。

第 6 章 日中韓貿易・投資の未来像——協力の可能性を探る

増渕　文規

第1節　日　　　中

(1) 日中貿易・投資の伸び予想

　　貿　　易

　日中貿易は近年ほぼ一貫して大幅な増加を続けており，2000年の日中貿易は往復で858億ドル（前年比29.5%の伸び），史上最高額を更新した。中国からの輸入は，1990年から2000年までの10年間に金額ベースで約5倍に増加，特にこの10年間で事務用機器，音響映像機器，科学光学機器等機械類の輸入額が30倍に増え，繊維製品等を含め製品輸入の割合が全輸入の8割に達している。一方，中国への輸出では，近年，中国がIT関連の「世界の工場」としての地位をますます高めていることや，中国国内でのIT関連製品の消費が急速に拡大したことから，日系をはじめとする外資企業向けの半導体等電子部品やその他部品の輸出，携帯電話等の輸出が大幅に増えている。

　WTO加盟に伴い，貿易面では，工業製品に関する関税の大幅引き下げ，輸入許可・輸入割り当て等非関税障壁の削減，金融・保険・流通等サービス市場の開放等の約束が履行され，中国をめぐる貿易・投資等のビジネス環境は急速に整備されるとみられる。欧米企業は，従来より中国を重点市場と捉え投資を進めてきたが，距離的な問題や政治・経済体制の違い等が1つの大きなネックとなっていたのも事実である。中国のWTO加盟に向けた動きが加速化してきた近年，欧米企業は，各メーカーがフルラインの商品でかつ現地完結型の生産・販売体制の整備を本格化してきており（シーメンス社は中国に50社以上の合弁企業をもつ），投資金額の規模の大きさや意思決定の速さ，現地スタッフのマネジメントクラスへの登用等

の面で，日本企業に欠けているダイナミックさが見られる。

多くの日本企業も中国を最後に残された有望大型市場，生産基地として熱い視線を送っている。すでに労働集約型を中心に現地生産の移転が進んでいることから，日本からの輸出が大幅に伸びる可能性は大きくないが，高付加価値製品・部品を中心に輸出の増加は継続しよう。また，輸入は現地生産品・開発輸入品を中心に大幅な伸びを維持していくことは確実と思われる。

さらに重要なことは，貿易量が伸長し続けることのみならず，両国が地理的・社会的に近い経済圏に存在することから貿易・投資関係が水平分業的な方向感を強め，経済関係が質的に緊密化していく，という点である。世界銀行の試算（1997年「中国のWTO加盟による各国の年間の経済的利益」）によると，WTO加盟に伴う約束が全て履行されると，中国自身が受ける利益が830億ドルであるが，中国以外の国としては日本が単一国としては最大の610億ドルの利益を享受するという結果が出ている。

日中の貿易関係の緊密化をもう少し具体的に予想すれば，まず，中国からの輸入は，今後10年間では，「消費財」「製品」分野を中心に引き続き高い伸びを継続しよう。既に家電製品（特に映像・音響製品）やパソコン（一部の生産工程）やその周辺機器の生産では中国が世界の中心になりつつあり，WTO加盟を契機にその位置づけがますます高まろう。そうなれば，製品の日本向け輸入や電子部品の日本からの輸出増加が予想される。また，中長期では，乗用車を中心とした自動車及び関連分野の生産・販売が大きな飛躍を遂げ，中国の経済発展を牽引していくものと考えられる。現地生産化が進みつつも，当面は主要部品の輸出伸長は継続し，かつ，消費者の嗜好の多様化及び関税率引下げにより日本車を含む外国製高級車の輸入も増加していくものと予想される。

「原料」分野でも，例えば，世界1の粗鋼生産を背景に鉄鋼の中国の輸出余力が拡大するなど，汎用品的な色彩が強いものを中心

に，日本向け輸入が伸びていこう。さらに，日本の消費パターンが質的に変化を続けているのと同時にデフレ経済の影響も加わって，安価で品質が向上している中国製の消費財への需要は増加の一途をたどろう（例えば，日本のディスカウント・ショップや100円ストア用の家庭雑貨その他軽工業品分野で，メイド・イン・チャイナが日本市場を席捲しよう）。日本企業は，生き残りのため（コスト削減，労働力確保の要因），全体として中国への生産シフトを加速化し，移転した中国拠点（あるいは生産委託先）からの日本向け輸入は引き続き高い伸びを示そう。

こうした状況を総合的に勘案すると，今後10年間では，中国から日本への輸入全体で年平均10％以上の伸び率が継続していくと予測する（年平均10％としても10年後には約2.6倍，1,500億ドル弱のレベルの輸入規模となる。米国からの輸入が今後10年間で年平均5％伸びたとしても1,200億ドル弱）。人民元レートの動向（変更）が1つの大きな変動要因・不確定要素ではあるが，仮に一時的な金額の増減をもたらしたとしても，トレンドとしての中国からの輸入の大幅な増加は確実と思われる。

中国への輸出では，2000年に入ってから中国のWTO加盟に伴うビジネス環境好転を期待して，日本企業や欧米企業の対中投資が再び増勢に転じていることから，短期的には，それら進出企業向けの部品・資材や設備の輸出が増加するとみられる。特に，IT・自動車関連を中心に外資企業・地場有力企業の生産活動が本格化することから，半導体等電子部品や自動車部品の中国向け輸出の増加が継続しよう。さらに，中国がITA (Information Technology Agreement) に参加を表明，2003年1月1日までに該当製品の3分の2について関税率をゼロにする方針を打ち出していることから，中国へのIT関連製品（特に高品質・高性能なもの）の輸出が伸びることが予想される。「原料」「素材」分野でも，中国で未だ生産が難しい高品質・高性能な鉄鋼製品や化学品等の輸出が，汎用品分野の

落ち込みを下支えすると思われる。しかし，全体のトレンドとしては，中国の技術が向上し，製品・部品・原料（素材）での国産化比率が上昇するとみられ，日本からの輸出にとってはマイナスの要因となる。

　こうしたプラス・マイナスの要因を勘案すると，今後10年間のうち，前半では年平均10％の伸び率を維持する可能性は高いが，後半には日本の対中輸出が伸び悩み，徐々に伸び率が鈍化していく可能性もある（仮に，前半を年平均10％の伸び率，後半を年平均5％の伸び率とすると，10年後には約2.1倍，約650億ドルの輸出規模となる〈なお，2000年の米国向け輸出が1,500億ドル，EU向け輸出が780億ドルのレベル〉）。この試算では，10年後の日本の対中貿易赤字は800億～900億ドルとなり，2000年の約3倍強，2000年の日本の対米貿易黒字（700億ドル）の規模を上回るレベルとなる。

　なお，日中貿易の今後をみるうえでの参考として，米中貿易と比較してみたい。米国は，中国にとって貿易総額でシェア15.7％を占め，日本に次いで第2位の貿易相手国である。貿易収支でみると，中国にとって最大の貿易黒字相手国となる（中国側統計では，米中貿易は輸出入総額で745億ドル）。米国の対中貿易赤字額〈中国からみた黒字〉は297億ドル。なお，米国側の統計によると，輸出入総額が1,063億ドル，米国の対中貿易赤字額は838億ドル。

　品目別の構成をみると，米国は中国からの輸入品目では機械製品が最大で，金額にして日本の約2倍の量がある。一方，関連部品の対中輸出は日本の半分ほどである。これは，米国の機械メーカー，特にIT企業が自社では設備をもたずに台湾メーカーに製品製造を委託し，台湾企業がそのなかから一部を再度中国メーカーに委託生産しているケースが多いためである。次に，繊維製品については，米国は中国から直接輸入する繊維製品は殆ど無い（一方で，香港経由で米国に入っているメイド・イン・チャイナの繊維製品は多い）。多国間繊維協定（MFA）が2005年に予定されるMFAのWTO枠組

表6-1 日中貿易の推移

(単位:100万ドル,%)

	輸　出		輸　入		合　計		バランス
	金額	伸率	金額	伸率	金額	伸率	(輸出－輸入)
1991年	8,593	40.2	14,216	17.9	22,809	25.4	－5,623
92	11,949	39.1	16,953	19.3	28,902	26.7	－5,004
93	17,273	44.6	20,565	21.3	37,838	30.9	－3,292
94	18,682	8.2	27,566	34.0	46,248	22.2	－8,884
95	21,931	17.4	35,922	30.3	57,853	25.1	－13,991
96	21,890	－0.2	40,550	12.9	62,440	7.9	－18,660
97	21,785	－0.5	42,066	3.7	63,851	2.3	－20,281
98	20,022	－8.1	36,896	－12.3	56,917	－10.9	－16,874
99	23,335	16.5	42,880	16.2	66,215	16.3	－19,545
2000	30,438	30.4	55,341	29.1	85,780	29.5	－24,903

出典:財務省貿易統計.

みへの移行に伴い撤廃された後は,中国から直接出荷される米国向け輸出が増加するとみられる。その際には,繊維製品の日本向け輸入の割合は中国全体からみればいく分は低下することが避けられないが,日本向け輸入への影響はそれほど大きなものではない(日本向けの中国からの繊維製品輸入は引き続き増勢を保つ)とみられる。一方,雑貨や履物,帽子,傘等中国の伝統的な輸出商品については,米国が中国から輸入する金額はかなり多い(米国は,生活関連雑貨の供給を中国に頼っている割合が高い)。日本でも,この種雑貨の中国からの輸入は急増しており,今後もこの傾向は高まっていくとみられる(表6-1,図6-1)。

投　資

日本からの対中投資はアジア通貨危機以降減少が続いていたが,2000年後半から再びダイナミズムを取り戻しており,WTO加盟後の規制緩和を睨み,日本企業も再び熱い目を中国に向けている(JETROが中国に進出している日系メーカーに対して行ったアンケート

第6章 日中韓貿易・投資の未来像——協力の可能性を探る 227

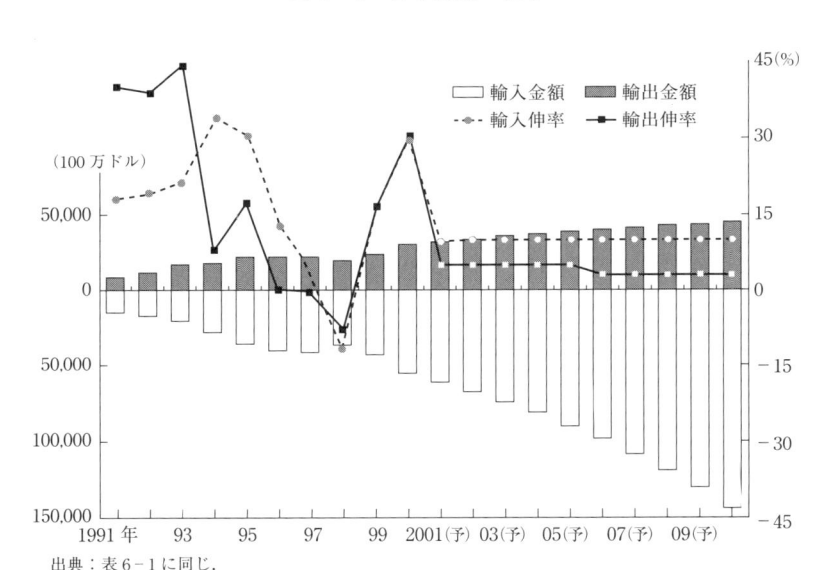

図6-1 日中貿易の推移

出典:表6-1に同じ.

調査によると,600社回答あったうち,7割強が,中国での生産規模について拡大方向と回答している)。多くの分野でコスト競争力を失いつつある日本企業の最後のカードが,中国への生産移転ないし中国との分業体制の確立であり,多くの産業分野で対中進出が進むのが基本的な流れと思われる。

日本企業は,非常に厳しい外資規制,法令・制度の不透明性と,突然の政治的決定に永年悩まされてきた。中国の潜在的可能性の高さは認めながらも,大型投資には慎重にならざるを得ないというのが多くの企業の方針であった(特に90年代後半に日本からの対中投資が伸び悩んだ要因の1つはそれであった)。

WTO加盟で,中国は,投資面では,合弁企業の輸出義務やローカルコンテンツ義務等の撤廃,流通・金融等中国国内市場への外資規制の緩和等の一層の外資誘致方針を打ち出している。中国が普通

の市場に近づけば,大型投資にも踏み切れる条件が整ってこよう。従来どおり労働集約型への投資(生産移転)も続こうが,今後は,技術集約・資本集約型の投資(電機・機械の高付加価値分野の生産移転,化学品・鉄鋼他原料〈素材〉分野での生産移転や提携等)が増加すると予想される。

2000年の日本企業の対中投資を,1990年代初頭の対中投資ブーム期と比較すると,IT関連やサービス業(物流,流通,サービス)関連の案件増加が特徴としてあげられる。また,(三菱商事も出資している)大連工業団地(日中合弁)では,既存進出企業による生産拡大のための再投資も多くなり,こうした傾向は暫く続くとみられる。また,世界各国からの対中投資も契約金額ベースでは回復を見せており,既存の進出企業によるサービス・販売部門への投資,研究拠点設立のための投資,等が増えている。

日本向けの生産・加工拠点としての観点のみならず,中国内市場での販売を重点に置いた投資案件の比率が更に高まることが予想される(繊維製品,加工食品,家電製品に加え,自動車も有望と思われる)。輸送・倉庫・コンテナーヤードといった物流分野,コンビニ・スーパーを中心とするリテール分野,ファストフード企業の進出も盛んになろう。

全体として,日本からの対中投資は,WTO加盟から数年間を中心に更に大幅に伸びるものと思われ,2005年までの5年間には年平均で10%,2010年までの後半の5年間は年平均5%程度で伸びるものと予想する(**表6-2,6-3**)。

(2) 日中サービス貿易

日中サービス貿易は,日本側の赤字(支払超過)である(99年:2,472億円,2000年:2,091億円)。中長期的にみても,主要項目のうち,輸送,建設,金融・保険では,中国側からサービス提供を受け

第6章　日中韓貿易・投資の未来像——協力の可能性を探る

図6-2　世界の対中直接投資推移

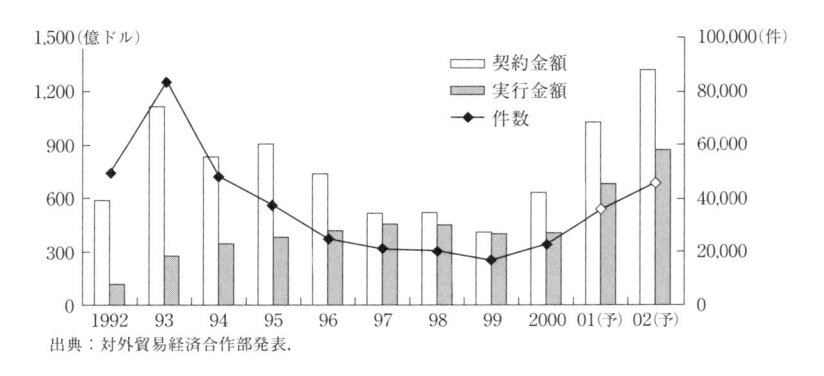

出典：対外貿易経済合作部発表．

図6-3　日本の対中直接投資推移

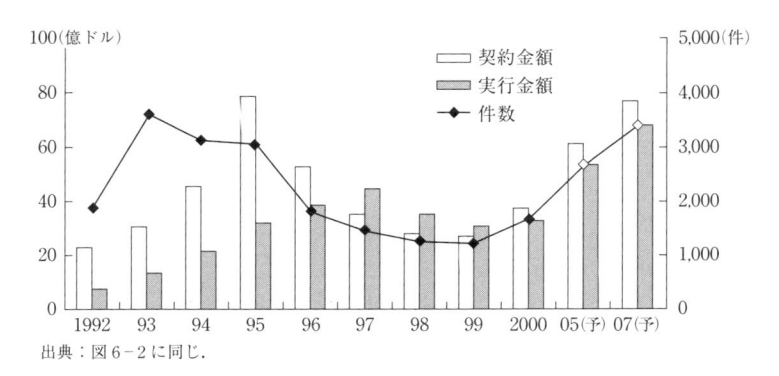

出典：図6-2に同じ．

る機会が増えてくるものと思われ，全体として日本側の赤字が拡大基調で続くものと考えられる。

　中国の金融・外為の更なる自由化により，銀行・保険分野での交流自体は活発化していくものと思われる。ただし，この分野での日本企業の競争力は弱く，中国の個人消費者向けリテール分野を中心に，欧米系企業に大きく水をあけられよう。

　旅行（観光）については，北京や上海，西安などすでに観光ポイ

ントとなっている都市・地域に加え，特に内陸部での観光インフラ・交通インフラが整備されれば外国人に未開拓の景勝地・遺構などへの旅行者が増え，全体として日本の中国への旅行者が更に増加すると思われる。なお，中国内でホテルを中心として外資サービス企業の進出が急拡大しようが，残念ながら，日本企業はこの分野での競争力・ブランド力があまりない。

今後注目されるのは，中国から日本への旅行者も増加するという点である（団体旅行は部分的に開放されており，台湾や韓国からの観光客の増加同様に中国からの観光客も大幅に伸びると考えられる）。特に，雪と温泉で台湾人観光客に大もての北海道が最大の集客力をもつと思われる。さらに，テーマパークと絡めたコースも中国人の人気を集めるものと思われる（ディズニーは香港進出が決定しているが，短期的には中国国内での大型テーマパーク建設は具体化しないものと考えられる〈中長期的には有望だが〉）。この点では，中国人観光客受け入れにあたり，廉価な施設・サービスの提供や，航空インフラの改善が鍵となろう。

今後10年間をみた場合，日中間の旅行者は双方向で拡大することは確実であるが，特に短期的には，日本からの旅行者の拡大のペースの方が絶対規模として上回るものと思われる。

現代の中国人の（消費財）購買動機は広告によるものが多いとのことである。中国の広告分野は発展途上の段階であり，潜在的な巨大広告市場での浸透を睨んで日・米・欧企業間で熾烈なヘゲモニー争いが繰り広げられるだろう。

輸送サービスにおいては，特に貨物で海上・航空輸送共に日本が中国に対して支払う金額が増加していくと考えられる（中国籍船の利用，コンテナヤード等物流施設利用，等）。航空旅客サービスにおいても同様の傾向が考えられる。

建設サービス，情報サービス，特許等使用料，その他営利業務による収支は，中国の経済成長持続により，特に短期的にみると日本

企業からのサービス提供も増加するものと思われるが，長期的には，中国の関連企業の成長・拡大により，中国側からのサービス提供も相対的に増えていくものと予想される。

(3) 日本企業からみた中国市場

アジアの中の中国

　中国の経済規模（GDP）拡大，WTO加盟を契機とした対中貿易・投資の一層の拡大，市場経済化の加速により，世界・アジアでの中国のポジション・影響度が一気に高まることは確実である（米国，EU，日本と並ぶ"極"へ）。

　これに伴い，日本からの投資の流れは，経済危機後やや停滞感が見られる東南アジアから，前向きなビジネス材料の揃っている中国へ，相対的にシフトしていくものと予想される（さくら銀行の調べによると，日系企業の電機・電子メーカーのアジア進出件数は，99年は92年と比較してほぼ横ばいだったのに比べ，中国向けは42件から264件へと6倍に急増した。また，近年，アジア・世界での中国製品の生産シェアが急拡大しており，2000年に，携帯電話，映像・音響〈AV〉製品，DVDプレーヤー，二輪車，エアコン，粗鋼等の生産で，中国は，アジアで首位に立ったとの調査結果〈日経新聞〉がある）。

　こうした中国の台頭に危機感を感じたアジア各国では，国内からの製造業流出を阻止する為の産業政策・優遇措置を講ずるようになっている他，難航していたアセアン自由貿易地域の早期実施に向けた動きも見られるようになっている。歴史的にみて，中国は他のアジア諸国にとり，文化，人口，経済力，軍事力で大きな存在感を示してきたが，21世紀に入り，アジア・世界の経済は良い意味でも，悪い意味でも中国に左右される時代に入った。

　中国は従来，外資の利用を図ると同時に，外資企業に対して多くの規制を加えてきたため，外資企業にとって，中国は常に，魅力あ

る生産基地・市場でありながら、一方で、多くの障壁と懸念が存在していた。WTO加盟を機に、中国の貿易・投資面での整備が進められると、労働力・コスト面及び製造技術面の向上と相俟って、アジア諸国に比し、中国の優位性が高まってくることは必然的な結果である。経済構造的に中国と補完性が強まっている日本と異なり、労働集約型の製品分野で似通った輸出品目で競わざるをえないアジア諸国（特にアセアン諸国や韓国）にとり、中国のコスト競争力と日進月歩の技術進歩は大きな脅威である。さらに、近年頻発しているアジア諸国での政治的・宗教的問題も、宗教が優先せずかつ個人の上昇志向の強い中国に比較して、デメリットになりつつある。今後、アセアンをはじめとするアジア諸国は、中国を巻き込んだ経済圏の形成に活路を求め、それぞれの得意分野を細かく検討して、互いの棲み分けを図る必要性が高まってこよう。

生産基地としての中国

コスト競争力・豊富な労働力・スキルの高さ・市場規模の大きさ等から、生産基地としての中国の位置づけはますます高まろう。日本企業が安いコストと豊富でスキルの高い労働力を求めて、隣国へ出て行くことは極めて自然な現象である（日本企業の生産移転は、過剰労働力と失業に悩む中国と、労働力人口の減少が深刻化する日本の双方に一挙両得の解決を与える）。

多国籍企業のなかには、中国市場を睨んで、生産基地を東南アジア等から中国へシフトする動きも考えられる。上海など大都市及びその周辺地域の給与水準は上がったものの、中西部・内陸部からの労働者の流入が中国の賃金上昇スピードにブレーキをかけており、労働集約型産業での中国の優位性がますます高まる方向にある。また、単純な賃金比較では、バングラデシュやスリランカ、インドネシア、ミャンマー等とも大きな差はないが、技術や知識習得能力やお金を稼ぐことへの意欲等、トータルな労働者としての効率性が中

国人の方が高いという事実がある。

　日本企業は，2000年末までに約2万社（契約ベース）が中国に進出している。華東地域や華南地域では，進出外資企業による産業集積が形成されており，集積のなかで経済圏が形成されているため，進出が進出を呼ぶ効果をもたらしており，この傾向は今後も継続するであろう。日本企業の進出地域については，当面は引き続き沿海部が中心になろう。内陸部への進出も以前はほとんど皆無に等しかったが，近年は徐々に進出企業が出てきている。

　実際は内陸部でも，武漢市，重慶市等インフラの整備された都市に集中する傾向が強い。さらに内陸展開が進むには，インフラの整備や関連サービスの拡充がカギとなろう（物流アクセスの向上やローカル・ファイナンシングなどビジネスを遂行するうえでの利便性向上が必要）。中国内陸部振興を目的とする，西部大開発計画が2001年から本格的に稼動し，交通・環境等インフラ整備を進めるとともに，外資に対する優遇税制等が設定されているが，ビジネス環境全般のボトムアップまでは時間がかかるとみられる。

消費市場としての中国

　中国の経済力の持続的向上に伴う購買力の増加に伴い，個人消費も拡大を続けよう。当面は沿海部・主要都市の消費の高度化が中国の個人消費全体を牽引すると思われる。例えば，上海地区の1人当りGDPは平均で3,000ドル程度であるが，人民元の対ドル過少評価もあり，実際の購買力はそれ以上有るとみられる（なお，98年の中国の1人当りGNPは750ドル，日本は同32,350ドルである〈中：日＝1：43〉。一方，購買力平価ベースでの98年の中国の1人当りGNPは3,000ドル，日本は24,000ドル〈中：日＝1：8〉）。

　個人による自動車保有の拡大（モータリゼーションの本格化），住宅関連市場の拡大，家事・余暇関連サービスや高齢者関連サービスへのニーズ拡大，等，先進国と同様の消費拡大パターンが予想され

る。携帯電話の保有台数は予想よりも早く1億台を超え，2001年半ばには世界1の携帯電話保有国となった。中国の消費者の変化は今後も加速されていくものとみられる。

　日系企業にとっても，消費地としての中国市場に本格的に参入するチャンスがますます増加するとみられる。日系アパレルメーカーの中には，従来，中国で生産した製品のほぼ全量を日本市場向けに輸出していたが，2001年より中国（上海）に直営小売店を設け，中国国内への販売も重視することを打ち出した企業もある。中国国内市場は今後，日系企業・欧米企業の現地生産品・輸入品と中国国産品との競争が熾烈になる。今後，中国国内での販売を進めるに当っては，ブランド戦略・価格戦略等に基づくしっかりしたマーケティングと，在庫管理・物流管理・与信管理が益々不可欠となっていこう。

　中国の新しい顔

　中国は，家電・コンピュータや自動車などの製品分野において，世界の生産基地であると同時に，先進的「市場」に一気に昇華しつつある（かつては後進国であったが，いまや，IT関連製品等で，世界の最新モデルが先ず中国で導入されている）。WTO加盟を契機に，中国の世界市場への組み入れが一気に進むものと思われる。これまでの中国がもっていた，不透明・唐突・不合理・不誠実といった過去の悪いイメージは改善されていくと思われる。その一方で，成長ばかりが重視されると，労働問題や環境・公害問題等で成長のひずみが表面化する懸念がある。

　中国は，2000年から西部大開発計画に本格的に取り組み始めた。交通・通信・運輸・水利・電力・パイプライン等のインフラ整備と生態環境保護，公共投資の西部地域への傾斜投資や，東部地域や外資からの投資による東西格差の是正を目的とした諸施策を実施し始めている。しかしながら，インフラ面での立ち遅れは厳然とした事

実であり,この面での改善が進むまでは外資にとっては進出ドライブがかかりにくいのも事実である。
　中国企業・中国人(大陸)の海外進出が加速化しよう。中国企業の海外上場,中国企業の多国籍化,中国人(現在大陸にいる人間)の海外進出の機会拡大(就業や留学,移住,旅行などさまざまな形で),等が進むとみられる。すでに各地で経済を中心に活躍している華僑・華人との連携により,中国・香港・台湾という国家のみならず,中国人のネットワーク・存在感が全世界的に大きな影響力をもっていくことになろう。
　中国製繊維製品や雑貨は既に国際的な競争力をもっているが,今後一層,この面の輸出が進むとみられる。中国政府は,力をつけた機械メーカーの海外進出を奨励しており,家電品メーカーは,組立のための下請工場からOEM生産を経て,いまや自社ブランドでの輸出を行うメーカーが出てきている。それらメーカーはアフリカ,中南米等新規市場を果敢に開拓し,世界シェアを伸ばしつつある。今後,技術レベルが一層向上し,アフターサービス等が整備されてゆけば,価格面での優位性から,先進国市場で競争できるメーカーも出てくるとみられる。

(4) 産業別日中経済交流の将来展望

素材(原料)産業
　今後,鉄鋼等の素材(原料)分野では,汎用品を中心に,中国からの輸入増加の可能性が高まってこよう。2005年までの新5ヵ年計画によれば,例えば,現在1億2,850万トンの粗鋼生産体制を1億4,000万トン以上にするという計画がある。中国は,既に粗鋼生産量で世界1だが,今後は自動車用の冷延鋼板,電磁鋼板,軽量高強度の鋼板等付加価値の高い製品の開発と,電炉技術レベルの向上等,クオリティ・アップを図っている(宝山鋼鉄は合弁で自動車鋼板

を100万トン規模で生産しており〈現在は国内供給のみ〉、今後更にクオリティアップされれば、欧米向け輸出も行いたいとの方針がある）。新日本製鉄と中国鉄鋼最大手の宝鋼集団との間で、自動車用表面処理鋼板分野で提携交渉が進んでいる。

　一方、化学品分野では、需要の急増に対応して、設備増強を通じた供給強化が急速に進められるものの、中国全体としては中期的には輸入超過の状態が続く。例えば、最も汎用性の高い製品であるエチレンの場合、年産能力を2000年の460万トンから、05年に900万トン以上に引き上げる中国政府の目標（第10次5ヵ年計画に基づく）で、ロイヤル・ダッチ・シェル、独BASF等外資による大型合弁事業も計画されている。

　しかし、エチレンの中国国内需要は、2000年で約1,000万トンあり、今後5年間も需要の伸びは年率7%を下回らないと予想され、05年で少なくとも1,300万トンの需要になるとみられるため、不足分は過剰設備を抱える日本や韓国からの輸入が継続する余地がある。その後、同様の伸び率が続くと、10年には2,000万トン以上の需要が発生、一大需要地になるとみられるが、この時点でなお、国内生産能力では賄いきれない可能性も高く、輸入が続く可能性もある。一方日本企業の進出は当面、比較的投資金額の少ない、川中ないし川下の汎用品・ファイン・医薬品分野が中心となろう。

組立産業

　自動車・家電・コンピュータなど、高付加価値製品でも中国への生産シフトは不可逆な流れと思われる。中国では理工系の卒業生が年間40万人以上いると言われており（江沢民主席、朱首相も理工系出身）、技術者の層は非常に厚い。ちなみにタイでは理工系卒業者の数は年間1万人であり、この差は大きいと思われる。コンピュータソフトウェア開発分野においては、日本企業にとっても、今後、有望な提携・投資の余地があるとみられる。

自動車については，新5ヵ年計画では，自動車生産を現在の207万台から320万台にする計画であり，外資系メーカーの進出を折り込んでいる。今後の需要増を考えると1,000万台生産体制も2010年代には達成する見込みであり，一部輸出に回る日も遠くはなかろう。日本メーカーの進出が本格化してくれば，アセンブラーに追随する形で，各種コンポーネント及び部品・材料・素材メーカーの中国進出も促進されよう。

家電は，機械・組立産業のなかで，これまでの日系企業の投資が比較的先行した分野である。従来は，日本製の設備・部品を中国にある工場や委託先に輸出して完成品を日本に輸出するのが一般的であったが，最近は，部品製造から，R＆D機能やデザイン開発機能も中国に移管する企業が出てきている。今後，日系企業は一層のコスト削減，新機能の追加，ブランド戦略の練り直しやアフターサービスの充実等を通じて，中国消費者の取り込みにも注力することで更なる発展が見込まれよう。一方，高品位の部品等については，日本からの供給に頼らざるを得ない状況にあり，今後，日本企業はこの面での比較優位性を一層磨くことで当面は独自性を保つことができよう。

IT関連産業についても，今後，外国企業から中国への輸出と製造拠点の一層の対中シフトが進むとみられる。最近の世界的なIT不況と短納期要請の高まりにより，より低価格で生産できる中国に比重を移す，台湾・韓国・日系企業が急増している。これに追随して部品メーカーの進出も進み，華南地域や華東地域には電子産業集積基地が出来上がっている。中国では，現在携帯電話保有台数は既に1億台を超え，インターネット利用者（2,250万人）も急速に増えているが，中国の携帯電話，インターネットやコンピュータ及び周辺機器の普及率は，1人当りで各5.8%，1.8%，1.5%にすぎず，アジアNIES諸国に比較しても低い水準である。今後，中国がその成長余力によりIT関連の巨大市場になることは確実であろう。

食品産業

　魚介類や野菜，肉類等食料品について，日本が中国から輸入する金額は近年伸び続けており，日本の中国からの全輸入額のうち，10%前後を占めている。90年代以降は，特に中間加工食品（エビ，うなぎ，焼き鳥，等）や，加工食材・中間原料（乾燥野菜，フルーツピューレ，等）の開発輸入が進められてきた（三菱商事関連案件でも，山東省に，インスタント食品に入っている乾燥食材〈具材〉や，果汁飲料の原料となる中間原料〈果物を加工〉を生産する合弁企業を設立している）。

　今後も，中間加工品のみならず，生鮮品（野菜・果物），加工製品，惣菜品，等の輸入が更に進むと予想される。すでにスーパーに並んでいる野菜（ねぎ，しいたけ等），中間加工品（うなぎ等）の多くは，中国品が占めるようになってきている。近い将来，日本のスーパーやコンビニで販売されている商品の半分が中国品ということも考えられる。魚介類については，遠洋漁業で獲得したものを中国国内で加工する技術体制が確立したことから輸出量が増えた。

　2001年4月23日，日本政府は初めて中国産ねぎ・しいたけ・畳表（おもて）に対してセーフガードを暫定発動した。この発動については，① セーフガードはWTOで認められた権利であるが，そもそも日本のような貿易立国はこうした輸入制限的措置はなるべく発動しないという立場をとるべきであること，② 中国からの輸入が増加している商品の多くは生き残りを図った日本企業が開発しているもので，それを制限しようとするのは国際的に見ても違和感があること，③ 日本の消費者の声（メリット）が反映されていないこと，④ 本来，セーフガードは，発動期間中に業界として高付加価値化や構造転換を図り輸入品に対抗できる競争力をつけるのが目的であること，といった点を踏まえる必要があろう。特に中国との経済関係，つまり日本が資本力・技術力で中国が労働コストや労働力での比較優位性をもつことを背景に日中間の分業体制がさらに進んでゆ

く(分業体制をとらざるをえない)ことを考えると,セーフガードの暫定発動はもっと慎重であるべきと思料する。

中国では,国民所得の上昇と食生活の多様化による野菜への需要が増加したこと,及び,農家の所得向上策として,それまでの穀物生産重視から,野菜生産が奨励されるようになり,90年代半ば以降,野菜の作付面積が急増した。2000年の野菜生産量は,約4.4億トンに達したが(95年以降の5年間で平均11.3%増加),1人当り換算の年間野菜生産量(345kg)は政府が設定した消費量基準(183kg)を大きく超え,大幅な供給過剰になっており,野菜価格の低下傾向を招いている。このうち,輸出に振向けられたのは1%足らず,245万トン(うち,生鮮野菜139万トン)であるが(その他は国内消費・流通段階のロス・飼料・自家消費),その主な輸出先は,90年代半ばを境として,それ以前の東南アジアや香港から,日本が約4割のシェアをもつに至っている(韓国にも3%程度が輸出されている)。

その背景には,日系企業が品種提供や技術提供等を通じて生産した商品を輸入する「間接型開発型輸入」の進展があり,中国・地方側の供給過剰野菜の向け先開拓の必要性と,日本側の国民の価格志向や農業生産人口の減少傾向といった双方のニーズに噛み合っていることから,この構図は今後も継続・進展することが確実である。中国野菜についての日本国内でのマーケティングが,商品PRを含めてまだ十分でないのがネックとなっているが,有機野菜等高付加価値商品を含めた品質の向上も急速に進んでおり,今後,日本農家の高齢化と若者の農業離れが一層進む一方で,中国品の市場進出が進めば,一挙に日本市場が様変わりする可能性も高い。

繊維・雑貨産業

日本の繊維メーカーは,早くから産業構造改革を進め,中国進出を含めたコスト削減等効率化体制の構築,日本における市場対応体制等を敷いてきた。その結果,日本に出回っている衣料品の7割は

外国からの輸入品であり，輸入品のなかの8割以上が中国品である（金額ベース）。現在，激しく変わる日本の流行に効率的に対応する為にアパレルメーカーが進めている，製造型小売と呼ばれるSPA (speciality store retailer of private label apparel) 業態は，日本での受注・デザインを決定した後，中国での縫製工程を組み込む分業体制を採ることにより成り立っている。「企画―素材調達―染色―縫製―日本への出荷―国内流通」のサプライチェーンを，ITネットワークを活用することにより，海外の生産者，商社，物流業者も使って効率的に運営している。

さらに，その仕組みを不断に高度化させることにより，短納期・在庫削減・低価格化を実現させた。その結果，日本の消費者は安くしかも品質も良い衣料品の恩恵を受けることができる。今後は，生産基地の多様化等により，中国一辺倒の輸入のみではなくなるが，中国のアパレル輸出はWTO加盟や米国との繊維協定廃止等に伴い一層増加することが予想され，今後引き続き重要な供給拠点と位置づけられる。

日系繊維メーカーは，これまで縫製部分だけを中国に移管してきたが，現在は，日本国内で若いデザイナーの量的確保が困難になってきた一方，中国国内でデザイナーの質が向上してきたことからことから，デザインの部分も移管を進めることにより，より一層のコストダウンを目指している。さらに，一部アパレルメーカーは，これまで中国で生産した製品を全量日本向けに輸出していたが，今後は，中国に直販店を設置し，国内販売も進めることを決定した。WTO加盟に伴う関税引き下げ後は，日本製の高品質な製品等が中国市場に輸出できるようになることもあり，中国の消費水準の一層の向上につれて，中国を生産基地としてだけ位置づけることから消費市場としての見直しも進むとみられる。

日本のホームセンターで販売されている製品の多くが中国品となろう。また，大型スーパーマーケットに引き続き，こうしたホーム

センターのような小売形態の中国での展開が図られると思われる。ここ1, 2年, 日本の中国からの輸入品のなかで, 雑貨が急速に増加しており, かつ, その品質の向上が著しい。日本企業による開発輸入と呼ばれる形態による技術指導等を伴う製品開発を通じた輸入は, 今後も増加するのではないかと考える。

サービス業

中国は, 現在, GDPに占める第三次産業の比率が30%余りにすぎず, 先進国が同60%以上を占めているのに比較して考えると, 今後, 経済産業の発展に伴い, サービス業が大きく発展する可能性が高い。中国のWTO加盟に伴う農業分野の関税引き下げ及び農業補助金の削減により, 今後, 海外からのより安価な食糧の対中輸入が激増し (特に, 大豆, 小麦, 等), 生産性の低い農業分野では, 多くの農民の失業問題が生じる。中国政府はこれら失業者を吸収する再雇用先として, サービス業の発展を加速する計画でもあり, 今後, 中国のサービス分野は新たな発展段階を迎えるだろう。(農村人口は全人口の7割に相当する8億人。今後予想される失業農民数を約1,000万人と推測している中国政府のデータもあるが, 過少な予測と思われる)。

台湾や韓国と同様, 日本のアニメーション, ファッション, 日本食といった文化が中国にもさらに入り, それに伴ったサービス提供 (日本企業の進出) が進むものとみられる。既に, 日本のファッション雑誌等若者向けの情報は, 日本とほとんど時差なく中国でも翻訳されて紹介され, 若者の人気になっており, 中国人, 中でも改革開放政策採用 (1978年) 以降生まれの若年層市場をターゲットとした日本からの文化発信はひとつの有望市場を形成することにもなる。

物流・流通面では, 日系企業にも多くのチャンスが提供される。中国はWTO加盟後3年内に国内販売 (小売業と卸売業) や貿易権の数量制限・地域制限・資本制限等を廃止し, 原則自由化される。

百貨店,スーパー,コンビニ等の小売業態,販売会社の設立や,代理店の展開が可能となり,また,流通・物流関連サービスとして,レンタルやリース,広告・宣伝,技術検査・分析等幅広い分野のサービス業務も可能になる(第3章の表3-14参照)。

(5) 香港の機能

中国は,香港を対外的なゲートウェイとして今日まで発展してきた。しかし,近年,中国政府が上海市浦東新区を中国経済の金融・物流センターにするための施策を採ってきた結果,上海が急速に発展,今日,香港の中継基地としての「競争相手」にまで成長し,香港の役割は先細るのではないかという懸念まで出るようになっている。確かに,上海のみならず,中国沿海都市の発展はめざましく,香港のビジネスハブとしての機能は,一部,上海や広州等中国沿岸主要都市へ移りつつあり,その趨勢は加速するとみられる。

しかし,香港の中国の金融・物流センターとしての優れた機能,英語も通用するコスモポリタン都市としての地位は,長年かけて確立されたものである。長年培われてきたレッセフェール(放任主義)の伝統に基づく自由経済体制は,規制経済下であった都市(上海)が一朝一夕に真似できるものではない。港湾・空港・通信等のハードインフラ,法体系・会計制度・人材等のソフトインフラ,外資規制や低関税等の経済システムといった香港のビジネスインフラの優位性と,香港にある企業の実力を背景に,香港は今後も重要な位置づけを占めるものと思われる。中国・台湾のWTO加盟後は,両地域の直接通商が増えることに伴い,香港の仲介機能も質量共に拡大していくものと考えられる。

台湾政府による対中直接投資の規制を回避するための香港経由の投資(迂回投資)は,従来行われてきた香港でのペーパーカンパニー設立といった面にとどまらず,中国・華南にシフトされた生産拠

点の運転資金・外貨調整・貿易融資・原材料調達・販売促進を統括するオフィス機能を保有しており，これらの統括オフィス（機能）は，香港の金融・ビジネスインフラ，海外ネットワーク等での優位性，中国の外為規制，等の要因から，容易には代替されるものではないとみられる。また，経済面での中国・台湾間を繋ぐ位置づけにあることが，政治面においても，香港が中台関係でのクッション役を果たすことが期待される。

さらに，香港は，上海をはじめとする中国国内への最大の投資国・地域であり，資本と共にビジネスノウハウ等ソフトを移転することを通じて中国の繁栄を支えてきている。今後，香港は，そうしたベースのうえに，中国国内沿岸都市との一層の差別化を図るべく，国際的なビジネスハブを目指して新たな機能・価値を付加しつ

表6-2 上海と香港の比較

	上　　海	香　　港
人　口	1,300万人	700万人
GDP	2000年実績　5,483億ドル 2015年予想 16,304億ドル	2000年実績 16,300億ドル 2015年予想 30,977億ドル
1人当りGDP	2000年実績　　4,169ドル 2015年予想　 23,032ドル	2000年実績 23,988ドル 2015年予想 34,570ドル
輸出入額	550億ドル 輸出額 250億ドル 輸入額 290億ドル	4,140億ドル 輸出額 2,020億ドル 輸入額 2,130億ドル
国際コンテナ取扱い量	5,600万TEU	16,200万TEU
ハブとしての役割	華東・華北のゲートウェイ 国内貿易中経他	華南地域のゲートウェイ アジア太平洋地域の貿易中経
金融センターとしての役割	中国本土の経済改革の為の国内資金の流動化	アジア地域の金融センター. 外国資本を中国本土に誘致
多国籍企業の経営活動	中国本土の拠点	アジア太平洋地域の拠点

出典：Two Citie：Shanghai/Hongkong HKTDC.

つ，上海をはじめとする中国国内沿海主要都市との間で相互に緊密かつ有機的な関係を保ちながら，アジア・太平洋地域で発展してゆくこととみられる。

(6) 対中 ODA 考

日本は，中国にとって最大の援助供与国で，第4次円借款で3,900億円が供与されたのを含め，これまでに累計で有償資金協力2兆4,535億円，無償資金協力1,185億円が供与された。

対中 ODA 批判が高まるなか，日本としては，今後ますます，対中政策，アジア政策のなかで，ODA での戦略性が求められる。日本の納税者の納得性も重要な視点となる。2001年度以降の対中 ODA の方向性としては，インフラ整備等は中国が自力でできるようになっていることから，大型インフラ・プロジェクトへの供与は減らし，一方で，地球規模の問題かつ日本への影響もある中国の環境問題に関連した環境 ODA や，貧困解決により重点がおかれることになろう。また，中西部開発への協力も視野に入れられている。今後も，環境等へのより一層のシフトが求められる。

第2節　日　　　韓

(1) 日韓貿易・投資の伸び予想

貿　　易

　日韓貿易は過去から韓国側の恒常的赤字の状態が続いてきた（98年は46億ドル，99年は82億ドル，2000年は114億ドルの韓国側赤字〈韓国側通関統計〉）。この主たる要因は，製造業のなかでも自動車や家電，造船など組立産業は韓国が国際競争力をもっているものの，一方で部品や素材等の所謂裾野産業の育成が遅れたため，部品や素材を日本からの輸入に大きく依存していることにある。また，製鉄プラントや半導体製造装置などの大型機械設備も日本から導入しているケースが多い。

　従来より，日韓間の貿易赤字解消は大きなテーマであり，政府・民間レベルでもさまざまな議論・対応策が講じられてきた。韓国では自動車や繊維産業を中心に素材・部品の国内調達が随分と進んできたが，全体の産業構造・貿易構造からみれば，現在でも，韓国の輸出・内需が伸びると同時に日本からの輸入も増えるという構造には大きな変化はない（98年の経済危機以降も基本的に変わらない）。

　経済危機後，韓国では政府の主導で，大手企業間のビッグディール（事業交換・売却）や不採算事業からの撤退等による過剰設備の廃棄が進み，産業構造の調整が図られているが，主眼となっているのは，国際競争力のある産業分野（電子・化学品・鉄鋼・造船・自動車等）の競争力確保・向上といった面である。部品や素材の国内調達（国産化）への努力は続けられているものの，現段階では貿易構造の大幅な変化がもたらされているわけではない。

　こうした状況を踏まえて，今後の日韓貿易のトレンドは次のよう

に予測される。日本からみれば,韓国向けの資本財(機械・部品)の輸出は今後も引き続き高水準ではあるが,中長期的にみれば韓国での部品・素材の国内調達が進む(国産化)ことにより,その分野の輸出の伸びは鈍化するものとみられる。一方,従来,韓国側で日本製品の輸入規制(輸入多辺化政策)がかけられていた自動車(完成車)や大型家電製品については,高付加価値製品・ブランド品へのニーズから韓国市場で受け入れられたが,現地でのマーケティングの浸透等により,当面は拡大傾向が続くものと予想される。

日本から韓国への輸出では,為替レートの変動にも左右されるが,中期的(4〜5年)には毎年1桁台半ばから10%前後の増加,長期的には1桁台前半から若干のマイナスの伸び率となると予測する(仮に,前半を年平均6%の伸び率,後半を年平均ゼロの伸びとすると,10年後には約1.3倍,約410億ドルの輸出規模となる)。

一方,韓国から日本へ輸入は,低価格・高品質のコンピュータ・周辺機器・家電や電子部品等での輸入増加が見込まれるものの,従来輸入の主体であった繊維製品・雑貨等は,中国から日本向け輸入が伸びることにより,韓国製品の競争力が相対的に低下するものと考えられる。また,近年は石油製品等の輸入も伸長してきたが,将来,中国で素材(原料)産業の新設プラントが本格稼動し輸出余力が出てきた場合,中国からの輸入にとって代わられる可能性もある。

したがって,韓国から日本への輸入では,多くの産業分野での中国製品の台頭により韓国製品の競争力が相対的に低下,中長期的にみれば(今後3〜5年以降),中国からの輸入に比べれば韓国からの輸入は低い伸び率になると予想される(今後10年間の年平均伸び率ではマイナスの可能性もあると思われる。仮に,前半を年平均3%の伸び率,後半を年平均ゼロの伸びとすると,10年後には約1.16倍,約240億ドルの輸入規模となる)。

上述の試算では,10年後の日本の対韓貿易黒字(韓国側の赤字)

は170億ドルとなり，2000年の1.7倍に拡大することになる（**表6-3，図6-4**）。

表6-3 日韓貿易の推移

(単位：100万ドル)

	輸 出		輸 入		合 計		バランス
	金額	伸率	金額	伸率	金額	伸率	(輸出－輸入)
1991年	20,068	40.2	12,339	17.9	22,809	25.4	7,729
92	17,770	－11.5	11,577	－6.2	28,902	26.7	6,193
93	19,115	7.6	11,678	0.9	37,838	30.9	7,437
94	24,359	27.4	13,509	15.7	46,248	22.2	10,850
95	31,290	28.5	17,269	27.8	57,853	25.1	14,021
96	29,332	－6.3	15,986	－7.4	62,440	7.9	13,346
97	26,108	－11.0	14,641	－8.4	63,851	2.3	11,467
98	15,313	－41.3	12,013	－17.9	56,917	－10.9	3,300
99	22,885	49.4	16,045	33.6	66,215	16.3	6,840
2000	30,923	35.1	20,605	28.4	85,780	29.5	10,318

出典：財務省貿易統計.

図6-4 日韓貿易の推移

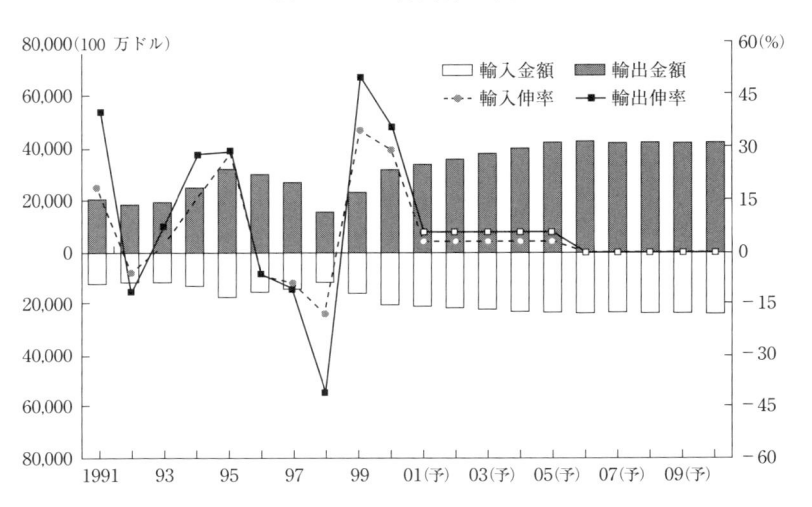

投　　資

 98年以降，日本企業の対韓国投資が活発化してきた。日本から韓国への直接投資（申告ベース：韓国側統計）は，98年の5億ドルから99年には17.5億ドル，2000年は24.5億ドルと大幅増加となった。62年以降の累計投資額105.4億ドルのうち，経済危機後の98年以降の投資が47億ドルと45％を占めている。特に，99年は日本から全世界への直接投資が伸び悩んだなかで，日本の対韓投資は17.5億ドルと，前年比3倍強と大幅な伸長をみせた。韓国側からみても，外国人直接投資全体に占める日本のシェアも，99年11.3％，2000年15.6％とシェアを高めつつある。

 通貨危機・経済危機以降，韓国政府は外資導入を経済再建策の主要な施策と捉え，外国企業への投資規制の緩和（外国人投資促進法，外国人土地法，外国為替取引法の施行，外資による敵対的買収の許可，整理解雇制度の法的整備等の法的措置）を図ってきた。また，外資導入の為の政府・地方政府レベルでのサービス支援機能の強化が図られており，例えば，大韓貿易投資振興公社（KOTRA）に外国人投資支援センターを設立，外国人投資オンブズマン事務所を設置するなど，外国企業への情報提供・相談のワンストップ・サービス，窓口の明確化を図っている。

 上記のような規制緩和や制度面の改善，為替要因も韓国への外資直接投資全体の増加（62年から2000年までの累計額647.3億ドルのうち，98年以降が62％を占める）をもたらしており，さらには，韓国企業自身が国際競争に生き残るために，積極的に外資との提携を図ろうとしている（国営企業の民営化含む）ことも，外資導入増加の背景にある。また，日本企業にとっては，韓国の「輸入多辺化制度」の完全撤廃も，韓国市場へ注目する契機となっている。

 最近の日本から韓国への投資の特徴としては，既存出資先企業への増資・長期貸付の比重も高いこと（新たな事業に投資している分は少ない），1件当りの投資金額が大きくなっていること，非製造業へ

の投資も増えていること，が挙げられる。既に韓国に進出している企業も含め，韓国市場へのコミットメントを深めようとする日本企業が多くなっていることをうかがわせる。

　今後，中長期的にみた日本の対韓投資の流れは，次のとおりと予測する。

　当面（3～5年以内）は，特に製造業にて日韓の有力企業が提携する動きがあり，大型の出資案件が出てくる可能性がある。

　また，製造業以外にも，物流や金融などサービス分野での投資，さらにサービス分野のなかでも，ゲーム産業や放送プログラム製作業，広告代行業，映画製作・配給業，文化・公演企画業，など，文化面の企業提携・相互　進出も盛んになることが考えられる。

　2001年に入り，日本を含む外国企業の対韓投資金額は前年比減少となっている。韓国経済が減速していること，労働争議が再び活発化していること，等が背景として挙げられる。短期的には，日本からの対韓投資金額は高い水準がしばらく続こうが，製造業での日韓有力企業間の提携や，サービス業での進出が一巡すれば，日本全体からみると，世界の生産基地となりかつ市場としての成長力が大きい中国への投資に重点が置かれていくこと考えられ，長期的な観点で見れば，日本からの対韓投資が現状の水準で継続する可能性は低いものと思われる（中国のWTO加盟より2～3年後より，日本からも対中投資が再び加速し，一方で対韓投資が伸び悩みないしは現行水準より大幅減少〈前年比10％以上減少〉していく可能性もあると思われる）。

　日本の対韓投資額を2004年までは年平均2％，05年以降10年までは年平均マイナス5％の伸びとすると，05年は25億ドル，10年は19億ドルと予想される。

　80年代後半頃（プラザ合意直後の数年間），消費財を中心とする韓国製品の輸入・韓国企業の対日進出（投資）が試みられたが，韓国製品に対するイメージ（ブランド力の欠如）の問題等から，多くの

分野で失敗した。90年代後半以降，コンピュータや周辺機器，家電や自動車等にて再度日本市場への進出が図られているが，世界的にも一定の評価を受けている製品については，日本市場でも徐々に受け入れられているものと思われる（費用対効果の観点で日本の消費者が受け入れる商品分野・価格カテゴリーのものが増えてくると予想される，図6-5, 6-6）。

図6-5 世界の対韓直接投資推移（申告金額）

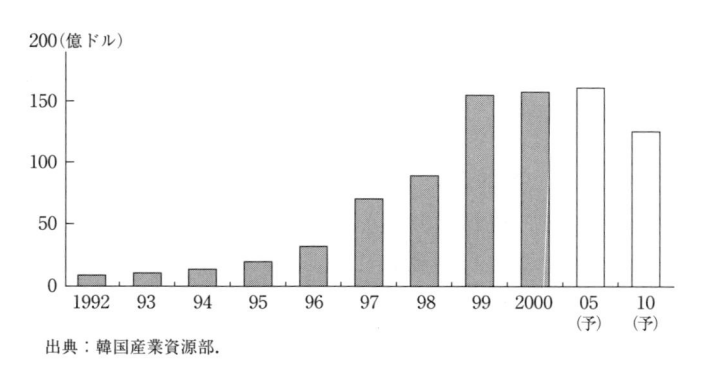

出典：韓国産業資源部.

図6-6 日本の対韓直接投資推移（申告金額）

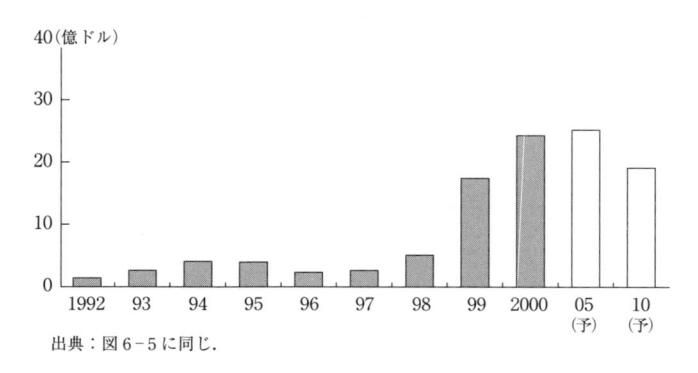

出典：図6-5に同じ.

(2) 日韓サービス貿易

近年,若者・女性層を中心に日本から韓国への旅行者が急拡大しており（日→韓の渡航者は年間240万人），両国間のフライト予約がタイトな状況が続いている。2002年のワールドカップサッカー共同開催を踏まえて，両国間のフライトアクセス改善の動きが進んでおり交流の機会は更に増加しよう。

ただし，日本から韓国への旅行者は長い目で見ればいずれ頭打ちとなってくることが考えれる。韓国の都市や景勝地はそれほど数が多いわけではなく，ソウルを除いては韓国へ旅行するリピーター需要は少ないと考えられる（中国の観光ポイントが未開発の地域も含めて数が多いのと比較して，日本人の韓国旅行者が増加を続ける可能性は低い）。

一方，今後は，むしろ韓国から日本への観光客が増加していくと予想される（既に韓→日の渡航者は年間120万人）。韓国と日本の地方空港のアクセスが増えており，関西や九州でテーマパークと温泉地を絡めたルート，北海道へのルート，等での韓国人の旅行者が増加している。

金融や運輸分野では，日本と中国との間での交流が活発化する（日本から中国への支払いが増加する）のと比べれば，相対的に日韓の交流は伸び悩むものと考えられる。

(3) 日本企業からみた韓国企業

対韓投資への見方

かつては韓国の投資規制・労働問題等のさまざまな障害が存在し，かつ韓国にすでに進出した日本企業でも韓国市場対応の難しさから多くの企業で撤退する（その後2度と進出しない）例があった。

したがって、長い間日本の対韓国投資は（韓国ほどの国の規模に比して）他の東南アジア諸国ほど投資が進まなかったのが実情であった。こうした状況も、経済危機以降の外国企業への投資規制の緩和、韓国企業の積極的な外資誘致、等の外部環境の大きな変化から、98年以降、日本を含む外国からの対韓投資が大幅に伸びている。元々先進国に仲間入りしていた韓国への投資ポテンシャリティはあったが（投資の機会があれば、発展途上国に比べた韓国の信頼性・安定性は元々あった）、経済危機を契機とした韓国自身の変化により、堰を切った形で韓国への投資が促進されているのが現状と思われる。

現在の韓国への注目が中長期的に継続していくかどうかについて重要な点は、韓国が本当に変わったのかどうか（韓国の企業・金融改革がどこまで進んだか、これまで障害となっていた労働問題等への懸念はなくなったのか、等）、投資先としての韓国の魅力はどうか（特に中国との比較において今後有望な投資先であるかどうか）、ということである。短期的には、国際レベルにある韓国企業との提携（日本企業の出資）や、未だ進出していない物流・小売等のサービス分野への参入は行われるが、労働コストを中心としたコスト競争力、市場の成長性とその規模からみて、他のアジア諸国、なかんずく中国への投資に重点がシフトしていくものと予想される。したがって、長期的な観点で見れば、日本からの対韓投資が現状の水準で継続する可能性は低いと考えられる（対韓投資のトレンドの転換点は、中国のWTO加盟後2～3年を経た時点と思われる。この点は、アセアンなどへの投資にもある程度当てはまろう）。

   コンペティターかパートナーか
　日本から韓国への投資、韓国企業と日本企業との提携がどのくらい進むかは、民間レベル・政府レベルで両国が手を結ぶことを戦略的に意識的に行うか、というところにもかかっている。基本的に

は，現在でも韓国の産業・貿易構造は日本と似ており，自動車・造船・半導体・電機等，韓国の主要輸出産業で，日本と競合関係にある。世界市場や日本市場が順調に伸びていた時期では，それでも両国の企業がコンペティターとして「存在しえた」が，今後は，先進国を中心に大幅な成長力が見込めないこと，供給拠点としての中国の台頭や欧米企業も巻き込んだ世界規模での競合を考えると，まさに「生き残り」をかけて日韓企業が相互補完を目的とした提携や合併にまで進まざるを得なくなっている。日韓（企業）の関係は，個々の産業分野や商品分野によって，また，個々の企業の戦略によって，コンペティターかパートナーか位置づけの度合いが変わるが，過去から技術提携や原材料供給で関係があり地理的にも近い存在である日韓企業の提携がメリットを見出せるケースの方が多いと思われる。

日韓自由貿易協定（FTA）

日韓企業が今後どのような関係を構築していくのか，まず，個々の企業レベルで是是非非で提携や合弁等を判断していくことになるが，現在検討が進められている日韓投資協定やFTA構想は，日韓の産業・貿易関係をより緊密化するうえで，制度・政策の面からバックアップしようというものである。

投資協定については既に政府レベルで話が進んだが，FTAについては，現段階では民間レベルでの研究・議論がなされている状況である。昨年，日韓FTAについての民間レベルでの研究・検討の中間報告的な発表がなされたが，その後の議論等をみても，総論では日韓でのメリット（中長期的には両国の貿易黒字拡大に寄与）がうたわれているが，各論となると，多くの産業分野で特に韓国企業側の日本企業への警戒感（日本企業に取り込まれることを懸念）等があるのが実態である。両国の民間レベルでの研究結果でも，短期的には，関税率が高くかつ競争力が相対的に弱い分野が多い韓国の対日

貿易赤字が継続する結果となっている。こうした背景から，日韓FTAについては，民間レベルの議論ですらなかなか活発化しない（具体的な進展がみられない）状況にある。

　EUやNAFTAなど欧米では経済圏形成が具体的な内容を伴って進んでおり，また，東南アジア各国はAFTAの枠組みのなかで（個別の問題を抱えながらも）域内関税自由化等の具体的施策の実行を進めようと努力している。シンガポールのように，2国間レベルでの経済協力協定・FTA締結を積極的に各国に働きかけている国もある。こうした動きのなかでは，東アジア地域での経済圏形成の動きは特に具体的な検討がなされているわけではなく，表面化している日韓FTAも，その想定されるインパクトに比して実際の進展がみられない状況である。欧米での経済圏形成に対抗していく（取り残されない）ためにも，日韓がFTAの締結を前向きに進め，相互の関係を強化し両国全体での経済力を維持・強化していくことが必要である。

　いろいろな問題がある為にFTAは無理だと諦めるのは早計と思われる。日韓FTAは政治的にも大きな意味をもつので，政治目標・経済目標として，実現に向けた関係者の粘り強い努力が必要と思料する。EUでは通貨統合にまでプロセスが進んでいる。日韓でFTAが不可能なはずはないと考える。

(4) 都市間交流／文化交流

　国レベルでの交流に先駆けて，日本海沿岸都市，九州地区の都市を中心に日韓の都市間交流が活発化している。従来より姉妹都市関係はあったが，最近では，草の根レベルからの交流行事や，企業ミッション等の相互派遣を通じた経済交流が更に活発化している。日本の地方空港と韓国主要都市間のフライトアクセスも多くなっている（日本の地方空港をゲートウェイとした韓国からの観光客が増加して

いる。また，地方空港〈例えば福岡空港〉が台湾と韓国の間のフライトコネクション〈ハブ〉としての位置づけが高まっている)。日韓の2国間関係については，national to national あるいは首都同士の関係というように狭くみてはならないと思われる。実際，距離的に近い local community 同士で自然発生的に交流が深まっており，例えば，九州と韓国南部はお互いに同一の生活経済圏になる得ると思われる。

2002年のワールドカップサッカー共同開催を踏まえ，政府・民間レベルでのさまざまな交流行事が企画・実行されており，また，韓国の日本大衆文化開放や韓国映画の日本進出も行われ，こうした文化面の交流も，両国民の間の相互理解を深める絶好の機会となる。相手国の文化が入るのをむやみに恐れたり拒否するのではなく，良い面・悪い面を見極め相互理解を深めようとする前向きな姿勢が重要と考える。

直近では，歴史教科書問題がクローズアップされており，日韓交流の流れが停滞することが懸念されている。この点については，日韓双方が，両国の歴史を，もう少し客観的な視点から見つめ直すことが必要である。いずれにせよ日本国民は韓国国民の心の痛みを理解するよう努力せねばならない。これなくして健全な日韓関係の進展は困難である。

第3節　日中韓協力

　これまで，日中，日韓それぞれの貿易・投資の動向，今後の経済協力の方向性等を述べたが，すでに日中・日韓・中韓それぞれの経済交流が進み，かつ，多くの分野で今後競合関係が予想されるなかでは，日中韓3国での協力関係を模索していくことにもメリットがある分野も多いと思われる。以下でいくつかの切り口から3国間協力の可能性を提案したい。

(1) 個別産業分野での協力可能性

　これまで日韓の企業が多くの分野でコンペティターの関係にあったなかで今後はパートナーとして連携の可能性を模索しようとしているが，その一方で，中国がその市場規模拡大と国際競争力向上により，アジア・世界経済のなかでの存在感・影響力を増してきている。

　既に繊維や履物，家電製品等の労働集約型産業では中国が一大生産基地となっているなかで，韓国企業ですら徐々に中国生産へシフトしてきている。こうした分野では，日韓共に中国での生産品を輸入することになるが，例えば，繊維製品や雑貨品で従来日本から生地を中国に輸出していたのを，日本より安価で中国より高品質・多様な素材を韓国から中国に出し，在中国の韓国メーカー系の工場で生産するケースもある（ユニクロ等のSPAの仕組みの1つ）。これは，中国の地場系の縫製工場を起用する場合に比べて，韓国の安価で良質な素材，韓国メーカーの技術・品質・納期管理への信頼があることから成り立つスキームである。

　一方，中国に集中しつつある労働集約型産業に比べて，鉄鋼や石

化,自動車,造船,セメント,半導体,といった資本集約型産業では,どのような可能性が考えられるか。日韓の間では既に各分野での有力企業が提携し,アジアや世界市場を睨んで,それぞれの強み（日本：資本の蓄積,ブランド力,技術力,市場規模,韓国：生産効率の高い大規模かつ最新鋭の機械設備保有）を活かして,生産の棲み分けや共同マーケティングを図る動きが出てきている（合弁会社設立や提携の例としては,日鉱金属―LG金属〈銅精錬〉,東レ―セハン〈ポリエステルフィルム〉,京セラ―SKテレコム,新日鉄―POSCO,川崎製鉄―現代鋼管／東国製鋼,太平洋セメント―双龍セメント,等）。

　今後,こうした資本集約型産業でも,中国の有力国営企業や,欧米企業と中国企業の合弁企業の台頭が考えられ,日韓企業との一層の競争激化が予想される。基幹産業であるこの分野での2国間・3国間協力は最も難しいところであり,かつ大規模な市場の存在と最新鋭の設備導入が進む中国の優位性が確立していくことが予想されるが,先行する日韓と次の巨人である中国が全面競争に入ることによるデメリット（共倒れなど）を少しでも軽減すべく,個別個別の分野では,早い段階で,日中韓3国の企業によるアライアンス・生産の棲み分け・共同マーケティング等を模索すべきと思われる（すでに,鉄鋼では,日本の新日鉄,韓国のPOSCO,中国の宝鋼集団による相互株式の持ち合いの動きなど,将来へ向けた3国間の有力企業が連携する動きが出ている）。

　ITや情報・通信,金融・保険,物流,流通・小売,といった知識集約型の分野では,アジアのなかでは日本が先行している部分もあるが,例えばITでは韓国でも実力のあるベンチャー企業が出てきており,中国もソフト面での人材（例えば理工系大学出身者）が豊富といった,それぞれの特徴・強みがある。各国での規制緩和により,知識集約型産業・サービス分野での交流も進むものと思われるが,ノウハウ提供や人材供給といった面での相互協力により,日中韓が共にレベルアップしていくことが重要と思われる。

日韓の間では，韓国のサポートインダストリー（裾野産業）育成の観点から，経済団体等を通じた交流（ミッション派遣，技術者派遣・研修）が行われてきたが，今後，中国に対してもこうした支援を強化することが考えられる。サポートインダストリー育成への協力は難しい側面があり机上の空論となりがちであるが，日本として政府の後押しを得ながらじっくり時間をかけて行うべきと考える。メーカーの中国への生産拠点の移転が進むに伴って，周辺の部品メーカー等が進出するケースも出てきており，こうした動きを政策的にフォローするスキームへのニーズは高いと思われる。

　(2) 東アジア経済圏

　EUやNAFTAでの経済圏形成が具体的に進み，アジアでもAFTAや2国間経済協定締結が試みられているなかで，地域経済圏形成のメリットを享受すべく，日韓の2国間や，日本・韓国・中国（および台湾）の3（ないし4）ヵ国・地域での広域産業協力を模索していく必要がある。こうした構想（東アジアでの経済協力強化・経済圏形成）は，EUやNAFTAへの対抗のみならず，今後ますますそのプレゼンスを高めていく中国を取り込む意味合いもある。
　また，中国への注目度が高まるなか，危機感を抱いたアセアンが具体性のある経済圏形成の動きを再度進めていくことも考えられるが，アジアのなかで対立軸をつくらないためにも，東アジア（日中韓）とアセアン・南西アジア・大洋州の協力関係の模索を続けるべきと考える。

　(3) エネルギー・鉱物資源

　日韓は元々資源が少なく，中国も中長期的には多くの分野で資源輸入国へと移行していく。安定供給源の確保（石炭，鉄鉱石，LNG，

原油,その他)は3国の共通したテーマであり,こうした観点から,第3国でのエネルギー・鉱物資源案件への共同投資も考えられる。従来より日本企業は世界各地で資源開発・権益確保にあたっているが,近年では,中国も南米や豪州での鉱物資源の権益確保(投資)の動きがある。これらを日中韓が共同で行うことにより,資金面でのリスク分担のみならず,供給国・サプライヤーへの発言力強化,といった効果も考えられる。

資源輸入には,安全かつ効率的な輸送ルートの確保,在庫・中継物流といった機能が必要とされるが,中国東北部沿岸や韓国沿岸での中継ターミナル建設や,日中韓の共同物流(輸送)の可能性もある。また,官民ベースでのシンポジウム開催等により,共通の問題意識の醸成や相互協力関係の構築を図っていくことも面白い。

(4) 環境保全・海洋開発

環境問題は,日中韓のみならず,世界規模でのテーマである(特に温暖化問題など)。こうしたなかで,中国発生源の酸性雨,黄砂の問題は,国境を越えて日本・韓国への直接的な影響が大きい。すでに3国による共同研究・専門家の交流の動きも出ているが,各国政府のバックアップ強化(資金など)により,共同研究や対策プロジェクトの具体的実施を促進していくことが求められる。

また,中国各地での公害(工業排水,大気汚染,等)・都市問題(交通,ゴミ処理,等)への対策には,日韓の過去の経験・ノウハウが活かせるケースも多いと思われる。資金・技術面で日本がリーダーシップを発揮すべき分野である。

日本や韓国では猛暑時の水不足が問題化することがあるが,中国では「水」は永遠の課題である。水量不足の問題,下水道を含む水道システム(循環システム)の未整備,森林伐採による洪水発生,等さまざまな側面からの「水」問題が深刻になっており,「資源」

と「環境」の観点から，日中韓による共同研究を進めることや，日韓が中国へのノウハウ・資金協力を具体的に行うことも必要と考える。

　日中韓が囲む海域には，かなりの鉱物資源が未開発のまま残されていると言われている。経済権益を巡る境界線の問題等，非常に難しい問題はあるが，日本海，東シナ海での資源開発は，コスト軽減やリスク分担の観点から，日中韓による共同開発のメリットも大きいと思われる。

　日韓では漁業問題がしばしばイシューとなるが，例えば，共同養殖事業や，共同港湾開発を行うことにより，相互の協力関係強化を図っていくという視点も必要だろう。

(5) 東アジアの安全保障／北朝鮮

　東アジアの安定的発展の為には，朝鮮半島統一のプロセスはともかく，北朝鮮を政治・経済面で上手く融和させていく必要がある。この点で，日中韓が共同歩調を合わせて政治面での北朝鮮との対話を進めていくのと同時に，同国が経済面での開放政策に転じた場合には，資金やノウハウ提供など経済協力面（インフラ整備や物資供給等）で，日中韓が相互に役割分担を行って協力するメリットも大きい。

付　注

中国のWTO加盟のインパクトのモデル推計結果

　ここでは，本来世界貿易モデルとして，GTAPモデルを使用する。GTAPモデルの最新版のバージョン6.1では，資本蓄積効果を取り入れた変数が正式にモデルに組み込まれており，動学分析を行うオプションが可能となっている。中国を対象とした分析は，中国が世界経済に与える影響の大きさから，これまでにもその成長減速が世界に与える影響，各国が中国製品の関税引き下げを行った場合の影響などを対象に，GTAPモデルを用いたWorking papersにいくつか先例が見られる。またGTAPモデルが本来世界貿易モデルとして開発されていることから，WTOの経済効果に関する先行研究例も発表されている。

　以下では，中国のWTO加盟によって具体的に中国でどのような変化が生じるか，中国が関税引き下げを実施する結果中国・中国以外の地域にどのような変化が生じるかを，GTAPモデルを用いて分析する[1]。

　今回のシミュレーションでは，資本蓄積効果・資本移動どちらもありというオプションを採用している。また，2001年夏に発表された，GTAPデータベースの最新版であるバージョン5.0を用いて推計を行った。設定はAPEC加盟国を中心に，中国のWTO加盟の影響を受けやすい産業に焦点を当て，23地域，および19産業，4生産要素（土地，未熟練労働〈sluggish〉，熟練労働〈mobile〉，資本〈mobile〉に集計した。以下に今回のシミュレーションに用いた地

表1　地域分類

	名称	地域名		名称	地域名
1	AUS	オーストラリア	13	VTM	ベトナム
2	NZL	ニュージーランド	14	SAS	その他アジア
3	JPN	日本	15	USA	米国
4	IDN	インドネシア	16	CAN	カナダ
5	MYS	マレーシア	17	MEX	メキシコ
6	PHL	フィリピン	18	PER	ペルー
7	THA	タイ	19	CHL	チリ
8	CHN	中国	20	LTN	その他中南米諸国
9	KOR	韓国	21	EUR	EU
10	HKG	香港	22	XSU	旧ソ連
11	CTP	台湾	23	ROW	その他地域
12	SGP	シンガポール			

表2　産業分類

1	GRN	穀類（米，麦，その他穀物）	11	OMF	その他製造業
2	AGR	その他農林水産物	12	EGW	電力・ガス・水道
3	MNG	鉱業（石炭，石油，ガス，その他鉱業）	13	CNS	建設
			14	TRD	商業
4	FDP	食品加工業	15	TRS	運輸
5	TXL	繊維	16	CMN	通信
6	CHM	化学製品	17	FIN	金融業
7	MTL	金属・金属製品	18	OSP	その他民間サービス
8	TRN	輸送用機器	19	OSG	その他公的サービス
9	ELE	電気機械			
10	OME	一般機械・その他機械			

域・産業分類を示す。

　上記の設定とアグリゲーションにおいて，WTOにより中国において実施が計画されている関税引き下げ幅あるいは関税率を外生条件としてモデルに与え，推計を行った。外生条件として与えた関税

引き下げ幅あるいは関税率は，以下に示すとおりである．
　① 穀物，農産品，食料加工製品については，関税率17%まで引き下げ
　② 繊維，化学，金属，一般機械，その他輸送用機器・電気機械以外の製造業については関税率を13.85%引き下げ
　③ 電気機械は内外価格差がゼロになるまで引き下げ
　④ 輸送用機器については関税率52%引き下げ

　ただし，これらの操作の結果，関税削減率がプラスになってしまうものは引き下げ率ゼロに，関税率がマイナスになってしまう場合は関税率がゼロになるまでの引き下げに，それぞれ修正して計算している．

　中国のWTO加盟による関税引き下げの結果，中国では実質GDPが3.2%増加するというシミュレーション結果が示される．また経済厚生も133億100万ドルと大きく増加する．一方貿易収支そのものは赤字化する傾向が示される．これは，WTO加盟により国内の産業が活発化して，輸出も増加するものの，輸入の増加が輸出増加を上回るためとみられる．各国産業別GDPでみるように，この輸入増加は特に輸送機器産業において大きい．輸送機器産業における競争力の増加は，今後の中国にとっては重要な課題の1つとなるであろう．

　今回のシミュレーションでは，中国のWTO加盟による中国の関税引き下げ以外の設定は行っていない．この場合，韓国・香港・台湾・シンガポール（本シミュレーションにおいてはASEAN諸国に含まれる）のNIEs諸国，また日本はGDP，経済厚生とも増加する傾向が示される．一方貿易収支は日本・台湾では黒字化の傾向が示されるが，韓国・香港・シンガポールではわずかに赤字の傾向が示される．これには，韓国・香港・シンガポールは生産が増加した中国製品の輸入を増加させる傾向がある反面，中国がこれら各国から

表3 中国の WTO 加盟による各国マクロ指標の変化

(貿易収支,経済厚生は単位100万ドル, 実質 GDP は変化率%)

	貿易収支	経済厚生	実質 GDP	実質輸入	実質輸出
オーストラリア	6.89	453.15	0.08	0.45	0.15
ニュージーランド	−0.46	−5.83	−0.01	0.04	0.05
日本	456.64	4996.22	0.07	1.58	0.75
インドネシア	13.60	−112.76	−0.06	−0.07	−0.05
マレーシア	−2.50	19.61	−0.01	−0.07	−0.09
フィリピン	26.86	−40.41	−0.05	−0.29	−0.33
タイ	42.24	−75.57	−0.11	0.02	−0.02
中国	−8200.63	13301.77	3.20	20.71	19.31
韓国	−20.80	1643.09	0.27	1.14	0.64
香港	−353.77	1007.19	0.31	1.66	1.15
台湾	329.69	1547.08	0.33	1.31	0.67
シンガポール	−21.55	315.27	0.24	0.40	0.25
ベトナム	−2.10	38.31	0.15	−0.06	−0.28
その他アジア	34.70	−332.71	−0.06	−0.12	0.00
米国	186.72	3567.20	0.02	0.40	0.22
カナダ	−2.65	139.95	0.00	0.04	−0.01
メキシコ	−28.57	−441.10	−0.12	−0.23	−0.17
ペルー	16.70	−312.48	−0.50	−1.08	−0.68
チリ	9.78	2.47	−0.03	0.11	0.05
その他中南米	67.49	615.53	0.02	0.22	0.12
EU	−2.73	2422.08	0.02	0.08	0.03
旧ソ連	−5.24	71.21	0.00	0.01	−0.04
その他地域	76.93	624.82	0.01	0.05	−0.01

の輸入を増加させる傾向が少ないためではないかと考えられる。中国の経済・産業が韓国・香港・シンガポールなどの国々と似たような傾向を示しつつあることが考えられ,各国とも技術向上,優位性の強い産業の振興などを考えていくことが重要であろう。シンガポールを除く ASEAN 諸国では,ベトナム以外では GDP にはマイナスの傾向がみられる。

各国産業別 GDP をみると,まず中国では穀類・食料品・輸送機

器の生産量にマイナスの傾向がみられる。穀類が減少するのは，WTO加盟の結果他の産業の生産が増加し，相対的に穀類・食料品の国内における優位性が低下するためと考えられる。輸送機器の生産に減少する傾向がみられるのは，大幅に関税が引き下げられる結果外国の輸送機器の輸入が増加するためと考えられる。中国においては，輸送機器産業における外国製品との競争力を高めていくことが重要となるであろう。穀類・食料品・輸送機器以外の産業では，概ね生産量が増加する。特に電気製品の増加率は14.61%と大きい。これは関税が引き下げられるため，生産に必要な輸入資材や部品の価格が低下する結果，最終製品の価格も低下し，価格面での国際競争力が増加するためと考えられる。一方，生産に必要な輸入資材や部品の輸出は，他地域でもあまり増加しないことから，中国でも大幅に輸入が増加しないことが考えられる。これは，輸入価格が低下するため，数量としては増加しても輸入額全体としては大きく変化しないことと，中国でも技術が向上しつつあり，生産可能な資材・部品が増加していることを示すのではないかと考えられる。

　日本では，中国の生産増大と輸出増加の結果，マイナスの影響を受ける産業がみられる。生産量が増加するのは，主に化学製品・金属・輸送機器などの製品である。特に輸送機器の伸び率が1.12%と比較的大きい。これは対中輸出が増加するためと考えられる。韓国では，穀類・輸送機器・電気製品以外の産業で生産が増加する。これは，中国で生産が活発化する結果，韓国からの輸入も増加することが理由と考えられる。電気製品の生産が減少するのは，関税引き下げにより，中国がより技術の高い製品輸入にシフトすることが理由とみられることから，韓国でも技術向上を図っていくことが重要であろう。

　ASEAN諸国をみると，ここで取り上げた6ヵ国で共通して，中国での生産が増加することから，繊維・繊維製品の生産が減少する。また同様の理由により，多くの国で電気製品も生産が減少する

表 4 各国産業別

	オーストラリア	ニュージーランド	日本	インドネシア	マレーシア	フィリピン	タイ	中国	韓国	香港	台湾
土地	0	0	0	0	0	0	0	0	0	0	0
非熟練労働	0	0	0	0	0	0	0	0	0	0	0
熟練労働	0	0	0	0	0	0	0	0	0	0	0
資本	0.14	-0.05	0.14	-0.10	0.00	-0.09	-0.16	6.03	0.54	0.60	0.78
穀類	3.85	-0.12	-0.02	0.00	0.08	0.04	0.98	-4.10	-0.58	-0.13	-0.24
その他農林水産業	-0.68	-0.24	-0.13	-0.02	-0.13	-0.02	-0.05	0.45	0.11	-0.69	-0.19
鉱業	0.00	0.33	-0.20	0.16	0.20	0.09	-0.04	2.84	0.14	0.81	0.16
食料品	-0.26	-0.17	-0.09	-0.09	0.23	-0.06	1.34	-0.98	0.18	0.27	-0.14
繊維・繊維製品	-0.58	-0.46	-0.68	-1.88	-1.01	-1.44	-1.86	6.00	0.81	-0.53	1.89
化学製品	0.05	0.09	0.20	0.19	0.55	0.16	0.50	1.55	1.23	2.12	2.27
金属	0.54	0.17	0.18	0.13	0.20	-0.25	0.10	1.85	0.28	1.74	0.39
輸送機器	-0.02	0.42	1.12	0.89	0.16	0.48	0.15	-6.83	-0.87	-1.39	0.36
電気製品	-0.42	-0.14	-0.34	-0.31	-0.60	-0.09	-0.86	14.61	-0.50	1.88	-2.04
機械・設備	-0.02	0.09	0.00	0.05	0.30	-0.03	0.02	1.99	0.01	3.53	0.83
その他製造業	-0.06	-0.09	-0.11	0.68	0.26	-0.21	-0.35	4.27	0.62	1.81	0.00
電気・ガス・水道	0.13	-0.01	0.09	-0.09	-0.02	-0.12	-0.07	2.01	0.42	-0.21	0.68
建設業	0.13	-0.04	0.12	-0.09	0.00	-0.06	-0.16	5.85	0.51	0.58	0.63
商業	0.08	-0.04	0.07	-0.09	-0.13	-0.09	-0.17	3.15	0.23	0.05	0.34
運輸業	0.02	0.06	-0.05	0.00	0.03	0.02	-0.08	2.95	0.01	0.18	-0.21
通信業	0.04	-0.02	0.03	-0.06	-0.02	-0.02	-0.12	3.04	0.14	0.21	0.21
金融	0.05	-0.02	0.02	-0.06	-0.02	-0.02	-0.10	2.52	0.19	0.15	0.22
民間サービス	0.09	-0.01	0.07	-0.05	0.00	0.13	-0.13	2.83	0.19	0.25	0.28
公共サービス	0.06	0.00	0.05	-0.05	0.02	-0.04	-0.04	0.83	0.14	0.36	0.18

傾向がある。

表4に，中国のWTO加盟による関税引き下げから，各国産業別GDPに生じる変化の結果を示した。

GDP の変化

(単位:%)

シンガポール	ベトナム	その他アジア	米国	カナダ	メキシコ	ペルー	チリ	その他中南米	EU	旧ソ連	その他地域
0	0	0	0	0	0	0	0	0	0	0	0
0	0	0	0	0	0	0	0	0	0	0	0
0	0	0	0	0	0	0	0	0	0	0	0
0.49	0.22	-0.11	0.05	0.00	-0.18	-0.71	-0.06	0.01	0.04	-0.02	0.01
0.25	0.18	0.02	0.40	5.24	0.11	-0.21	0.15	0.22	0.30	-0.07	0.13
-0.13	-0.07	-0.04	0.64	-0.10	0.03	-0.32	0.07	0.27	0.07	-0.26	-0.07
0.79	0.14	0.25	-0.16	-0.22	0.12	1.00	0.27	-0.12	-0.02	0.09	0.12
3.12	0.21	-0.14	0.05	0.03	-0.06	-1.55	-0.06	0.26	0.19	-0.12	0.01
-1.06	-1.61	-0.58	-0.90	-0.96	-1.29	-0.58	-0.97	-0.76	-1.29	-0.99	-1.10
1.11	0.15	0.00	0.01	0.01	-0.13	-0.35	-0.03	-0.06	0.04	-0.08	0.02
0.57	0.12	0.17	0.00	-0.03	0.00	0.51	-0.04	-0.09	0.07	0.36	0.06
-0.39	0.90	0.12	-0.01	0.42	0.65	-0.14	0.42	0.14	0.21	-0.24	0.20
-0.06	0.49	-0.11	-0.35	-0.58	-0.81	-0.47	-0.77	-0.32	-0.36	-0.13	-0.41
0.60	0.27	-0.04	0.05	-0.13	-0.17	-0.31	0.09	-0.16	0.16	0.07	0.06
-0.08	0.23	-0.05	-0.12	-0.63	-0.39	-0.59	-0.48	-0.17	-0.15	-0.41	-0.14
0.27	0.05	-0.04	0.03	-0.04	-0.23	-0.13	-0.16	-0.03	0.01	0.03	0.00
0.47	0.22	-0.10	0.05	0.01	-0.18	-0.70	-0.06	0.01	0.04	0.00	0.02
-0.01	0.09	-0.08	0.03	0.01	-0.16	-0.53	-0.05	0.02	0.01	-0.01	0.03
0.08	0.19	0.00	0.04	0.05	-0.05	-0.13	0.09	0.03	0.08	0.09	0.09
0.09	0.08	-0.01	0.04	0.03	-0.07	-0.34	0.00	0.03	0.02	0.02	0.03
0.08	0.09	-0.03	0.03	0.03	-0.07	-0.35	-0.03	0.01	0.03	0.01	0.03
-0.04	0.20	-0.02	0.03	0.04	-0.11	-0.47	-0.01	0.02	0.03	0.01	0.04
0.23	0.14	-0.05	0.03	0.02	-0.06	-0.38	0.01	0.04	0.02	0.02	0.04

[注]

1) この推計は,内閣府経済社会総合研究所のご厚意により,同研究所が行ったモデル・スペック・ファイルを借用した。また,推計作業では,三菱総合研究所に対する内閣府の委託調査結果を一部用いている。

資 料

中国,日本,韓国間の貿易関係の強化に関する報告書及び政策提言

2001 年 11 月

3ヵ国共同研究

実施機関

国務院発展研究中心(DRC,中国)
総合研究開発機構(NIRA,日本)
対外経済政策研究院(KIEP,韓国)

1 日中韓共同研究の歴史的背景

　日中韓共同研究の起源は，中国，日本，韓国の首脳がマニラで歴史的な三者会談を行った 1999 年 11 月に遡る。会議の席上，故小渕恵三首相と朱鎔基首相は，金大中大統領が提案した中国，日本，韓国間での経済協力に関する共同研究に同意した。

　そして 2000 年 11 月には，3ヵ国の代表研究機関である中国の国務院発展研究中心 (DRC)，日本の総合研究開発機構 (NIRA)，韓国の対外経済政策研究院 (KIEP) の機関長が北京に集まり，正式に 3ヵ国の共同研究が開始された。3 機関は，3 国間の経済協力に関する共同研究を行うことに合意し，最初の共同研究は 3 国間の貿易関係及び投資から始められた。この研究は 2 年間行われ，初年度は貿易をテーマにし，貿易円滑化問題について焦点を当て，また第 2 年度は投資がテーマとなる。

　今年，3 機関は国際シンポジウムと 3 回のワークショップを共催した。1 月にソウルで開かれた最初のワークショップでは，3 国の研究者が共同研究の概要，及び作業分担に関して合意した。また今年度の共同研究では，貿易円滑化問題に焦点を当てることで合意に達した。さらに，現実の貿易障壁を発見し，それを克服する具体的な方策を提案するために，3 機関は，他の 2 国との貿易に従事している自国企業を対象に，同じ調査項目によるアンケート調査を実施した。6 月に御殿場で開かれた第 2 回ワークショップでは，主に調査結果について議論が行われた。9 月にソウルで行われた「中国，日本，韓国間の貿易関係の強化：評価と見通し」と題するシンポジウムでは，共同研究に関わっていない多くの学者を含む参加者の間で，共同研究の予備結果について議論がなされた。ソウルでのシンポジウムと同時開催された第 3 回ワークショップでは，シンポジウ

ムでの議論の記憶が鮮明に残る中,政策提言の内容及び形式に関して研究者が意見交換を行った。

本報告書は3ヵ国のリーダーに,3国間の具体的な短期貿易促進策,及び長期的な通商関係の強化に貢献するであろう政策提言を提供することを目的としている[1]。

本報告書に続いて,来年は,中国,日本,韓国間の貿易及び投資に関するより包括的な報告書が出される予定である。同報告書には,北東アジアの主要3ヵ国間の経済協力に関する基本的な方向性について詳細が記載される予定である。その後,共同研究はIT(情報技術)やエネルギー,環境保護への協力など,分野ごとの協力課題を含むようにテーマを広げる予定である。

2 共同研究の要約

(1) 世界的な地域主義に直面する中国,日本,韓国

過去10年間の世界経済は,グローバル化の伝播によって特徴づけることができる。グローバル化の影響は非常に強いので,実業界ばかりか,世界中で一般の人々の日常生活にまで影響を及ぼしている。最近の反グローバル化運動の厳しさは,グローバル化の力を反映している。

光輝くグローバル化の陰で,1990年代に世界的現象となったもう1つの傾向が地域主義である。実際,世界の先進国,発展途上国の大半は地域通商協定のメンバーになっており,複数の協定に参加している国も多い。その結果,世界貿易の3分の1以上が,これらの協定の枠内で行われている。

地域主義の好ましさに関しては,エコノミストの間で意見が分かれる。貿易圏を世界貿易の自由化にとっての障害とみなす者もあれ

ば、世界規模の無差別な貿易自由化に向けての土台であると考える者もいる。

　理論上の議論や実証的データを利用した、地域主義の好ましさに関する現在進行中のこれら議論は別として、地域主義が世界的な現象になったという事実は、大半の国が地域の通商協定に参加することが少なくとも自国の利益になると考えていることの、明白な証拠である。

　実際、市場の拡大や経済効率の改善といった経済的利益がある。また、国際舞台での交渉能力の向上、国内の改革政策を固定するといった政治的利益もある。さらに、地域経済統合における戦略的動機の重要性も侮れない。例えば、欧州統合の主たる動機は新たな欧州戦争の防止であり、経済協力はこの目標を達成するための手段であった。

　したがって、地域主義は21世紀の最初の10年間においても、隆盛をきわめる可能性が非常に高い。事実、地域通商協定に関する多くの新しいイニシアティブが既に実施されている。

　これら多くの既存の、また近い将来の地域通商協定のなかで、2つの貿易圏が、世界経済全体に与えるその影響力の大きさから特に注目を集めている。

　第1に、EUは現在進行中の経済統合を拡大、深化させ続けている。欧州委員会は2000年12月7～9日にニースで会合を開き、EU拡大プロセスの歴史的重要性を再確認した。10年までに多くの中・東欧諸国を含む拡大EUが出現することを多くが期待している。

　さらに、EUとMERCOSUR（南米南部共同市場、1996年にチリも参加）の間で締結されたマドリード協定により、両者間の自由貿易圏の形成を目指して、協力協議会が創設された。メキシコとのFTA（自由貿易協定）の締結に成功したEUは、主要なラテンアメリカ諸国との間で、地域を越えた別のFTAを形成するであろう。

さらに2002年1月1日から，全てのユーロ圏諸国でユーロ紙幣及びコインが流通し始めると，地域主義の深化は一層実体のあるものになるであろう。

一方で，1980年代の長年の抵抗を断念した後，米国は米州における経済統合を追求してきた。90年に，北米，中米，南米諸国間の半球規模の自由貿易圏を模索するために，米国は新中南米支援構想を発表した。1992年には，米国はカナダ及びメキシコと，NAFTA（北米自由貿易協定）に調印した。

1994年にマイアミで開かれた西半球諸国の首脳会議で，地域のリーダーは米州自由貿易地域（FTAA）の創設に同意した。2001年4月，34の地域のリーダーがケベック市に集まり，05年までにFTAAを創設することを目指して，交渉を続けていくことを誓った。ブッシュ政権もこの政策を支持していると考えられるので，西半球全体をカバーするFTAAは，おそらくこの10年以内に誕生するであろう。

結果的に，この10年以内に，世界貿易は2つの巨大貿易圏，すなわち欧州と米州の貿易圏が圧倒的な大きさとなる可能性が高い。

しかし，地域主義の世界的な台頭にもかかわらず，地域主義は北東アジア諸国にとっては長い間，かけ離れた存在であった。これまで，いずれかの貿易圏に属している北東アジアの国はない。言い換えるならば，北東アジアで今も進行中の経済統合は，いかなる制度上の支援の枠組みもない，市場実勢を原動力とする全く非公式なものである。一部の国が2国間のFTAに関心を持ち始めたのはごく最近のことであり，中国，日本，韓国は，1997年以降急速に制度化が進んでいるASEAN＋3に関与している。

(2) 中国，日本，韓国間の地域内貿易の傾向と現状

中国，日本，韓国の地域内貿易

この10年間，3国間の貿易は全般的には増加してきた。地域内貿易が中国，日本，韓国[2]で占める割合は1990年には11.3%であったが，96年には20.2%へと実質的に増加している。アジア経済危機を受け，98年には16.9%へと突然減少したものの99年には20.0%という驚異的な回復をみせ，2000年には若干減少して19.8%となった（下図）。

しかし，他の地域経済と比較すると，地域内貿易が占める割合は中国，日本，韓国ではまだ大きいとはいえない。1999年を例にとると地域内貿易の占有率はMERCOSURでは20.0%であったのに対し，ASEANとNAFTAではそれぞれ21.6%と46.5%であった。

無論，グループの規模が大きければ大きいほど，地域内貿易の占める率も大きくなる。地域集中化のためによりよい手段を講じるには世界貿易に占める地域貿易の割合で割ることによって，地域内貿易の占有率を調整し，単純地域内集中率を求める必要がある。

3国間の貿易の動向をみるかぎり，過去10年間の集中率の変化

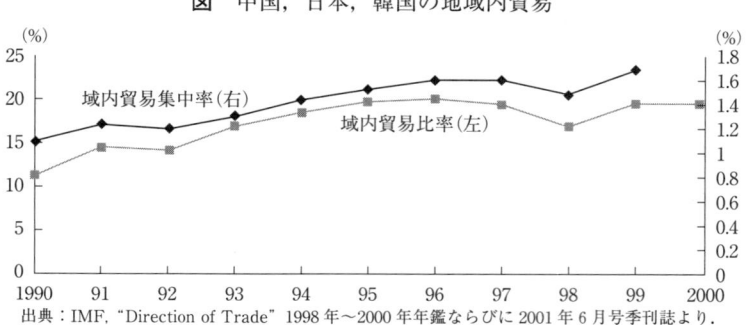

図　中国，日本，韓国の地域内貿易

出典：IMF, "Direction of Trade" 1998年〜2000年年鑑ならびに2001年6月号季刊誌より．

は地域内貿易によって占められる率の変化と大きくは違わない。1990年から1999年の10年間では集中率[3]は1.1から1.7に増加した。

しかし1999年の中国，日本，韓国の単純地域内集中率（1.7）はNAFTA（2.2），ASEAN（3.6）とMERCOSUR（14.6）の比率を下まわった。

中国，日本，韓国の2国間貿易の動向

1990年から2000年の間，中国，日本，韓国の間の2国間貿易はアジア金融危機による多少の下降傾向はみられるものの，貿易量という点では全般的に増加してきた。

しかし，貿易総額に占める2国間貿易の割合という視点からみると，かなり多様な実態がうかがえる。中国の貿易総額に占める韓国の比率は1990年の0.6%から2000年の5.7%へと劇的な伸びを見せている。一方，日本が中国の貿易総額に占める比率は1990年から2000年の間に14.4%から15.1%とわずかな伸びにとどまっている。日本の貿易総額に占める中国，韓国の比率はともに実質的な増加を示している。中国が占める率は3.5%から7.1%に，韓国の場合は5.6%から9.9%へと増加している。一方，韓国の貿易総額に占める日本の比率は23.1%から16.4%へと減少した。

3国間の2国間輸出・輸入をそれぞれ別々に分析してみると，中国の対日輸出と韓国の対中輸出は1990年から2000年の間に特に急速な伸びを示していることがわかる。さらに日韓貿易は比較的緩やかな伸びを示すにとどまっているが，日本からの輸入が韓国にとって依然重要であることに変わりはない。

結果的に90年代のほとんどの期間，韓国は中国に対して貿易黒字を記録する一方で対日貿易では伝統的に赤字を記録してきた。少なくとも日本側のデータによれば，日本はこの10年間，中国に対して貿易赤字を記録してきたことになる。香港を経由した中継貿易

という要因が存在するため，中国の貿易統計と日本，韓国の統計の間には相当の食い違いが存在する。

貿易構造の変化

この10年間，3ヵ国の貿易にみられる補完性は縮小してきた。つまり，中国と日本の間では垂直分業が依然顕著であるのに対し，日本と韓国の間，あるいは韓国と中国の間の産業分業は，ほとんど垂直分業の特徴を示さなくなってきている。事実，中日貿易，中韓貿易の構造は似かよってくる傾向を示している。さらに，韓国が中国から輸入する商品の内訳をみると1990年代に劇的に変化したことがわかる。日中貿易に関しては，加工貿易の形で，機械類および電子製品の割合がかなり増加した。これらの多くは中国に直接投資された日系企業により生産され，産業内，企業内貿易の形態をとった。90年代初頭には中国からの主要な輸入品は第一次産品であった。しかし近年，韓国は中国から相当量の工業製品を輸入している。その結果，産業内貿易が一層普及してきている。

3国間で水平分業が進む一方，それぞれの国は依然として比較優位の恩恵を受けている。韓国・日本との競争で引けをとらない中国の製品は，主に農産物や食品，あるいは雑貨品，木工品，靴などの労働集約型工業製品である。日本の比較優位は主として機械や基礎材料などの産業に集中しており，韓国の場合は化学製品，鉱物製品，金属，プラスティック・ゴム，機械などが比較優位にある。

中国WTO加盟の含意

中国のWTO加盟は，貿易自由化のプロセスを大いに加速させるだけでなく，中国経済が比較的高い成長率を維持することを可能にする。今後10年間で，中国の巨大な潜在市場は現実の市場となり，日韓企業に多大な商機をもたらすことになろう。中国からの労働集約型の製品の輸出拡大は，特に日本と韓国からの資本集約的，

技術集約的製品の需要を確実に増加させる。しかし，貿易自由化は同時に中国市場に完全な競争をもたらすことになろう。

(3) 非関税障壁についての評価

前述のとおり、日本，中国，韓国はこの3国間で貿易を行ううえでの非関税障壁を明らかにするためにアンケート調査を行った。中国は2,500件に質問表を配布し115件を回収，日本は1,500件に配布し236件を回収，韓国は1,000件に配布し331件を回収した。

表 非関税障壁に関する3国アンケート

		中国		日本		韓国	
		対日本	対韓国	対中国	対韓国	対中国	対日本
制度的な障害	貿易制限と割当	3.00	3.16	3.27	2.59	2.90	2.80
	税関と貿易を扱う行政的措置が複雑である	3.05	2.83	3.47	2.69	3.54	2.41
	衛生規制	3.05	3.30	3.51	2.80	2.77	2.65
	貿易に対する技術障壁	3.00	3.09	2.93	2.56	2.61	2.64
	ライセンス	2.63	2.85	3.18	2.63	3.09	2.64
政府政策や対応上の問題	政策が欠如している，または不透明である	3.17	3.42	3.50	2.67	3.34	2.63
	保護主義	3.38	3.32	3.46	2.93	3.57	2.75
	政府組織が複雑である	3.03	2.94	3.60	2.65	3.66	2.59
	行政の施策が遅い	2.97	2.76	3.51	2.65	3.93	2.39
	不公平または腐敗している	2.66	3.05	3.43	2.65	3.54	2.30
文化的社会的要因	文化的な違いがある	2.82	3.37	3.36	2.82	3.21	2.66
	商習慣に違いがある	2.89	3.24	3.88	3.11	3.53	2.93
	言葉の違いがある	3.08	3.18	3.47	3.02	3.32	2.60
	情報がない	3.47	3.45	3.44	2.85	3.53	2.84
	排他的な文化がある	2.88	2.72	2.92	2.97	3.03	2.64

そして下の加重平均値[4]のとおり，この調査から3国間貿易における非関税障壁の重要度が明らかになった。

制度的な障害

中国企業は日本，韓国と貿易を行ううえで，衛生規制に障害が多いと指摘している。また対日本の加重平均値は対韓国と比べて，複雑な税関と貿易を扱う行政的措置を除くすべてのカテゴリーで低くなっている。

日本企業は，中国，韓国との貿易を行ううえでの最も顕著な問題は衛生規制であると示した。対韓国の場合は，すべてのカテゴリーにおいて加重平均値は低くなっている。

韓国企業の場合，中国に輸出をするうえで，一番問題になると考えられるのが，複雑な税関と貿易を扱う行政措置についてであり，これは制度的な障害のなかで一番高い数値をつけている。しかしながら，対日本の場合は貿易制限と割当の数値が一番高くなっており，この点が，韓国企業が日本へ輸出をするときに直面する問題となると考えられる。ここでは対日本の加重平均値は，貿易に対する技術障壁を除くすべてのカテゴリーで小さくなっている。

政府政策や対応上の問題点

政府の問題点に関する質問への回答から，中国企業は日本の保護主義と韓国の政策欠如が主な問題であることが明らかにされた。

日本企業は，中国の政府構造の複雑さと韓国の保護主義に対して懸念を示している。しかし，対韓国の加重平均値は対中国のそれに比べすべてのカテゴリーで小さい。

韓国企業は，中国において行政の施策の遅延，日本においては保護主義という非常に困難な点に直面している。しかし，対日本の加重平均値はすべてのカテゴリーにおいて中国より低くなっている。

文化的・社会的要因

中国企業が韓国,日本と貿易をするうえで、一番の問題としてとらえているのは情報量の不足である。しかし,対日本の加重平均値はすべてのカテゴリーで低くなっている。

日本企業は,対中国・韓国ともに商習慣の違いを主要な文化的・社会的要因として挙げている。排他的な文化を除き,対韓国の加重平均値はすべてのカテゴリーで小さい。

韓国企業は,中国と日本で障害をもたらす主要な文化的・社会的要因として商習慣の違いを示した。

北東アジアにおける経済協力

ほとんどの企業が3国間貿易の継続的拡大について確信しており,北東アジアの経済協力を支持していることは極めて印象的である。

さらに,質問は3国間の貿易促進に有効な政策手段についても及んでいる。下の表は各国の回答の割合を示しており,3国の企業は貿易に関する法律・規則に対して,円滑なコミュニケーションを行うことが最も重要な点であるとしている。また,韓国企業は,税関や検疫機関の職員の研修を2番目に重要な点として挙げている。それに対して,中国企業は民間事業者の出入国手続きの改善を,日本企業は貿易促進及び協議のためのメカニズム構築をあげている。

3　共同政策提言

(1) 貿易円滑化に直接関連する政策措置

法律及び規制の伝達経路

誤解,遅延,追加費用の発生を避けるために,3ヵ国の政府は互

表 日中韓の貿易円滑化に関するアンケート

(単位:%)

	中国	日本	韓国
3国(日中韓)の政府は,貿易に関係する法規と法規の適用手続きについて十分に連絡をとり,企業が迅速かつ便利に関係情報を入手できるようにすべきである.	21.3	29.4	30.3
3国(日中韓)は税関職員や検査,検疫を行う職員に対して訓練のシステムを作り,行政職員の管理能力を改善するとともに業務効率を高めるべきである.	12.0	9.0	23.9
3国(日中韓)は苦情を受け付け,貿易紛争を処理する機関をそれぞれ創設し,3国の機関の間で相談・協議を行うべきである.	13.5	10.2	11.3
3国(日中韓)は民間事業者の出入国への障壁に関する問題について意見交換し,事業者の必要に合致しその出入国を円滑にする審査手続きを確立すべきである.	18.4	10.8	8.1
3国(日中韓)は共同で貿易促進及び協議・相談のための仕組みを作るべきである.この仕組みへの参加者は,3国の政府関係者,専門家,学者及び事業者からとする.この仕組みの下で,定期的な対話が行われ,それを通じて,3国の貿易関係に存する問題を発掘し,政府や関係機関に対し政策提言することとする.	16.7	21.2	10.7
適切な協議・相談に基づき,3国(日中韓)の検査・検疫機関は,共同で検査・検疫手続きを簡素化し,基準を共通化し,他国の検査・検疫結果を受け入れるべきである.	9.1	9.6	10.6
3国(日中韓)はそれぞれの電子化されたデータの統合を図り,情報の共有を推進すべきである.	9.1	9.9	5.1

いに,自国の立法,法律や規制の改正について,さらに貿易に関連する実施手順について,関連機関が決定したら直ちに通知しなければならない。

通関，検査，検疫制度に関する訓練システム

検査及び検疫の手順を効率化し，その基準を標準化するために，通関，検査，検疫制度に従事する人々を対象とした訓練プログラムを創設する。

貿易摩擦早期警報システムの創設

3国間の不必要な貿易摩擦を軽減するために，各国における貿易摩擦早期警報システム及び3国間の協議の仕組みを創設する。

民間事業者の移動性の改善

事業活動を一層推進し，民間事業者の移動を促進するためには，当局は査証の申請手続きの簡素化及び申請期間の短縮とともに，各国政府が推薦する民間事業者に関して，査証免除制度を設けることを検討する必要がある。

(2) より幅広い政策措置

経済閣僚の年次会合

3国間の健全な経済，貿易関係の発展を図り，また，上述の貿易円滑化措置やその他の重要な経済問題について，さらなる議論を行い，実施するために，3ヵ国の経済閣僚による年次会合の仕組みを構築すべきである。

3国間対話

3国間の貿易及びその他の経済問題に関する包括的な対話メカニズムを構築することを目的として，学者，財界等民間事業者，政府高官を含む3国間フォーラムを設置することが望ましいであろう。

2002年開催される北京でのシンポジウムに財界及び政府高官を招待することは，対話メカニズム構築に向けた第一歩となり得る。

さらに，既存の 2 国間次官級会合のような政府レベルの対話がより幅広い経済問題に関して意見交換を行う 3 国間の政府レベルでの対話へと拡張されることもありうる。

[注]
1) 本報告書での提言は，関係政府間のいかなる合意も意味しない。
2) 3 国間貿易の合計における日本，中国，韓国の域内貿易シェア。
3) グループがより大きいほど，地域内貿易のシェアはより高い。域内集中をより正確に計るために，地域の世界貿易のシェアにより域内貿易比率を調節し単純域内集中率を得る必要がある。
4) 数値は加重平均による。5. 強くそう思う，4. そう思う，3. どちらとも言えない，2. そう思わない，1. 全然そう思わない。

研 究 体 制

日本・中国・韓国の経済協力に関する共同研究　研究会

座　長	浦田　秀次郎	早稲田大学社会科学部教授
委　員	須藤　　真	松下電器産業株式会社国際関係部課長
	橋田　　坦	東京国際大学経済学部教授
	深川　由起子	青山学院大学経済学部助教授
	福田　　篤	トヨタ自動車株式会社渉外部海外渉外室担当課長
	増渕　文規	三菱商事株式会社地域総括部長代行
	丸川　知雄	東京大学社会科学研究所助教授
事務局	赤松　秀樹	総合研究開発機構理事（前）
	鈴木　宏一	同理事
	杉田　伸樹	同研究開発部長（前）
	舘　　逸志	同研究開発部長
	阿部　一知	同客員研究員
	大平　　信	同主任研究員（前）
	服部　憲児	同研究員
	武田　大介	同研究員
	中井　康貴	同研究員（前）
	島田　　聡	同研究員（前）
	服部　高明	同国際研究交流部主任研究員（前）
	湯浅　楠勝	同研究員（前）

総合研究開発機構（略称NIRA）は総合研究開発機構法に基づく政策指向型の研究機関であり，独自の視点から研究，基礎情報を提供しています．NIRAは，世界の平和と繁栄，人類の健康と幸福を求めて，現在の経済社会及び国民生活の諸問題の解明のため総合的な研究開発を行なっています．
http://www.nira.go.jp

執筆分担

まえがき 浦田　秀次郎（うらた　しゅうじろう）
早稲田大学社会科学部教授．『国際経済学入門』日本経済新聞社，1997年．

      阿部　一知（あべ　かずとも）
東京電機大学工学部教授，総合研究開発機構客員研究員．

第1章第1節 阿部　一知

  第2〜4節 丸川　知雄（まるかわ　ともお）
東京大学社会科学研究所助教授．『市場発生のダイナミクス——移行期の中国経済』日本貿易振興会アジア経済研究所，1999年．『移行期中国の産業政策』日本貿易振興会アジア経済研究所，2000年．

第2章   深川　由起子（ふかがわ　ゆきこ）
青山学院大学経済学部助教授．『韓国・先進国経済論』日本経済新聞社，1997年．

第3章第1〜2節 橋田　坦（はしだ　たん）
東京国際大学経済学部教授．『中央アジア諸国の開発戦略』勁草書房，2000年．『北京のシリコンバレー』白桃書房，2000年．

  第3節 丸川　知雄

第4章   深川　由起子

第5章第1節 福田　篤（ふくだ　あつし）
トヨタ自動車株式会社渉外部海外渉外室担当課長．

  第2節 須藤　真（すどう　しん）
松下電器産業株式会社国際関係部課長．

第6章   増渕　文規（ますぶち　ふみのり）
三菱商事株式会社地域総括部長代行．

NIRAチャレンジ・ブックス
中国のWTO加盟と日中韓貿易の将来——3国シンクタンクの共同研究

2002年3月25日　第1刷発行

定価（本体2500円＋税）

編著者　阿　部　一　知
　　　　浦　田　秀次郎
発行者　栗　原　哲　也

発行所　㈱日本経済評論社
〒101-0051　東京都千代田区神田神保町3-2
電話03-3230-1661　FAX03-3265-2993
E-mail : nikkeihyo@ma4.justnet.ne.jp
URL : http://www.nikkeihyo.co.jp
装幀・鈴木弘
印刷・シナノ　製本・協栄製本

Ⓒ NIRA , K.ABE , S.URATA et al, 2002　　　　ISBN 4-8188-1404-0
落丁本乱丁本はお取替えいたします．　　　　　Printed in Japan

本書の全部または一部を無断で複写複製（コピー）することは，著作権法上での例外を除き，禁じられています．本書からの複写を希望される場合は，小社にご連絡ください．

「NIRAチャレンジ・ブックス」の刊行にあたって

二一世紀を迎えてヒト、モノ、カネ、情報のグローバル化が一層進展し、世界的規模で政治・経済構造の大変革が迫られています。冷戦構造崩壊後の新しい世界秩序が模索されるなかで、依然として世界各地で紛争の火種がくすぶり続けています。国家主権が欧州連合のような地域統合によって変容を余儀なくされる一方で、文明、民族、宗教などをめぐる問題が顕在化しています。他方、わが国は、バブル崩壊後の長期経済停滞に加えて、教育、年金、社会保障、経済・財政構造などの分野で問題が解決できないままに新世紀を迎えました。わが国のかたちと進路に関する戦略的ビジョンが求められています。

人々の価値観が多様化するなかで諸課題を解決するには、専門家によって多様な政策選択肢が示され、良識ある市民の知的でオープンな議論を通じて政策形成が行われることが必要です。総合研究開発機構（NIRA）は、産業界、学界、労働界などの代表の発起により政府に認可された政策志向型のシンクタンクとして、現代社会が直面する諸問題の解明に資するため、自主的・中立的な視点から総合的な研究開発を実施し、さまざまな政策提言を行って参りました。引き続き諸課題に果敢にチャレンジし、政策研究を蓄積することが重要な使命と考えますが、同時に、より多くの人々にその内容と問題意識を共有していただき、建設的な議論を通じて市民が政策決定プロセスに参加する道を広げることがいま何よりも必要であると痛感しております。「NIRAチャレンジ・ブックス」はそうした目的で刊行するものです。この刊行を通して、世界とわが国が直面する諸問題についての広範囲な議論が巻き起こり、政策決定プロセスに民意が反映されるよう切望してやみません。

二〇〇一年七月

総合研究開発機構理事長　塩谷　隆英

NIRAチャレンジ・ブックス （＊印は既刊）

1	市民参加の国土デザイン＊ ―豊かさは多様な価値観から― 　　　　　　　　　　日端康雄　編著	地域の文化や個性が息づく、多様な価値観に対応した市民主体の国土づくりのあり方を探り、現在の国土利用・開発の計画体系を長期的視点から見直す。
2	グローバル化と人間の安全保障＊ ―行動する市民社会― 　　　　　　　　　　勝俣　誠　編著	途上国で活動する市民社会のアクターが提起する今日の課題とは何か。「脅威と欠乏からの自由」を軸に一人ひとりの人間の視点から安全保障の見直しをせまる。
3	東アジア回廊の形成＊ ―経済共生の追求―　　NIRA・EAsia 　　　　　　　　　　　　研究チーム編	共通通貨誕生の実現可能性を視野に入れて、その中での日本のあり方を探り、日本の将来について長期的・広域的に方向付けを行う。
4	多文化社会の選択＊ ―「シティズンシップ」の視点から― 　　NIRA・シティズンシップ研究会	人の移動のグローバル化が進む中、国民と外国人を分ける境界がゆらいでいる。多文化共生の観点から、海外事例も参照しつつ、日本の現状を踏まえて課題と展望を探る。
5	流動化する日本の「文化」＊ ―グローバル時代の自己認識― 　　　　　　　　　　園田英弘　編著	多様な諸「文化」との出会いが日常化しつつある時代の日本人のアイデンティティとは？　日本の社会や文化の姿を歴史的にも照射しつつ、今後のあり方を考える。
6	生殖革命と法＊ ―生命科学の発展と倫理― 　　総合研究開発機構編　藤川忠宏著	体外受精やクローン、生命科学の技術開発は親子関係や家族を根底から覆す惧れを持っている。西欧諸国の状況を分析し、日本の法体系整備を検討する。
7	パブリック・ガバナンス＊ ―改革と戦略― 　　　　　宮川公男・山本　清　編著	わが国では、行政改革、地方分権、規制改革、住民参加など政治および行政の改革を促す働き、すなわちガバナンス改革への要求が高まっている。諸外国の例等からそのあるべき姿を考える。
8	中国のWTO加盟と日中韓貿易の将来＊ ―3国シンクタンクの共同研究― 　　　　　阿部一知・浦田秀次郎　編著	中国のWTO加盟により、今後の経済（貿易・投資）関係はどうなるか。北東アジアにおける共同開発のグランドデザインを如何につくるか。3国共同研究による政策提言。